LA CONSTITUCIÓN ESPAÑOLA

GUÍA PRÁCTICA

José Vicente Rojo

LA CONSTITUCIÓN ESPAÑOLA

GUÍA PRÁCTICA

José Vicente Rojo

Tébar Flores
Editorial

www.tebarflores.com

La Constitución española. Guía práctica (3.ª edición)

C/ Zurbano, 45
28010, Madrid
Tel.: 91 550 02 60
info@tebarflores.com
www.tebarflores.com

ISBN: 978-84-7360-643-1
Depósito legal: M-7822-2023

A Marta y Ana.
Lo son todo para mí.

Índice

MATERIALES PARA EL ESTUDIO DE LA CONSTITUCIÓN

CONSTITUCIÓN ESPAÑOLA (TEXTO ÍNTEGRO)

Prólogo a la tercera edición

Este libro, eminentemente divulgativo, ofrece al lector una completa panorámica del ordenamiento constitucional español vigente: la Constitución que fue aprobada en referéndum el 6 de diciembre de 1978. Para ello, cuando se ha considerado preciso, se alude también a determinadas leyes orgánicas, como la Ley Orgánica del Poder Judicial, la Ley del Tribunal Constitucional y la Ley del Defensor del Pueblo, que desarrollan el texto constitucional, haciendo así más comprensible la totalidad del actual sistema político.

De igual modo, y para que la norma suprema refrendada en 1978 no quede desligada de la historia constitucional de nuestro país, se ha recurrido a lo largo de las páginas siguientes a hacer referencia a las anteriores constituciones, comprobando así que la carta magna en vigor hereda conceptos e instituciones históricas que han estado presentes en la tradición legal del Estado español, y que a la vez se presenta como un texto innovador, adaptando su articulado a la coyuntura en que fue aprobada y se ha desarrollado.

La conveniencia de esta tercera edición queda justificada por dos factores. En primer lugar, las actualizaciones legislativas producidas en determinadas leyes que desarrollan la Constitución han hecho necesario revisar algunos comentarios expuestos en las ediciones anteriores. En segundo lugar, se han efectuado las necesarias correcciones de estilo para que las explicaciones vertidas en el libro sean más fáciles de comprender para el lector y, en su caso, de retener en la memoria cuando la finalidad de la lectura sea el estudio.

En esta puesta al día, se incluye la referencia a la aplicación, por primera vez durante la vigencia de la Constitución de 1978, de lo dispuesto en el artículo 155, precepto cuya redacción no indica expresamente qué medidas pueden ser adoptadas, y cuya aplicación por el Gobierno de la Nación fue impugnada ante el Tribunal Constitucional. La sentencia dictada por el Tribunal queda extractada en estas páginas para ofrecer una idea más completa del contenido del artículo constitucional.

En cuanto a las novedades que recoge esta tercera edición, se incorpora una relación concisa pero fundamental de la historia constitucional española, y las características esenciales de las constituciones vigentes en cada momento.

Se introduce también un glosario de los términos jurídicos y constitucionales que suelen aparecer en cualquier texto dedicado a la Constitución Española de 1978. Su lectura despejará dudas, aclarando conceptos y, a la vez, puede utilizarse para el repaso de las palabras y definiciones utilizadas en el texto constitucional. También se ha elaborado un diccionario de las abreviaturas más empleadas en los libros dedicados a esta temática.

Para que se utilice en el estudio de los temas constitucionales de las pruebas en las oposiciones a cuerpos de empleados públicos de la Administración estatal, autonómica o local, en cuyos programas siempre está presente la Constitución española de 1978, y que en su mayoría son en forma de cuestionario, el libro contiene unas recomendaciones breves para afrontar y superar estos test constitucionales. Se pretende, pues, desde estas páginas facilitar el estudio y la comprensión necesarios para preparar con perspectivas de éxito cada examen.

Por último, destacar la exposición clara y didáctica del contenido de la Constitución española, utilizando un lenguaje sencillo y alejado de argots jurídicos, explicando, a la vez, su alcance práctico en nuestra vida cotidiana.

INTRODUCCIÓN A LA CONSTITUCIÓN

Características y estructura

Valor jurídico de la Constitución

La Constitución es la norma suprema del ordenamiento jurídico, mediante la cual se organiza el Estado, se definen los órganos del mismo y se limitan sus poderes, define su forma y sistema político, se diseñan las relaciones entre los distintos órganos estatales, y se enumeran los derechos y deberes de los ciudadanos y la relación de estos con el Estado.

Naturalmente, la definición anterior es, ante todo, una definición aproximada, comprensiva del contenido de la mayoría de las constituciones vigentes. Lo que importa es reseñar que la Constitución debe "inspirar" y obligar la acción del Estado y de sus órganos, es decir, la política a realizar, concediendo para ello grandes márgenes de movimiento a los gobiernos, y marcar los principios que deben respetar las leyes que se dicten, no permitiéndose mediante diversos sistemas de garantías, que dichas leyes atenten a los principios constitucionales.

Es, por todo ello, manifiesta la importancia de la Constitución en la vida ciudadana.

Características de la Constitución

A continuación, señalemos las características fundamentales de la Constitución española de 1978. Estamos ante una Constitución:

- **Escrita:** es cierto que la mayoría de las constituciones existentes son escritas, pero también es cierto que podemos reseñar, al menos, una excepción: Inglaterra, donde su Constitución es, realmente, un conjunto de usos constitucionales, no escritos, consagrados por la costumbre y repetición a través del tiempo.
- **Extensa:** aunque la mayoría de los autores no determinan el número de artículos que convierte una constitución en breve o extensa, resulta comúnmente admitido que la de 1978 es extensa, frente a una breve como el Estatuto Real (de 50 artículos).

- **Rígida:** podría decirse que casi todos los redactores de constituciones, con independencia de la época o el Estado, han pensado que la constitución dictada es la más perfecta que puede darse, es más, les resulta difícil pensar que la misma pueda ser perfeccionada a través de los tiempos. Por eso suelen crear un sistema de defensa frente a las modificaciones que se pudieran intentar hacer a la misma. Lógicamente, y por no caer en un absurdo, no se indica que una constitución es inmodificable, porque jurídicamente dicha advertencia no tiene valor alguno y no impediría que surgiera otra posterior. Si la constitución puede ser modificada por los mismos trámites que se siguen para la creación de una ley ordinaria, se dice que es *flexible* (se asimila a esta característica cuando no señala trámite alguno para su modificación). Por el contrario, si se exige un trámite especial y distinto a la creación de las leyes ordinarias, se denominará *rígida*, como es el caso de la española de 1978, a la vista del Título X de la misma, que dispone de dos sistemas especiales de modificación.

Además, también podemos caracterizarla como:

- **Monárquica:** solo una Constitución republicana entró en vigor, la de 1931 o de la Segunda República española. Hubo, al amparo de la Primera República (o República Federal) que se declaró en 1873, un proyecto de Constitución republicana que no llegó a ser aprobado debido al golpe militar que encabezó el general Pavía en 1874, que condujo de nuevo a España a la monarquía de Alfonso XII.
- **Bicameral:** al igual que la mayoría de las constituciones españolas. La razón de haber optado por el sistema bicameral actualmente tiene poco que ver con las razones que se esgrimieron a tal fin en el pasado de nuestra historia constitucional. En un principio, la idea era que el Congreso representase al pueblo, que era mucho más innovador y radical, por lo que el Senado, representación de la nobleza y el clero, lo frenaba. Pero, ante la reorganización interna de los Estados, prima la idea de que el Congreso representa a la Nación y el Senado representa a las entidades territoriales que lo componen (bien otros Estados, bien regiones o, como en el caso de España, Comunidades Autónomas). Cuando se redactó la Constitución de 1978 también pesó la idea de que las constituciones unicamerales (compuestas solo por el Congreso) eran más radicales que las bicamerales.

Igualmente, no debemos olvidar otras notas esenciales de la Constitución:

- Establece la **democracia** como sistema político, en palabras del Preámbulo constitucional: «la convivencia democrática dentro de la Constitución y de las leyes conforme a un orden económico y social justo».
- Reconoce que la **soberanía nacional** reside en el pueblo español, siendo la Nación española quien organiza y dicta su Constitución.

- Al definir la monarquía como forma política del Estado español, se indica **monarquía parlamentaria.**

La Constitución española de 1978 es fruto del pacto de los partidos políticos que en diversas cuestiones sostenían teorías e ideologías políticas muy diferentes; las elecciones se produjeron por la aprobación y entrada en vigor de la Ley para la Reforma Política. En consecuencia, la Constitución, como un pacto de diversas intenciones programáticas, queda, según algunos autores, ambigua en determinados aspectos, poco perfilada en otros; para algunos constitucionalistas, ello es su principal éxito, pero para otros representa aspectos criticables.

Temáticamente, podemos distinguir los siguientes bloques:

1. La enumeración de una serie de derechos y deberes fundamentales, así como los principios rectores de la política social y económica, desarrollados en el Preámbulo y en el Título preliminar.
2. Las descripciones de los órganos constitucionales, apareciendo y definiéndose los que siguen:
   - **La Corona:** «símbolo de unidad y permanencia» del Estado y Jefatura del Estado.
   - **Las Cortes Generales:** se establece el sistema bicameral, siendo esas Cámaras el Congreso de los Diputados y el Senado, dándose clara preeminencia al primero sobre el segundo. La misión de las Cortes es legislar, es decir, dictar las leyes por los trámites que se establezcan, y "controlar" al gobierno que dichas Cortes han elegido.
   - **El Gobierno:** se le reconoce la «dirección de la política interior y exterior». El Gobierno tiene que dar cuenta de su actividad y programa político a las Cortes Generales y responder ante ellas mediante los trámites parlamentarios oportunos (cuestión de confianza, moción de censura, preguntas e interpelaciones, etc.).
   - **El Poder Judicial:** es independiente de los poderes anteriores. Su función: hacer cumplir las leyes, "juzgando y haciendo ejecutar lo juzgado". Como novedad, la Constitución establece un órgano de gobierno de este poder, denominado Consejo General del Poder Judicial.

Aunque la Constitución no lo manifieste expresamente así, el esquema presentado de los poderes del Estado corresponde a la teoría de la división de poderes, ya que, en principio, supone la existencia de estos tres poderes independientes:

- **Legislativo:** cuyo objeto es la "creación" de leyes.
- **Ejecutivo:** como sinónimo de la administración del Estado y gobernación del mismo.

- **Judicial:** como vigilante de la legalidad, correspondiéndole aplicar las leyes a los casos concretos que se le sometan y hacer cumplir lo que haya sido juzgado.

No obstante, la complejidad de la vida política y la urgencia que esta requiere para la solución de muchos problemas rompe, en cierto modo, la clásica división de poderes, llegando, en no pocos casos, a situaciones en las que el Poder Ejecutivo ejerce verdaderas funciones legislativas, siendo también posible la existencia de "fricciones" entre algunos de los tres poderes.

Pero los poderes del Estado no se aplican en el vacío, sino en el territorio del Estado, en el que se integran las Comunidades Autónomas.

Por último, nuestro máximo cuerpo legal regula cuestiones referentes a la propia Constitución, como son el Tribunal Constitucional y la Reforma Constitucional.

Estructura de la Constitución

Reseñemos la composición de la Constitución española de 1978:

- Preámbulo (sin artículos).
- Título preliminar (artículos 1 a 9).
- Título I: «De los derechos y deberes fundamentales» (artículos 10 a 55), compuesto por:
  - Capítulo primero: «De los españoles y los extranjeros» (artículos 11 a 13).
  - Capítulo segundo: «Derechos y libertades», dividido en Sección 1.ª «De los derechos fundamentales y de las libertades públicas» (artículos 15 a 29) y Sección 2.ª «De los derechos y deberes de los españoles» (artículos 30 a 38).
  - Capítulo tercero: «De los principios rectores de la política social y económica» (artículos 39 a 52).
  - Capítulo cuarto: «De las garantías de las libertades y derechos fundamentales» (artículos 53 y 54).
  - Capítulo quinto: «De la suspensión de los derechos y libertades» (artículo 55).
- Título II: «De la Corona» (artículos 56 a 65).
- Título III: «De las Cortes Generales» (artículos 66 a 96), compuesto por:
  - Capítulo primero: «De las Cámaras» (artículos 66 a 80).
  - Capítulo segundo: «De la elaboración de las leyes» (artículos 81 a 92).
  - Capítulo tercero: «De los Tratados Internacionales» (artículos 93 a 96).
- Título IV: «Del Gobierno y de la Administración» (artículos 97 a 107).

- Título V: «De las relaciones entre el Gobierno y las Cortes Generales» (artículos 108 a 116).
- Título VI: «Del Poder Judicial» (artículos 117 a 127).
- Título VII: «Economía y Hacienda» (artículos 128 a 136).
- Título VIII: «De la Organización Territorial del Estado» (artículos 137 a 158), compuesto por:
  - Capítulo primero: «Principios generales» (artículos 137 a 139).
  - Capítulo segundo: «De la Administración Local» (artículos 140 a 142).
  - Capítulo tercero: «De las Comunidades Autónomas» (artículos 143 a 158).
- Título IX: «Del Tribunal Constitucional» (artículos 159 a 165).
- Título X: «De la reforma constitucional» (artículos 166 a 169).
- Disposiciones adicionales (4).
- Disposiciones transitorias (9).
- Disposición derogatoria (1).
- Disposición final (1).

Es decir, un total de 169 artículos, 4 disposiciones adicionales, 9 disposiciones transitorias, 1 disposición derogatoria y 1 disposición final.

A la vista del índice constitucional, se comprueba cómo la Constitución española contiene los elementos que fueron descritos en nuestra inicial definición. Siguiendo con dicho índice, podemos distinguir en la Constitución la parte dogmática y la parte orgánica:

- **Parte dogmática:** está comprendida por aquellos artículos que enuncian los derechos y deberes de los ciudadanos o de los poderes del Estado, así como la ideología que sustenta el Estado y el propio texto constitucional. El Título preliminar y el Título I integran esta parte.
- **Parte orgánica:** describe los órganos constitucionales y sus funciones. Se inicia con el Título II hasta el final de la Constitución.

Historia y cronología constitucional

Estatuto o Constitución de Bayona (8 de julio de 1808)

Se discute si debe figurar en la historia constitucional española, debido a que España en esos momentos está invadida por los ejércitos franceses de Napoleón, y a que el texto es una carta otorgada dictada por el rey José Bonaparte (hermano de Napoleón e impuesto por este como monarca).

Marco histórico

El Estatuto de Bayona se firma tras la cesión de los derechos dinásticos por parte de la familia real española, reinando Carlos IV de Borbón, a favor de Napoleón en la ciudad francesa de Bayona. El emperador Napoleón había nombrado rey de España en junio de 1808 a su hermano José Bonaparte, que reinaría como José I, y que dictó esta constitución fuera del territorio nacional.

Características

- Carta otorgada.
- Escrita.
- Extensa: 146 artículos.
- Monárquica hereditaria: con «exclusión perpetua» de las mujeres.
- Confesional.
- Rígida.

Principales declaraciones

- Existencia de tres órganos colegiados:
  - Senado: el cargo de senador es vitalicio.
  - Consejo de Estado: algunos de sus integrantes serán natos (es decir, nombrados por razón de su cargo). Tiene algunas competencias legislativas.
  - Cortes o Juntas de la Nación.
- No existe ningún título dedicado al reconocimiento de derechos o libertades, aunque en el texto sí se reconocen algunos.

Constitución de 19 de marzo de 1812

A la vista de lo dicho, se trata de la primera Constitución española.

Marco histórico

Su germen está en la invasión de Napoleón y el estallido popular del 2 de mayo en Madrid, tras lo que se constituyen Juntas en todo el territorio nacional, buscando organizar la resistencia al invasor en todo el territorio. Finalmente, se constituye la Junta Suprema Central Gubernativa que nombra una Regencia compuesta por cinco miembros. En 1810 se convocan, de forma efectiva, las Cortes, que se reúnen al principio en la isla de León, en Cádiz, el 24 de septiembre de 1810, y posteriormente en la iglesia de San Felipe Neri, en la propia ciudad de Cádiz. Durante casi dos años, los diputados electos tanto de la península como de los territorios españoles en América y Asia se ocupan de la redacción del texto.

El 19 de marzo de 1812 se promulga, por fin, la Constitución, una de las más liberales de su tiempo. Aunque oficialmente solo estuvo en vigor dos años (es abolida por Fernando VII al regresar a España tras la guerra), volvió a ser publicada en 1820, durante el Trienio Liberal, y en 1836, como previa a la Constitución de 1837.

Características

- Origen popular: redactada por los representantes del pueblo español y no por el rey.
- Escrita.
- Extensa: 384 artículos (las más larga de la historia constitucional de nuestro país).
- Monárquica hereditaria: en la sucesión a la Corona no se excluye a las mujeres, aunque se prefieren en el mismo rango y línea a los hombres.
- Confesional: «la religión de la Nación española es y será perpetuamente la católica, apostólica y romana, única verdadera».
- Unicameral: únicamente existe el Congreso.
- Rígida.

Principales declaraciones

- Soberanía nacional: reside esencialmente en la Nación.
- El rey es inviolable y no está sujeto a responsabilidad.
- Se establece la división de poderes:
  - Potestad legislativa (es decir, de hacer las leyes): reside en las Cortes con el rey (por lo tanto, el rey participaba en la creación de las leyes).

- Potestad ejecutiva (es decir, de hacer ejecutar las leyes): reside exclusivamente en el rey.
- Potestad judicial: corresponde a los tribunales establecidos por la ley.

– Los diputados del Congreso representan a todo el pueblo español y no a determinados estamentos (nobleza, clero, militares, etc.).
– No existe el mandato imperativo (el diputado no puede recibir órdenes de nadie, ni siquiera de sus electores).
– La elección de diputados se realiza mediante sufragio indirecto (mediante cuatro elecciones previas).
– No existe un título dedicado a la enumeración de derechos fundamentales y libertades públicas, pero en el desarrollo del texto sí se determinan algunos.

Estatuto Real de 10 de abril de 1834

Convocó las elecciones a Cortes Generales en 1834. Se discute su naturaleza jurídica de carta otorgada o de simple ley de convocatoria a elecciones de Cortes Generales, pero no se considera constitución.

Marco histórico

Muerto Fernando VII en 1833, y dado que su hija y heredera Isabel era menor de edad, se nombra gobernadora del Reino y regente a su esposa María Cristina de Borbón, aboliendo para ello la Ley Sálica que establecía la prevalencia del heredero varón; ello dio origen a la primera guerra carlista. El Estatuto es una concesión de la Corona, que cede algunos de sus poderes a otros órganos.

Características

– Carta otorgada o convocatoria a Cortes.
– Escrito.
– Breve: 50 artículos.
– Monárquico hereditario.
– No hay referencia a la religión del Estado.
– Bicameral: las Cortes se componen del estamento de Próceres del Reino (de origen no popular) y el estamento de Procuradores del Reino (de origen y elección popular).
– Flexible.

Principales declaraciones

– No existe declaración de derechos fundamentales o libertades públicas.
– No hay mención a la soberanía nacional.

- El rey participa en la función legislativa de las Cortes, teniendo en exclusividad la iniciativa legislativa.
- El Estatuto crea la institución del Consejo de Ministros y también el cargo del presidente del Consejo de Ministros.

Constitución de 18 de junio de 1837

La idea inicial fue hacer una reforma de la Constitución de 1812, pero finalmente se redactó de manera completa una nueva Constitución que tuvo una gran importancia en la historia constitucional de España.

Marco histórico

En 1836 la reina regente María Cristina se enfrenta a un rebrote de la guerra carlista y a diversas revueltas populares. La insurrección se extiende por toda España hasta que, en agosto, la guardia real se amotina coincidiendo con la estancia de la familia real en la Granja, obligando a un cambio de gobierno y exigiendo la restitución de la Constitución de 1812. Ante ello, el Decreto de 13 de agosto de 1836 ordenó que se publicase la Constitución de 1812, y una semana después se convocaban elecciones a Cortes para que redactaran una nueva Constitución.

Características

- Origen popular.
- Escrita.
- Breve: 77 artículos. Según algunos autores queda calificada como de extensión media.
- Monárquica hereditaria: con preferencia de los hombres sobre las mujeres, que no quedan excluidas de la sucesión.
- Confesional: «la Nación se obliga a mantener el culto y los ministros de la religión católica que profesan los españoles».
- Bicameral: las Cortes se componen de Senado y Congreso de los Diputados.
- Flexible.

Principales declaraciones

- Soberanía nacional.
- La potestad de hacer las leyes reside en las Cortes con el rey.
- Hay referencia a la división de poderes.

Constitución de 23 de mayo de 1845

La Constitución de 1845 no fue el resultado de ningún proceso constituyente, sino de unas Cortes ordinarias convocadas para reformar la Constitución de

1837. Es un texto considerado doctrinario y no fruto de la soberanía nacional, vigente hasta la proclamación de la Constitución española de 1869, aunque hubo varios intentos para sustituirla.

Marco histórico

En 1840 la reina regente María Cristina se exilia en Francia, tras la primera guerra carlista, haciéndose cargo de la regencia el general Espartero. Pocos años después, en 1843, Isabel II es declarada mayor de edad, a los trece años. Esta constitución estuvo vigente durante todo su reinado.

Características

- Pactada por el rey y las Cortes elegidas para ello.
- Escrita.
- Monárquica hereditaria: en el mismo grado el hombre y la mujer.
- Breve: 80 artículos.
- Monarquía hereditaria.
- Confesional: la religión de la Nación española es la católica, apostólica y romana. El Estado se obliga a mantener el culto y sus ministros.
- Bicameral: Senado y Congreso de los Diputados.
- Flexible.

Principales declaraciones

- Soberanía compartida de la Corona y de las Cortes del Reino.
- Aunque no hay un título dedicado exclusivamente a la declaración de derechos fundamentales y libertades públicas, sí que aparecen en el texto constitucional el reconocimiento de algunos de ellos.
- La iniciativa legislativa corresponde al rey y a cada uno de los cuerpos colegisladores (Congreso y Senado).
- La persona del rey es sagrada, inviolable y no está sujeta a responsabilidad. La responsabilidad es de los ministros.
- El rey nombra y cesa libremente a los ministros.
- La potestad de hacer ejecutar las leyes reside en el rey.
- Todo lo que el rey mande o disponga tiene que ser firmado por el ministro al que corresponda (refrendo).

Constitución de 1 de julio de 1869

Se considera que la Constitución de 1869 es la primera constitución democrática de la historia del constitucionalismo español.

Marco histórico

Las revoluciones surgidas en Europa desde 1848 también tienen reflejo en España, extendiéndose el descontento hacia la monarquía de Isabel II. En Cádiz, en septiembre de 1868, una revolución dirigida por el general Prim, provoca la marcha al exilio en Francia de Isabel II.

Tras el triunfo de la revolución, la Constitución española de 1869 estuvo vigente tanto durante el gobierno provisional hasta 1871, como durante todo el reinado de Amadeo I, hasta su abdicación en 1873. Tras la proclamación de la Primera República española en febrero de 1873, solo estuvo en vigor el Título I, que recogía las libertades y derechos fundamentales, y fue restablecida, aunque mantenida en suspenso, tras el golpe de estado del general Pavía, en 1874. Fue abolida definitivamente al llegar la Restauración borbónica en España, con Alfonso XII.

Características

- Origen popular.
- Escrita.
- Extensa: 112 artículos. Aunque para algunos autores es de extensión media.
- Monárquica hereditaria: con preferencia del hombre a la mujer en el mismo grado.
- Confesional: «la Nación se obliga a mantener el culto y los ministros de la religión católica», pero se permiten, tanto pública como privadamente, otras religiones.
- Bicameral: Congreso y Senado.
- Rígida

Principales declaraciones

- Soberanía nacional.
- Es la primera constitución que declara el sufragio universal masculino (es decir, no se exigía tener determinados bienes o rentas para disfrutar del derecho al voto, aunque solo de los hombres).
- Los diputados y senadores no están sujetos a mandatos imperativos.
- Los diputados y senadores representan a toda la Nación y no solo a los electores que los elijan.
- Hay referencia expresa a la división de poderes: ejecutivo (reside en el rey, que lo ejerce por medio de sus ministros), legislativo y judicial.
- La potestad de hacer las leyes reside en las Cortes (y no en las Cortes *con* el rey).
- El Título I está dedicado a «los españoles y sus derechos».

- Cláusula abierta a favor de los derechos no mencionados expresamente.
- Posibilidad de suspensión de los derechos y libertades reconocidos en la Constitución en circunstancias extraordinarias y de manera temporal.
- La persona del rey es sagrada, inviolable y no está sujeta a responsabilidad (la responsabilidad es de los ministros).
- La potestad de hacer ejecutar las leyes reside en el rey.
- Todo lo que el rey mande o disponga tiene que ser firmado por el ministro al que corresponda (refrendo).
- Se establece el juicio por jurado para todos los delitos políticos y para aquellos delitos comunes que determine la ley.

Constitución de 30 de junio de 1876

Para algunos autores esta Constitución supone un retroceso político respecto a la anterior, ya que sustituía el principio de soberanía nacional proclamado en la Constitución de 1869 por el de soberanía conjunta del rey y las Cortes.

Marco histórico

Tras el corto reinado de Amadeo I de Saboya y la Primera República, se proclama a Alfonso de Borbón, hijo de Isabel II, con el nombre de Alfonso XII, como rey de España, tras un pronunciamiento militar del general Martínez Campos en diciembre de 1874. Llega el periodo histórico conocido como la Restauración, que se extendería hasta la llegada de la Segunda República en 1931, con el paréntesis de la dictadura de Primo de Rivera.

La Constitución de 1876 fue promulgada el 30 de junio de 1876 bajo la presidencia de Antonio Cánovas del Castillo, miembro del partido conservador y presidente del Gobierno. El texto fue aprobado por unas Cortes Constituyentes elegidas por sufragio universal de acuerdo con lo previsto en la Constitución española de 1869, estableciendo un sistema político que llegará hasta la dictadura de Primo de Rivera.

Características

- Pactada por el rey y las Cortes.
- Escrita.
- Breve: 89 artículos.
- Monárquica hereditaria: con preferencia del hombre a la mujer en el mismo grado.
- Confesional: la religión católica, apostólica y romana es la religión del Estado, pero se permiten otros cultos, aunque no se permiten ceremonias ni manifestaciones públicas distintas que las de la religión del Estado.

- Bicameral: las Cortes se componen del Congreso y el Senado.
- Flexible.

Principales declaraciones

- Soberanía compartida.
- División de poderes.
- En el Título I se encuentra una relación de derechos bajo el epígrafe «los españoles y sus derechos».
- Posibilidad de suspensión temporal de determinados derechos y libertades por circunstancias extraordinarias.
- La persona del rey es sagrada e inviolable.
- Se precisa la firma y el refrendo de un ministro para que los mandatos del rey se lleven a efecto, recayendo la responsabilidad en el ministro por haber realizado el refrendo.
- Los senadores y diputados son inviolables por sus opiniones y votos en el ejercicio de su cargo.
- Aforamiento de los diputados y senadores: es el Tribunal Supremo el que conocerá de las causas criminales contra los mismos.
- Los Ayuntamientos serán elegidos por sus vecinos en la forma que determinen las leyes.

Constitución de la República española de 9 de diciembre de 1931

La Constitución española de 1931 fue aprobada el 9 de diciembre por las Cortes Constituyentes, tras las elecciones generales de 1931 que siguieron a la proclamación de la Segunda República, y estuvo vigente hasta el final de la guerra civil en 1939.

Marco histórico

Desgastado el sistema de la Constitución de 1876, se produce el golpe de Estado del General Primo de Rivera en 1923. En esta dictadura militar, Primero de Rivera presenta el día 6 de julio de 1929 su proyecto de Constitución monárquica, pero no tuvo demasiados apoyos por parte del rey ni entre los políticos del régimen, por lo que no pasó de proyecto fallido.

En enero de 1930 cae la dictadura, y el nombramiento por el rey como presidente del Gobierno del general Berenguer no evitó la llegada de la Segunda República que, a diferencia de la Primera, sí lograría aprobar una Constitución con tal modelo de Estado.

Características

- Origen popular.

- Escrita.
- Extensión media: 125 artículos.
- Republicana.
- Aconfesional.
- Unicameral: solo una Cámara, denominada Cortes o Congreso de los Diputados.
- Rígida.

Principales declaraciones

- En el Título III se recogen los «derechos y deberes de los españoles».
- Los diputados son inviolables por sus opiniones y votos en el ejercicio de su cargo.
- La ley determinará incompatibilidades para los diputados.
- Exigencia del suplicatorio para poder dictar un auto de procesamiento por un juez contra un diputado. Es decir, el Congreso debe dar su autorización a dicho procesamiento judicial. El suplicatorio es la petición de dicha autorización que realiza el juez o Tribunal al Congreso.
- Se regula el voto de censura en el Congreso contra el Gobierno o alguno de sus ministros, y para ser aprobado precisa de la mayoría absoluta de los diputados del Congreso (la mitad más uno).
- Posibilidad de consultar la decisión del pueblo sobre las leyes votadas por las Cortes si así lo pide el 15% del censo electoral (excepto determinadas leyes).
- Instauración del Tribunal de Garantías Constitucionales (precedente del actual Tribunal Constitucional), que conocerá de los recursos de inconstitucionalidad de las leyes o de los recursos de amparo de garantías individuales, así como otras competencias.

Es preciso dedicar un apartado a la organización del Estado, por resultar una novedad en la historia constitucional española.

Presidencia de la República

- Es el Jefe de Estado y personifica a la Nación.
- Elegido por las Cortes y conjuntamente por un número de compromisarios igual al de diputados. Los compromisarios son elegidos por sufragio universal, directo, igual y secreto.
- El presidente de la República nombrará y cesará libremente al presidente del Gobierno y, a propuesta de este, a los ministros.
- El presidente de la República puede ser destituido antes de que concluya su mandato, a iniciativa de las tres quintas partes de los miembros que compongan el Congreso, y posteriormente los compromisarios reunidos

con las Cortes decidirán por mayoría absoluta sobre la propuesta de destitución.
- El presidente de la República promulga las leyes.

Gobierno

- El presidente del Consejo de Ministros dirige y representa la política general del Gobierno.
- Los miembros el Gobierno responden solidariamente ante el Congreso de la política del Gobierno, e individualmente de su propia gestión ministerial.

Organización nacional

- Permite que una o varias provincias limítrofes, con características históricas, culturales o económicas comunes, acuerden organizarse en región autónoma para formar un núcleo político-administrativo dentro del Estado español, siendo su estatuto la norma que le regule.
- Las materias no atribuidas expresamente al Estado por esta Constitución podrán corresponder a las Comunidades Autónomas, si así lo dispone el Estatuto respectivo. Las materias cuya competencia no se hayan asumido por los Estatutos de Autonomía corresponderán al Estado, prevaleciendo las normas estatales, en caso de conflicto, sobre las de las Comunidades Autónomas, en todo lo que no esté atribuido a la exclusiva competencia de estas. El derecho estatal será, en todo caso, supletorio del derecho de las Comunidades Autónomas.
- El derecho del Estado prevalece sobre el de las regiones autónomas en todo lo que no esté atribuido a la exclusiva competencia de estas en sus respectivos estatutos.

Leyes Fundamentales del Reino

La mayoría de los autores no le reconocen el valor de constitución. Se trata del conjunto de leyes que rigen la etapa dictatorial del general Franco. Recalcamos también que no tienen origen popular.

Marco histórico

El texto quedó compuesto por ocho leyes que organizaban los poderes del Estado durante la dictadura franquista. El periodo de promulgación de las siete primeras fue entre 1938 y 1967, completando el conjunto la octava ley, ya durante la Transición a la democracia, en 1976, y que permitió llevar a cabo la reforma política.

Leyes

Por Decreto de la Presidencia de Gobierno, de 20 de abril de 1967, se reúnen bajo el epígrafe *Leyes Fundamentales del Reino* las siguientes leyes:

- Ley de Principios del Movimiento Nacional, de 17 de mayo de 1958.
- Fuero de los Españoles, de 17 de julio de 1945, modificado por la Ley Orgánica del Estado, de 10 de enero de 1967.
- Fuero del Trabajo, de 9 de marzo de 1938, modificado por la Ley Orgánica del Estado, de 10 de enero de 1967.
- Ley Orgánica del Estado, de 10 de enero de 1967.
- Ley Constitutiva de las Cortes, de 17 de julio de 1942, modificada por la Ley Orgánica del Estado, de 10 de enero de 1967.
- Ley de Sucesión en la Jefatura del Estado, de 26 de julio de 1947, modificada por la Ley Orgánica del Estado, de 10 de enero de 1967.
- Ley de Referéndum Nacional, de 22 de octubre de 1945.

En 1976 se aprobó la Ley para la Reforma Política, que estableció las condiciones mínimas para elegir unas Cortes por sufragio universal, siendo esta ley la que permitió iniciar y desarrollar la Transición española.

Características de la Ley Orgánica del Estado

- El Estado español se constituye en Reino.
- El sistema institucional del Estado responde a los criterios de unidad de poder y coordinación de funciones.
- El Movimiento Nacional informa el orden político, abierto a la totalidad de los españoles.
- El Jefe del Estado es el representante supremo de la nación; ejerce el poder supremo político y administrativo, ostenta la Jefatura Nacional del Movimiento.
- Todo lo que disponga el Jefe del Estado deberá ser refrendado por el presidente del Gobierno, el ministro correspondiente, el presidente de las Cortes o el presidente del Consejo del Reino, y son responsables de los actos del Jefe del Estado las personas que los refrenden.
- El Jefe del Estado está asistido por el Consejo del Reino.
- El Gobierno de la nación recae en el Jefe del Estado que dirige la gobernación por medio del Consejo de Ministros.
- El presidente del Gobierno es elegido por el Jefe de Estado de entre una terna (lista de tres candidatos) propuesta por el Consejo del Reino. Su mandato es de cinco años y cesará, entre otras causas, por voluntad del Jefe del Estado.
- El Consejo Nacional es el representante colegiado del Movimiento Nacional.

- Establece el recurso de contrafuero contra todo acto legislativo (leyes) o disposición general del Gobierno (reglamentos) que vulnere los Principios del Movimiento Nacional y las demás Leyes Fundamentales del Reino. El recurso se establece ante el Jefe del Estado.

Constitución de 1978

Tras las primeras elecciones generales democráticas celebradas en virtud de la aplicación de la Ley para la Reforma Política de 1976, comienza el camino que culminó con la aprobación de la Constitución española, máximo texto legal de nuestro ordenamiento jurídico.

Redacción

Celebradas las elecciones el 15 de junio de 1977, y constituidas las Cortes Generales compuestas por Congreso y Senado, se acordó en sesión de 26 de julio de 1977, por el Pleno del Congreso de los Diputados, crear una Comisión Constitucional que fuera la encargada de redactar el proyecto de Constitución.

En el seno de la Comisión Constitucional, el Pleno del Congreso eligió a los integrantes de la Ponencia Constitucional: los diputados que realmente redactarían el borrador de la Constitución y que posteriormente se sometería a los votos de dicha Comisión, comenzando así el trámite oportuno, en el que posteriormente participarían el Pleno del Congreso, el Pleno del Senado y la Comisión mixta Congreso-Senado. La ponencia se formó con siete diputados del Congreso pertenecientes a diversos grupos parlamentarios, a los que se les ha llamado "los padres de la Constitución".

Al finalizar estos trámites, tanto el Congreso como el Senado, en sesiones separadas, aprobaron el día 31 de octubre de 1978 el Proyecto de Constitución, que se publicó en el Boletín Oficial del Estado de 6 de noviembre de 1978. A la vez, se convocó el referéndum mediante Real Decreto 2550/1978 de 3 de noviembre, resultando aprobado el proyecto por el 87,78% de los votantes que, a su vez, representaban el 58,97% del censo electoral (personas con derecho a voto).

La Constitución de 1978 fue sancionada y firmada por el Rey ante las Cortes, reunidas en sesión conjunta, el día 27 de diciembre de 1978, y se publicó en el Boletín Oficial del Estado el 29 de diciembre de 1978, día en que entró en vigor a todos los efectos, tal como el propio texto legal dispone.

En toda la tramitación se cumplió lo dispuesto en el artículo 3 de la Ley para la Reforma Política de 4 de enero de 1977, no resultando arriesgado decir que la actual Constitución española tiene su origen jurídico en dicha ley, que fue aprobada en referéndum de 15 de diciembre de 1976. Esta Ley para la Reforma Política, al tener rango de Ley Fundamental, convivió durante un tiempo con las Leyes Fundamentales del anterior régimen, permitiendo la existencia de las que elaboraron y aprobaron la Constitución. La propia Constitución derogó, declarando nulas e inaplicables, las Leyes Funda mentales, que hasta entonces jurídicamente estaban vigentes.

Reformas

Hasta ahora, la Constitución española de 1978 solo ha tenido dos reformas, en 1992 y en 2011.

La primera reforma es la relativa al artículo 13.2, por la que se posibilita el derecho de sufragio, tanto como elector como candidato elegible, también a los extranjeros. Es decir, derecho de sufragio activo y pasivo respectivamente, en las elecciones municipales, siempre atendiendo al principio de reciprocidad y en cumplimiento de lo dispuesto por ley o por tratado internacional.

Esta reforma fue aprobada por las Cortes Generales en las sesiones plenarias del Congreso de los Diputados de 22 de julio de 1992 y del Senado de 30 de julio de 1992, que fue sancionada por el Rey el 27 de agosto de 1992; por lo tanto, no hubo necesidad de una convocatoria de referéndum, realizándose la modificación mediante el texto de reforma constitucional, que se publicó en el Boletín Oficial del Estado el día 28 de agosto de 1992.

La segunda reforma es la referente al artículo 135, que establecía constitucionalmente el principio de estabilidad presupuestaria, no permitiendo incurrir en el déficit estructural, y remitiéndose en cuanto a su total concreción a la ley orgánica que debía dictarse a tal efecto antes del 30 de junio de 2012.

Los principales puntos de la reforma de este artículo son:

- Todas las Administraciones públicas adecuarán sus actuaciones al principio de estabilidad presupuestaria.
- El Estado y las Comunidades Autónomas no podrán incurrir en un déficit estructural que supere los márgenes establecidos, en su caso, por la Unión Europea para sus Estados miembros.
- Una ley orgánica fijará el déficit estructural máximo permitido al Estado y a las Comunidades Autónomas, en relación con su producto interior bruto. Las entidades locales deberán presentar equilibrio presupuestario.
- El volumen de deuda pública del conjunto de las Administraciones públicas en relación con el producto interior bruto del Estado no podrá

superar el valor de referencia establecido en el Tratado de Funcionamiento de la Unión Europea.

Actualmente se está tramitando el proyecto de reforma constitucional presentado por el Gobierno, que afecta al artículo 49 de la Constitución. Su tramitación parlamentaria se ha iniciado, pero no concluido, por lo que se recomienda al lector que esté atento a la posible aprobación —o no— de la reforma.

El texto aparece en el Boletín Oficial de las Cortes Generales, Congreso de los Diputados, de 21 de mayo de 2021, y es el que sigue:

«Artículo 49.

1. Las personas con discapacidad son titulares de los derechos y deberes previstos en este Título en condiciones de libertad e igualdad real y efectiva, sin que pueda producirse discriminación.

2. Los poderes públicos realizarán las políticas necesarias para garantizar la plena autonomía personal e inclusión social de las personas con discapacidad. Estas políticas respetarán su libertad de elección y preferencias, y serán adoptadas con la participación de las organizaciones representativas de personas con discapacidad en los términos que establezcan las leyes. Se atenderán particularmente las necesidades específicas de las mujeres y niñas con discapacidad.

3. Se regulará la especial protección de las personas con discapacidad para el pleno ejercicio de sus derechos y deberes.

4. Las personas con discapacidad gozan de la protección prevista en los tratados internacionales ratificados por España que velan por sus derechos».

ANÁLISIS DE TEMAS
Y DESCRIPCIÓN DE ARTÍCULOS
DE LA CONSTITUCIÓN

Preámbulo

El Preámbulo, el "pórtico" de la Constitución, como lo definen varios autores, podría considerarse como las "exposiciones de motivos" que presentan los proyectos de ley, donde se explican las razones de ser de la nueva ley y el pretendido alcance de la misma.

Hay que destacar la importancia de determinados párrafos, que exponen los principios que posteriormente se desarrollarán en los artículos que le siguen, como que la Nación española desea establecer:

- La justicia.
- La libertad.
- La seguridad.

Y tiene voluntad de:

- «Garantizar la convivencia democrática dentro de la Constitución y de las leyes».
- «Consolidar un Estado de Derecho que asegure el imperio de la ley como expresión de la voluntad popular».
- «Establecer una sociedad democrática avanzada».

La Nación española hace uso de su soberanía, entendiendo por soberanía el poder máximo de la Nación española para organizar libremente su vida política, económica y social, y es la Nación la que define la estructura estatal. Este principio será convenientemente definido en el artículo 1.

Importa resaltar aquí dos cuestiones:

- El imperio de la ley, o, como señala el artículo 9 de la Constitución, «los ciudadanos y los poderes públicos están sujetos a la Constitución y al resto del ordenamiento jurídico». Es decir, todos somos iguales ante la ley. Y ello porque la ley es general, para todos: ciudadanos y poderes públicos. En caso de que las leyes no se cumplieran, los Tribunales serán los encargados de hacerlas cumplir.

  Históricamente, el principio de supremacía de la ley se ha unido con el de la división de poderes ya enunciado, para conferir a las constituciones que los contienen los rasgos básicos del llamado Estado de Derecho. Ese mismo Estado de Derecho en el que se constituye España.

- La configuración de la ley «como expresión de la voluntad popular». En virtud de este principio, las leyes serán dictadas por el órgano que representa al pueblo español, representación que deberá establecerse mediante sistemas democráticos, siendo tal órgano las Cortes Generales, tal y como expone el artículo 66: «las Cortes Generales representan al pueblo español».

Título preliminar (artículos 1 a 9)

La definición política de España se encuentra en el artículo 1 del texto constitucional: «España se constituye en un estado social y democrático de Derecho, que propugna como valores superiores de su ordenamiento jurídico la libertad, la justicia, la igualdad y el pluralismo político». He aquí, pues, definido el "contenido" del Estado, así como los fines a los que este tiende. Una verdadera declaración de principios y de objetivos a conseguir.

Estado social

El Estado social se opone, por definición, al llamado Estado liberal. El Estado liberal se define, según la teoría clásica, como un mero espectador de las conductas individuales de los ciudadanos (siempre que estos, obviamente, respeten la legalidad vigente), definiéndose las constituciones inspiradas en este modelo por establecer frenos el poder del Estado frente a las libertades individuales de los ciudadanos. En cambio, el Estado social propugna la intervención activa del Estado para que colabore en la consecución de los fines sociales que afectan a la mayor parte de la comunidad.

Naturalmente, la misma dinámica social, política y económica han acercado en la práctica ambos modelos, pues de lo que se trata actualmente es de conseguir los propósitos sociales con la ayuda de un Estado que respete escrupulosamente los derechos reconocidos a sus ciudadanos.

Ejemplo de esta "tendencia social" del Estado se refleja en nuestra Constitución en el artículo 40: «Los poderes públicos promoverán las condiciones favorables para el progreso social y económico y para una distribución de la renta regional y personal más equitativa, en el marco de una política de estabilidad económica».

También incide en ello el artículo 9: «Corresponde a los poderes públicos promover las condiciones para que la libertad y la igualdad del individuo y de los grupos en que se integran sean reales y efectivas; remover los obstáculos que impidan o dificulten su plenitud y facilitar la participación de todos los ciudadanos en la vida política, económica, cultural y social».

Igualmente, encontramos otros ejemplos, como en el artículo 128: «Se reconoce la iniciativa pública en la actividad económica», es decir, la iniciativa del Estado en la vida económica de la Nación; o en el artículo 130: «Los poderes públicos atenderán a la modernización y desarrollo de todos los sectores económicos»; incluso el artículo 131 llega más lejos y posibilita la planificación económica: «El Estado, mediante ley, podrá planificar la actividad económica general para atender a las necesidades colectivas, equilibrar y armonizar el desarrollo regional y sectorial y estimular el crecimiento de la renta y de la riqueza y su más justa distribución».

Los ejemplos de la actuación del Estado social son innumerables, sirviendo los anteriores como una simple muestra que se desarrollará en apartados posteriores. No obstante, dicha tendencia a la intervención estatal en materias de asuntos sociales o económicos no impide la obligación constitucional que tiene el Estado de respetar los derechos y libertades de los ciudadanos, incluyendo los correspondientes a las actividades económicas privadas y reconociéndose «la "libertad de empresa en el marco de la economía de mercado» (artículo 38).

La Constitución, como fruto del pacto entre varias ideologías antagónicas, nos da en el citado artículo 38 un brillante ejemplo de esta "articulación de opuestos", integrando el sistema económico social con el del libre mercado. A cada gobierno y a las Cortes les corresponderá primar un modelo u otro según sus programas políticos. Esta "fusión" de ideologías ha hecho que la Constitución no sea considerada como un texto partidista o excluyente, sino como un texto que permite a gobiernos diferentes gobernar de maneras distintas, e incluso opuestas.

Estado democrático de Derecho

Son varios los significados dados a la palabra democracia, por ejemplo:

- Gobierno del pueblo.
- Gobierno de la mayoría de un pueblo respetando los derechos de la minoría.
- Participación activa de los ciudadanos en la vida política y en el gobierno de la Nación.

En virtud de ello, el artículo 23 señala: «Los ciudadanos tienen el derecho a participar en los asuntos públicos, directamente o por medio de representantes, libremente elegidos en elecciones periódicas por sufragio universal».

Partidos políticos

Los partidos políticos son los "instrumentos" fundamentales mediante los cuales los ciudadanos participan activamente en la vida política, entendiendo esta en un sentido estricto. Precisamente en torno a los partidos políticos se articulará el constitucionalmente reconocido "pluralismo político" del artículo 1.

No obstante, no es esta la única manera de participar activamente en la vida política y social de España, tal como previene la Constitución en lo referente a los sindicatos y a las asociaciones empresariales (artículo 7), y en cuanto al derecho de reunión (artículo 21), al derecho de asociación (artículo 22), a la libertad de sindicación (artículo 28), al derecho de petición (artículo 29) y a las organizaciones profesionales (artículo 52).

Los cauces de esa participación activa se encuentran reflejados en la propia Constitución y, a tal efecto, el artículo 6 define: «Los partidos políticos expresan el pluralismo político, concurren a la formación y manifestación de la voluntad popular y son instrumento fundamental para la participación política. Su creación y el ejercicio de su actividad son libres dentro del respeto a la Constitución y a la ley. Su estructura interna y funcionamiento deberán ser democráticos».

Igualmente, es muy importante destacar la existencia en la Constitución de dos modalidades de participación ciudadana:

- Referéndum consultivo: consulta popular a los ciudadanos de un determinado tema político de especial trascendencia (artículo 92).
- Iniciativa legislativa popular: mediante el sistema de recogidas de firmas de los ciudadanos estos se transforman en impulsores de una proposición de ley (artículo 87).

Sindicatos y asociaciones profesionales

Se reconoce su importancia en el artículo 7 de la Constitución, al señalar que: «Los sindicatos de trabajadores y las asociaciones empresariales contribuyen a la defensa y promoción de los intereses económicos y sociales que les son propios. Su creación y el ejercicio de su actividad son libres dentro del respeto a la Constitución y a la ley. Su estructura interna y funcionamiento deberán ser democráticos».

Soberanía nacional

Como se anticipó, se reconoce que «la soberanía nacional reside en el pueblo español, del que emanan los poderes del Estado». El poder constituyente es del pueblo español y los poderes del Estado emanan de él, en la forma que se reseñará a lo largo del texto articulado de la Constitución.

Esta idea de soberanía ya aparece en la Constitución española de 19 de marzo de 1812 en su artículo 3: «La soberanía reside esencialmente en la Nación, y por lo mismo pertenece a esta exclusivamente el derecho de establecer sus leyes fundamentales», y en la de la Segunda República Española de 9 de diciembre de 193 en su pórtico inicial: «España, en uso de su soberanía, y representada por las Cortes Constituyentes, decreta y sanciona esta Constitución».

Forma política del Estado español

La forma política del Estado español es la Monarquía parlamentaria (artículo 1), es decir, el Rey está sujeto a la autoridad del Parlamento (en nuestro caso, las Cortes Generales) y a la Constitución, por lo que este sistema también es llamado Monarquía constitucional.

La Monarquía constitucional ha supuesto históricamente la limitación del poder absoluto del monarca, su sujeción al sistema determinado por la Constitución, del mismo modo que la Monarquía parlamentaria supone la supremacía del poder del Parlamento (es decir, del Poder Legislativo) sobre la figura del Jefe de Estado, que se convierte prácticamente en simbólica.

Como prueba de la preeminencia del Poder Legislativo, reseñemos el artículo 61 del texto Constitucional: «El Rey, al ser proclamado ante las Cortes Generales, prestará juramento de desempeñar fielmente sus funciones, guardar y hacer guardar la Constitución y las leyes y respetar los derechos de los ciudadanos y de las Comunidades Autónomas», y añade en su párrafo segundo que igual juramento deberán prestar, en los casos pertinentes, el príncipe heredero de la Corona en su mayoría de edad y el regente o regentes.

Todo ello en base a la máxima de "el Rey reina pero no gobierna" que, a su vez, conforma el principio constitucional de "irresponsabilidad política del Rey": al ser el monarca una figura eminentemente simbólica, precisará de autoridad que refrende o valide casi todos sus actos, y precisamente esas personas que los refrendan serán los responsables únicos de los actos del Rey (artículo 64).

Organización territorial del Estado

De vital importancia es la definición del Estado que hace la Constitución en el artículo 2, donde se señala:

- La indivisible unidad de la Nación española.
- El derecho a la autonomía de las nacionalidades y regiones que la integran.
- Garantía de solidaridad entre todas estas nacionalidades y regiones.

Dejando a un lado la discusión suscitada por la palabra «nacionalidades» —término que únicamente es empleado en este precepto y que no vuelve a aparecer en el desarrollo del texto Constitucional—, recordaremos que la Constitución de 1931 ya señalaba en su artículo 8 que «el Estado español, dentro de los limites irreductibles de su territorio actual, estará integrado por municipios mancomunados en provincias y por las regiones que se constituyan en régimen de autonomía», añadiéndose en el artículo 11 que la organización en región autónoma forma un núcleo político-administrativo dentro del Estado español.

En el Título VIII de la Constitución se describe pormenorizadamente la organización territorial del Estado. Para mayor abundamiento, el primer artículo de dicho Título (artículo 137) señala: «El Estado se organiza territorialmente en municipios, en provincias y en las Comunidades Autónomas que se constituyan», es decir, las Comunidades Autónomas son una parte del Estado.

Es tal la importancia de cumplir con el requisito de «solidaridad» antes expuesto que, en el Título VIII, los artículos 138 y 139 insisten nuevamente en él, reconociendo para todos los españoles los mismos derechos y obligaciones, independientemente del territorio del Estado en el que se encuentren, especificándose, además, que los Estatutos de las distintas Comunidades Autónomas «no podrán implicar, en ningún caso, privilegios económicos o sociales».

Sin sorpresa, el artículo 5 señala que la capital del Estado es la «villa de Madrid», no recibiendo la ciudad de Madrid, en el texto de la Constitución, ningún trato especial por ello.

Castellano y otras lenguas españolas

En el artículo 3 se expone:

- El castellano es la lengua oficial del Estado.
- Los españoles tienen el derecho —pero no el deber— de usarla.
- Los españoles tienen el deber de conocerla.
- Las demás lenguas españolas, que no sean el castellano, serán también oficiales en las respectivas Comunidades Autónomas de acuerdo con lo que disponga el aplicable Estatuto de Autonomía de esa Comunidad.

Lo referente al uso del castellano y de las diversas lenguas españolas es bastante semejante a lo que disponía el artículo 4 de la Constitución de 1931, que señalaba el castellano como idioma oficial de la República, teniendo los españoles la obligación de saberlo y derecho de usarlo, sin perjuicio de los derechos que las leyes del Estado reconozcan a las leyes de las provincias o regiones, «salvo lo que se disponga en leyes especiales, a nadie se le podrá exigir el conocimiento ni el uso de ninguna lengua regional».

Banderas del Estado y de las Comunidades Autónomas

Lo relativo a este tema se recoge en el artículo 4:

«1. La bandera de España formada por tres franjas horizontales, roja, amarilla y roja, siendo la amarilla de doble anchura que cada una de las rojas.

2. Los Estatutos podrán reconocer banderas y enseñas propias de las Comunidades Autónomas. Estas se utilizarán junto a la bandera de España en sus edificios públicos y en sus actos oficiales».

Misión de las Fuerzas Armadas

En el Título preliminar se define la misión de las Fuerzas Armadas (compuestas por el Ejército de Tierra, la Armada y el Ejército del Aire), cuyo mando supremo corresponde al Rey:

- Garantizar la soberanía de España.
- Garantizar la independencia de España.
- Defender la integridad territorial, ya que, como señala el artículo 4, la unidad de la Nación española es indisoluble y es patria común indivisible de todos los españoles.
- Defender el ordenamiento constitucional.

Es importante distinguir las misiones de las Fuerzas Armadas de las encomendadas a las Fuerzas y Cuerpos de Seguridad, siendo estas últimas las que deben proteger «el libre ejercicio de los derechos y libertades, y garantizar la seguridad ciudadana» (artículo 104).

Principio de legalidad

Cierra el Título preliminar el artículo 9, del que recordamos su declaración tajante de que los ciudadanos y los poderes públicos están sujetos a la Constitución y al resto del ordenamiento jurídico, y el deber de los poderes públicos de promover las condiciones para establecer la igualdad y la libertad del individuo y de los grupos sociales.

En su párrafo último, dispone la constitucionalización del principio de legalidad, que supone el respeto de todos los poderes públicos y ciudadanos de la Ley, así como las actuaciones de los poderes públicos. No olvidemos la definición que el Preámbulo establecía para ley: «expresión de la voluntad popular».

Jerarquía normativa

El principio de jerarquía normativa del artículo 9 implica la existencia de diversas "categorías" de leyes y la clasificación, ordenada y jerárquica, de las mismas.

Esta es la jerarquía normativa conforme a la Constitución:

1. Constitución.
2. Tratados internacionales.
3. Leyes orgánicas y leyes ordinarias.
4. Decretos legislativos.
5. Decretos-leyes.
6. Disposiciones generales sin rango de ley: órdenes ministeriales y reglamentos.
7. Otras normas.

Todo ello implica como importante consecuencia práctica:

- El obligado cumplimiento de las reservas de ley orgánica o de ley ordinaria que se hayan establecido.
- Que una norma de rango inferior no puede contrariar lo dispuesto por una norma jurídica de rango superior. De incumplir esta prohibición, la norma inferior sería nula.

Leyes orgánicas

Como sabemos, la cúspide del ordenamiento jurídico español lo ocupa la Constitución, inmediatamente después en el orden jerárquico aparecen las leyes orgánicas, cuyo trámite de elaboración está contenido en el artículo 81, determinándose qué materias deben regularse obligadamente por medio de ley orgánica, que son las relativas al desarrollo de:

- Los derechos fundamentales.
- Las libertades públicas.
- Las que aprueban los Estatutos de Autonomía.
- Las que aprueban el régimen electoral general.
- Las demás que tenga previsto la Constitución que deban regularse por ley orgánica.

Son múltiples las ocasiones en que la Constitución se remite, para la regulación de determinada materia, a una ley orgánica posterior a la entrada en vigor de la propia Constitución. En la mayoría de los casos, dichas leyes orgánicas ya están dictadas y son aplicables en la actualidad. Veamos algunos ejemplos de estas materias:

- La ley que regule las bases de la organización militar (artículo 8).
- La ley que regule la institución del Defensor del Pueblo (artículo 54).
- La ley que regule determinados casos de suspensión de algunos derechos fundamentales en investigaciones relativas a las actividades de bandas armadas o elementos terroristas (artículo 55).
- La ley que regule las diversas cuestiones relativas a abdicaciones y renuncias a la Corona (artículo 57).

- La ley que regule las distintas modalidades, sus procedimientos y condiciones de los referendos (artículo 92).
- La ley que regule la autorización de los tratados por los que se atribuye a una organización o institución internacional el ejercicio de competencias derivadas de la Constitución (artículo 93).
- La ley que determine las funciones, principios básicos de actuación y estatutos de las Fuerzas y Cuerpos de Seguridad (artículo 104).
- La ley que regule la composición y competencia del Consejo de Estado (artículo 107).
- La ley que regule los estados de alarma, de excepción y de sitio (artículo 116).
- La ley que regule el Poder Judicial (artículo 122).
- La ley que regule la composición, organización y funcionamiento del Tribunal de Cuentas (artículo 136).
- Las leyes que transfieran o deleguen en las Comunidades Autónomas facultades correspondientes a materia de titularidad estatal que por su propia naturaleza sean susceptibles de transferencia o delegación (artículo 150).
- La ley que regule el ejercicio de las competencias financieras de las Comunidades Autónomas, dando las normas para resolver los conflictos que pudieran surgir y las posibles formas de colaboración financiera entre el Estado y las Comunidades Autónomas (artículo 157).
- La ley que regule por un lado el funcionamiento, y por otro los procedimientos ante el mismo, y los diferentes estatutos de sus miembros, del Tribunal Constitucional (artículo 165).

Esta relación no agota las posibles materias que pueden regularse mediante ley orgánica. Las características esenciales que definen las leyes orgánicas son:

- Su contenido, es decir, las materias que necesariamente han de desarrollarse por ley orgánica.
- El trámite a seguir para su aprobación en las Cortes Generales.

Para muchos autores, las leyes (o leyes ordinarias) no son de rango inferior a las orgánicas sino de contenido diferente. Siendo, por tanto, la diferenciación entre ley orgánica y ordinaria una cuestión de competencia, es decir, de materia que se regula, y no de jerarquía normativa.

Reserva de ley

La Constitución establece en muchos casos la llamada "reserva de ley": cuestiones que deben ser objeto de leyes posteriores (no orgánicas) y que no pueden ser desarrolladas por normas de rango inferior a ley. Son ejemplos de esta reserva de ley materias tales como:

- Derecho de asilo para ciudadanos de otros países y los apátridas (artículo 13).
- Autonomía universitaria (artículo 27)

- Ejercicio del derecho de huelga (artículo 28).
- Objeción de conciencia (artículo 30).
- Deberes de los ciudadanos en casos de grave riesgo, catástrofe o calamidad pública (artículo 30).
- Obligaciones militares de los españoles y causas de exención del servicio militar obligatorio (artículo 30).
- Estatuto de los Trabajadores (artículo 35).
- Régimen jurídico de los Colegios Profesionales (artículo 36).
- Conflictos colectivos entre trabajadores y empresarios (artículo 37).
- Derecho de negociación colectiva laboral entre representantes de los trabajadores y los empresarios (artículo 37).

Con la reserva de ley lo que se pretende es que cuestiones consideradas de máxima importancia sean reguladas por ley con la intervención de las Cortes Generales, de forma que no puedan ser reguladas por la Administración o por el Gobierno, que lo harían sin la participación del máximo órgano representativo del pueblo español.

Decretos y disposiciones

La Constitución reconoce además la existencia de dos peculiares clases de normas jurídicas.

En los casos en los que las Cortes Generales, que ejercen la potestad legislativa del Estado (artículo 66), no elaboran directamente la norma jurídica, delegan en el Gobierno para que dicte la correspondiente «norma con rango de ley» (artículo 82). Esta delegación que confieren las Cortes Generales se realiza por medio de una ley de bases o por medio de una ley ordinaria. Las normas dictadas en tal caso por el Gobierno, con autorización previa de las Cortes Generales, reciben el nombre o título de decreto legislativo (artículo 85).

Continuando la jerarquía, encontramos los decretos-leyes, que son dictados por el Gobierno y que son descritos como «disposiciones legislativas provisionales», cuyas características son: no poder regular o afectar determinadas cuestiones, dictarse en casos de extraordinaria y urgente necesidad, y la obligación de someterlos a debate y votación del Congreso de los Diputados para su convalidación por esta Cámara (artículo 86).

Las últimas normas en la referida jerarquía son las órdenes ministeriales y otras disposiciones de menor rango.

Publicación de las normas

El artículo 9 recoge también el principio de publicidad de las normas, pues no son concebibles "leyes secretas". La obligada publicidad de las normas jurídicas se efectuará mediante publicación en el Boletín Oficial del Estado, teniendo en cuenta lo que dispone el artículo 2 del Código Civil: «Las leyes entrarán en vigor a los veinte días de su completa publicación en el Boletín Oficial del Estado, si en ellas no se dispone otra cosa», y en virtud del cumplimiento de este requisito de publicidad, el artículo 6 del Código Civil establece que «la ignorancia de las leyes no excusa de su cumplimiento».

Recalquemos que la publicación debe ser en el diario oficial Boletín Oficial del Estado y no en periódicos o diarios de titularidad privada.

Igualmente, los Tratados Internacionales, que son una norma jurídica de categoría semejante a la ley, también deben ser objeto de publicación oficial, ya que hasta ese momento no forman parte del ordenamiento jurídico interno español (artículo 96).

Seguridad jurídica

El artículo 9 establece que la Constitución garantiza «la irretroactividad de las disposiciones sancionadoras no favorables o restrictivas de derechos individuales», quedando reconocido así tanto en el Código Penal como en el Código Civil. Y también garantiza «la seguridad jurídica, la responsabilidad y la interdicción de la arbitrariedad de los poderes públicos». Ello significa que, si un poder público funciona sin respetar la legalidad, será responsable de esos actos realizados.

Debemos diferenciar la *discrecionalidad*, que en ocasiones es atribuida por ley a los órganos administrativos y que permite a los poderes públicos elegir libremente, pero entre unos límites concretados por ley, de la *arbitrariedad*, que realmente es el actuar de un órgano administrativo sin sujeción a norma alguna (es decir, "porque sí").

La Constitución prohíbe (interdicción es prohibición) la arbitrariedad de los poderes públicos, y determina que su actuación está sujeta a responsabilidad, como se especifica en el artículo 9: «Los poderes públicos están sujetos a la Constitución y al resto del ordenamiento jurídico».

Los Tribunales son los órganos encargados de vigilar que esto sea así, tal como dispone el artículo 106, al establecer que controlan la potestad reglamentaria y la legalidad de la actuación administrativa, pudiendo tener los ciudadanos derecho a indemnización cuando sufran lesión por causa del funcionamiento de los servicios públicos. Esta posibilidad de indemnización también la dispone el artículo 121 cuando esta tenga su origen en el «funcionamiento anormal de la Administración de Justicia».

Título I: De los derechos y deberes fundamentales (artículos 10 a 55)

He aquí el Título que regula parte de la relación de los ciudadanos con el Estado, estableciéndose los derechos inviolables y los deberes de los ciudadanos.

En cualquier caso, tal y como se indica en el artículo 10, se consideran fundamento del orden político y de la paz social:

- La dignidad de la persona y los derechos inviolables que le son inherentes.
- El libre desarrollo de la personalidad.
- El respeto a la ley.
- El respeto a los derechos de los demás.

Para la aplicación de los derechos fundamentales y las libertades, en caso de duda, se tendrán que interpretar «de conformidad con la Declaración Universal de Derechos Humanos y los tratados y acuerdos internacionales sobre las mismas materias ratificadas por España». A este respecto indicamos que la Declaración Universal de Derechos Humanos fue proclamada por la Asamblea General de la Naciones Unidas en París, el 10 de diciembre de 1948.

Como veremos posteriormente, todos los derechos que van a relacionarse a continuación podrán ser invocados ante los Tribunales (ordinarios de Justicia o ante el Tribunal Constitucional) en caso de vulneración de los mismos por los métodos y procedimientos que se dirá, bien invocando directamente el precepto constitucional infringido o bien invocando la ley que desarrolle y regule el derecho atacado (artículo 53).

Nacionalidad española

Los artículos 11, 12 y 13 hablan de cuestiones relativas a la nacionalidad española y de los derechos que pueden ser disfrutados por los extranjeros que se encuentren en España.

Destacamos los siguientes puntos:

- «La nacionalidad española se adquiere, se conserva y se pierde de acuerdo con lo establecido por la ley».
- «Ningún español de origen podrá ser privado de su nacionalidad», por lo tanto, sí podrán ser privados de la nacionalidad española aquellos que la adquirieron después de su nacimiento por cualquier hecho o trámite legal. La definición exacta y jurídica de «español de origen» se encuentra en el artículo 17 del Código Civil, que textualmente dice: «Son españoles de origen:
  1.º) Los hijos de padre o madre españoles.
  2.º) Los nacidos en España de padres extranjeros si, al menos uno de estos, hubiera nacido también en España. Se exceptúa los hijos de padre o madre extranjeros adscritos al servicio diplomático o consular.
  3.º) Los nacidos en España de padres extranjeros si ambos carecieren de nacionalidad o si la legislación de ninguno de ellos atribuye al hijo una nacionalidad.
  4.º) Los nacidos en España cuya filiación no resulte determinada. A estos efectos, se presumen nacidos en territorio español los menores de edad cuyo primer lugar conocido de estancia sea territorio español».
- Posibilidad de concertar tratados de doble nacionalidad con países iberoamericanos (no solo de habla española) y con aquellos que hayan tenido una particular vinculación con España.

  En estos casos, el español podrá naturalizarse (es decir, disfrutar de los mismos derechos y privilegios que los ciudadanos del otro país) sin perder su nacionalidad de origen española, aunque dichos países en casos semejantes no otorguen a sus ciudadanos la misma posibilidad, o, como dice la Constitución, «aun cuando no reconozcan a sus ciudadanos un derecho recíproco».

  Téngase en cuenta que ya el precedente inmediato de la Constitución de 1978, la Constitución de 1931, señalaba en su artículo 24, respecto a los países de Portugal y países hispánicos de América, incluido Brasil, «aun cuando no lo reconozca el derecho de reciprocidad, podrán naturalizarse los españoles sin perder su nacionalidad de origen».

Mayoría de edad

La mayoría de edad para los españoles se fija en 18 años, lo que significa, como manifestación de su plena capacidad, que puede disfrutar del derecho al voto y del derecho a presentarse como candidato en las elecciones que se celebren.

Derechos de los extranjeros

Los extranjeros gozarán de las libertades públicas garantizadas en el Título I conforme a lo que se establezca en los tratados y en la ley. Recordemos que el artículo 27 del Código Civil señala, con carácter general, que «los extranjeros gozan en España de los mismos derechos civiles que los españoles, salvo lo dispuesto en las leyes especiales y en los tratados».

En cuanto a las elecciones, en la nueva redacción del Tratado Constitutivo de la Comunidad Europea se establece que todo ciudadano de la Unión que resida en un Estado miembro del que no sea nacional tendrá derecho a ser elector y elegible en las elecciones municipales del mismo, en las mismas condiciones que los nacionales de dicho Estado. El artículo 13 de la Constitución española fijaba los criterios para el ejercicio por los extranjeros en las elecciones municipales del derecho de sufragio activo (poder votar), pero no mencionaba el derecho de sufragio pasivo (poder ser elegido). Por ello, el artículo 13.2 fue objeto de la primera reforma constitucional, consistente en reconocer el derecho de sufragio pasivo, reforma producida por la Ley Orgánica de 27 de agosto de 1992 (publicada en el B.O.E. en 28 de agosto de 1992).

Extradición

La extradición es la reclamación, de un Estado a otro, de una persona que habiendo delinquido (presunta o ciertamente) en el primer Estado ha huido al segundo para evitar la acción de la justicia.

En el artículo 13 se indica que se concederá la extradición únicamente en cumplimiento de un tratado o de la ley, atendiendo al principio de reciprocidad (es decir, si el otro Estado actúa de igual modo). No se concederá la extradición por delitos políticos, no considerándose delitos políticos los actos de terrorismo.

En relación al concepto de extradición podemos distinguir:

- Extradición activa: cuando el Estado Español solicita la extradición a otro país.
- Extradición pasiva: cuando el Estado Español recibe la petición de extradición de otro país.

El procedimiento, en el ordenamiento jurídico español, se encuentra desarrollado en los artículos 824 y siguientes de la Ley de Enjuiciamiento Criminal y en la Ley de Extradición Pasiva de 21 de marzo de 1985.

Por ley posterior se establecerán los términos del derecho de asilo para los ciudadanos de otros países y los apátridas (las personas sin nacionalidad).

Derechos fundamentales y libertades públicas

En el Capítulo segundo, los artículos 14 a 38 detallan los derechos y libertades, recogidos en dos secciones: derechos fundamentales y libertades públicas (Sección 1.ª), y derechos y deberes de los ciudadanos (Sección 2.ª).

Derechos y libertades de los artículos 14 a 19

A continuación se realiza una síntesis de los derechos fundamentales y libertades públicas:

- Igualdad de todos los españoles ante la ley, sin que pueda prevalecer discriminación alguna por razón de nacimiento, raza, sexo, religión, opinión o cualquier otra condición o circunstancia personal o social (artículo 14).
- Derecho a la vida y a la integridad física y moral (artículo 15).
- Prohibición de la tortura o penas y tratos inhumanos o degradantes (artículo 15).
- Abolición de la pena de muerte salvo aquello que puedan disponer las leyes penales militares para tiempos de guerra (artículo 15). En las leyes militares no existe actualmente la pena de muerte.
- Garantía de la libertad ideológica, religiosa y de culto de los individuos y de las comunidades, con la única limitación de mantener el orden público (artículo 16).
- Ninguna confesión religiosa tendrá carácter estatal, y el Estado cooperará con la Iglesia Católica y con las demás confesiones (artículo 16).
- Nadie podrá ser obligado a declarar sobre su ideología, religión o creencias (artículo 16).
- Derecho a la libertad y a la seguridad. Se deberá cumplir con lo dispuesto en las leyes públicas para ser privado de libertad (artículo 17).
- La detención preventiva solo durará el tiempo «estrictamente necesario para la realización de las averiguaciones tendentes al esclarecimiento de los hechos», limitándose el plazo máximo a 72 horas, al cabo de las cuales el detenido deberá ser puesto en libertad o a disposición de la autoridad judicial. En el segundo caso, corresponderá a la autoridad judicial dictar su ingreso en prisión o su libertad en cualquiera de las formas que reconoce la ley (artículo 17).
- Toda persona tiene derecho a ser informada de las razones de su detención (artículo 17).
- Nadie puede ser obligado a declarar contra sí mismo (artículo 17).
- Se garantiza la asistencia de abogado al detenido, tanto en las actuaciones policiales como en las judiciales, en los términos que establezca la ley (artículo 17).

- Se regulará por ley posterior un procedimiento de *habeas corpus*, procedimiento aplicable en los posibles casos de detención ilegal, para que el detenido sea puesto de inmediato a disposición judicial y sea el juez el que decida sobre su situación de privación de libertad. En caso de haber existido detención ilegal, se procederá judicialmente a la investigación de los hechos para castigo de sus responsables. Dicha ley, de procedimiento penal, fue dictada el 24 de mayo de 1984 (artículo 17).
- Derecho al honor, a la intimidad personal y familiar y a la propia imagen, lo que se efectuará por medio de los procedimientos judiciales establecidos en tres vías judiciales: penal, civil y contencioso-administrativo (artículo 18).
- El domicilio es inviolable, lo que supone que la entrada en él debe ser autorizada y consentida por su titular. Sin embargo, si hay resolución judicial que permita la entrada no será preciso tal consentimiento. Todo ello salvo los casos de flagrante delito (es decir, descubierto en el momento de su acción o en el momento inmediatamente posterior), en los cuales no serán precisos tales requisitos por razones de urgencia y necesidad de detener al delincuente (artículo 18).
- Derecho al secreto de las comunicaciones, en especial las postales, telegráficas y telefónicas, salvo resolución judicial que autorice la intervención de estas y, en consecuencia, el levantamiento de dicho secreto (artículo 18).
- El uso de la informática estará limitado por la ley para garantizar así el honor y la intimidad personal y familiar de los ciudadanos y el pleno ejercicio de sus derechos (artículo 18).
- Derecho de los españoles a elegir libremente su residencia y a circular libremente por el territorio nacional, pudiendo entrar y salir de España libremente, según la ley determine. No pudiendo impedirse tal derecho ni por motivos políticos ni por motivos ideológicos (artículo 19).

Derecho de libertad de expresión

En el artículo 20 se encuentra el derecho de libertad de expresión, que se resume en los puntos siguientes:

- Derecho a expresar y difundir libremente pensamientos, ideas y opiniones; mediante la oralidad, la escritura o cualquier otro medio de reproducción.
- Derecho a la producción de creación literaria, artística, científica y técnica.
- Derecho a comunicar y a recibir libremente información veraz por cualquier medio de expresión.
- Derecho a la libertad de cátedra, aplicable al mundo de la enseñanza.

- Los derechos antes reseñados no podrán restringirse mediante ningún tipo de censura previa.
- Las libertades reseñadas en el artículo 20 tienen su límite en el respeto de los demás derechos reconocidos en el Título I y, especialmente, en el derecho al honor, la intimidad, a la propia imagen y a la protección de la juventud y de la infancia.
- Por medio de ley se regulará la organización y control parlamentario de los medios de comunicación social dependientes del Estado o de cualquier ente público, garantizándose el libre acceso a los mismos, respetándose el pluralismo de la sociedad y las diversas lenguas de España.
- La retención de publicaciones, grabaciones y otros medios de información únicamente se podrá acordar en virtud de resolución judicial, no pudiéndose decretar por la autoridad administrativa o política.

Derechos de reunión, asociación, participación y petición

Continuando con los derechos fundamentales y libertades públicas, en la Constitución se establece:

- El reconocimiento del derecho de reunión pacífica y sin armas, sin necesidad de previa autorización. Sin embargo, en los casos de reunión o manifestación en lugares de tránsito público, se dará comunicación a la autoridad, que solo podrá prohibirlas cuando existan causas fundadas de alteración del orden público con peligro para personas o bienes (artículo 21).
- El reconocimiento del derecho de asociación siempre que esta no persiga fines o utilice medios que sean definidos como delito, en cuyo caso serán ilegales (artículo 22).
- Habrá un registro de asociaciones con únicos fines de publicidad (artículo 22).
- Solo podrán ser disueltas las sociedades o suspendidas sus actividades —de forma ajena a su voluntad— por resolución judicial (artículo 22).
- Se prohíben las asociaciones secretas y paramilitares (artículo 22).
- Derecho de todos los ciudadanos a participar en los asuntos públicos por dos caminos: directamente o por medio de sus representantes. Estos representantes serán libremente elegidos en elecciones periódicas por sufragio universal (es decir, mediante votaciones en las que podrán participar todos los ciudadanos). Al respecto de este derecho, cabe señalar lo dispuesto en el reseñado artículo 13, que otorga este derecho únicamente a los españoles, «salvo lo que, atendiendo al criterio de reciprocidad, pueda establecerse por tratado o ley para el derecho de sufragio activo y pasivo en las elecciones municipales», respecto a los extranjeros con

residencia en España (artículo 23). Recordemos que el artículo 13.2 fue objeto de la primera reforma constitucional, en las fechas y formas que se indicó anteriormente.

- Derecho de los ciudadanos a acceder en condiciones de igualdad a las funciones y cargos públicos, conforme a lo que dispongan las leyes aplicables al caso (artículo 23).
- Derecho de los españoles a la petición individual y colectiva, por escrito y según determine la ley (artículo 29).

  Este derecho ya estaba reconocido en la Constitución de 1876, que en su artículo 13 disponía: «Todo español tiene derecho: de dirigir peticiones individual o colectivamente al Rey, a las Cortes y a las autoridades. El derecho de petición no podrá ejercerse por ninguna clase de fuerza armada». Y en la Constitución de 1931, que en su artículo 35 indicaba: «Todo español podrá dirigir peticiones, individual y colectivamente, a los poderes públicos y a las autoridades. Este derecho no podrá ejercerse por ninguna clase de fuerza armada». Por ello, el artículo 29 de la Constitución de 1978 dispone: «Los miembros de las Fuerzas o Institutos armados o de los cuerpos sometidos a disciplina militar podrán ejercer este derecho solo individualmente y con arreglo a lo dispuesto en su legislación específica».

Derechos ante los Tribunales

Prosiguiendo con el examen de los derechos fundamentales y de las libertades públicas, el artículo 24 se refiere a los principios aplicables a los procedimientos judiciales. Los desglosamos seguidamente junto con lo que, en materia afín, señalan los artículos 25 y 26:

- Todos tienen derecho a obtener la tutela efectiva de los jueces y tribunales en el ejercicio de sus derechos e intereses legítimos (artículo 24).
- Prohibición de la indefensión, definiéndose esta como la imposibilidad de ejercer la defensa (artículo 24).
- Derecho a un Juez ordinario y predeterminado por la ley. En virtud de ello, las partes procesales (las personas que acuden al proceso judicial) no pueden elegir libremente al juez o tribunal del caso, será la ley quien designe al competente para cada procedimiento (artículo 24).
- Derecho a la defensa y asistencia de letrado (artículo 24). Siguiendo con la tradición de lo indicado en el artículo 94 de la antigua Constitución de 1931: «La República asegurará a los litigantes económicamente necesitados la gratuidad de la justicia», el artículo 119 de la actual Constitución dispone que «la justicia será gratuita cuando así lo disponga la ley y, en todo caso, respecto de quienes acrediten insuficiencia de recursos para

litigar». Lo que se pretende, lógicamente, es que nadie tenga impedido el acceso a los juzgados y tribunales por no tener medios económicos para sufragar el coste de un procedimiento judicial.

- Derecho a ser informado de la acusación formulada para poderse defender de aquello que se le imputa (artículo 24).
- Derecho a un proceso público como garantía de legalidad, sin dilaciones indebidas y con todas las garantías (artículo 24).
- Derecho a no declarar contra sí mismo (artículo 24).
- Derecho a no confesarse culpable (artículo 24).
- Derecho a la presunción de inocencia, por la cual toda persona es inocente hasta que se demuestra lo contrario (artículo 24).
- Nadie puede ser condenado o sancionado por acciones u omisiones que en el momento de producirse no constituyan delito, falta o infracción administrativa, según la legislación vigente en el momento de los hechos (artículo 25). Y ello como consecuencia y repetición del principio de irretroactividad de las disposiciones sancionadoras, explicado en lo referente al Título preliminar.
- Prohibición de penas consistentes en trabajos forzados (artículo 25).
- El preso gozará de los derechos fundamentales del Capítulo primero salvo que estos derechos sean limitados por la sentencia dictada (artículo 25).
- El preso tendrá derecho a un trabajo remunerado y a los beneficios correspondientes de la Seguridad Social (artículo 25).
- También gozará del derecho de acceso a la cultura y de desarrollo integral de su personalidad (artículo 25).
- La Administración civil (es decir, el conjunto de organismos públicos que no se constituyen en Juzgados y Tribunales) no podrá imponer sanciones que, directa o subsidiariamente, impliquen privación de libertad. La Administración militar, en el ejercicio de sus competencias, sí puede imponer este tipo de sanciones (artículo 25).
- Prohibición de los Tribunales de Honor en el ámbito de la Administración civil y de las organizaciones profesionales, debido al "principio de exclusividad de la función jurisdiccional", constitucionalmente establecido en el artículo 117, por el que la función de juzgar y hacer ejecutar lo juzgado corresponde exclusivamente a los Juzgados y Tribunales del Poder Judicial y a ningún otro órgano (artículo 26).

Derecho a la educación

El artículo 27 de la Sección 1.ª «De los derechos fundamentales y de las libertades públicas» describe los derechos fundamentales relativos a la enseñanza y a la educación:

- Todos tienen derecho a la educación.
- Se reconoce la libertad de enseñanza.
- Se garantiza el derecho que asiste a los padres para que sus hijos reciban la formación religiosa y moral que esté de acuerdo con sus propias convicciones.
- La enseñanza básica es obligatoria y gratuita.
- Se realizará una programación general de la enseñanza con participación efectiva de todos los sectores afectados.
- Derecho constitucional a la creación de centros docentes.
- Los poderes públicos ayudarán a los centros docentes que cumplan los requisitos previstos por la ley, e inspeccionarán y homologarán el sistema educativo.
- Reconocimiento de la autonomía universitaria, según lo que la ley establezca.
- Profesores, padres y, en su caso, alumnos intervendrán en el control y gestión de los centros sostenidos por la Administración (con fondos públicos).

Derecho a la libre sindicación

El derecho a la libre sindicación se establece en el artículo 28 de la misma Sección, donde también se indica que podrá ser limitado e incluso exceptuado (suprimido), mediante ley, por las Fuerzas o Institutos armados o los demás Cuerpos sometidos a disciplina militar.

También por ley podrán regularse las particularidades del derecho de sindicación en los funcionarios públicos. La propia Constitución, en su artículo 127, señala la prohibición para jueces, magistrados (que no son funcionarios, sino titulares del Poder Judicial) y fiscales de pertenecer a sindicatos, lo cual no obsta para que por ley se regulen modalidades de asociacionismo profesional.

Dentro del término «libertad sindical», la Constitución comprende:

- Derecho a fundar sindicatos.
- Derecho de los sindicatos a formar confederaciones y a fundar organizaciones sindicales internacionales o afiliarse a las mismas.
- Derecho a afiliarse al sindicato de su elección, tal como ya disponía la anterior Constitución de 1931, en su artículo 39: «Los españoles podrán asociarse o sindicarse libremente para los distintos fines de la vida humana, conforme a las leyes del Estado».
- La prohibición constitucional de la sindicación obligatoria: «Nadie podrá ser obligado a afiliarse a un sindicato».
- Derecho a la huelga de los trabajadores para la defensa de sus intereses.

- Se posibilita la existencia de una ley posterior reguladora del derecho de huelga, que deberá asegurar el mantenimiento de los servicios esenciales de la comunidad. Luego, es un límite al derecho de huelga el deber de mantener en funcionamiento los servicios esenciales de la comunidad.

Derechos y deberes de los ciudadanos

La Sección 2.ª del Título I comprende los artículos 30 a 38, bajo el rótulo «De los derechos y deberes de los ciudadanos», reseñándose los que siguen:

- Derecho y deber de los españoles de defender España (artículo 30). La Constitución de 1812 ya señalaba que «está asimismo obligado todo español a defender la patria con las armas, cuando sea llamado por la ley» (artículo 9); la Constitución de 1876 que «todo español está obligado a defender la patria con las armas, cuando sea llamado por la ley» (artículo 3); y la Constitución de 1931 que «el Estado podrá exigir de todo ciudadano su prestación personal para servicios civiles o militares, con arreglo a las leyes» (artículo 27). A tener en cuenta la declaración presente en el artículo 6 de la Constitución Republicana: «España renuncia a la guerra como instrumento de política nacional».

  En consecuencia, la Constitución no obliga, pero sí permite, la existencia de un servicio militar obligatorio.
- Una ley fijará la objeción de conciencia y las demás causas de exención del servicio militar obligatorio (artículo 30).
- Se podrá imponer una prestación social sustitutoria del servicio militar obligatorio (artículo 30).
- Posibilidad de imponer servicio civil conforme a fines de interés general (artículo 30).
- La ley podrá regular los deberes de los ciudadanos en casos de grave riesgo, catástrofe o calamidad pública (artículo 30).
- Todos colaborarán al sostenimiento de los diferentes gastos públicos conforme a la capacidad económica (es decir, "paga más quien más tiene"), siendo característicos del sistema tributario los principios de igualdad, progresividad y no tener alcance confiscatorio (artículo 31).
- Derecho del hombre y de la mujer a contraer matrimonio, con plena igualdad jurídica (artículo 32). El Código Civil es la ley que regula las formas, requisitos y condiciones del matrimonio, además de la disolución, nulidad y los efectos de todos ellos. Recordemos además que en su artículo 60 dice: «El matrimonio celebrado según las normas del Derecho canónico o en cualquiera de las formas religiosas previstas en el artículo anterior produce efectos civiles».

- Derecho a la propiedad privada y a la herencia, quedando limitada la función social de estos derechos por su contenido de acuerdo a la ley (artículo 33).

  La función social de la propiedad queda comprendida en la definición de Estado social que realiza el artículo 128 de la Constitución: «Toda la riqueza del país en sus distintas formas y sea cual fuere su titularidad está subordinada al interés general», reconociéndose, además, la iniciativa pública en la actividad económica, precepto legal reseñado que recuerda en muchos al comienzo del artículo 44 de la Constitución de 1931: «Toda la riqueza del país, sea quien fuere su dueño; está subordinada a los intereses de la economía nacional y afecta al sostenimiento de las cargas públicas, con arreglo a la Constitución y a las leyes».
- Para que alguien sea privado de sus bienes y derechos, se precisará:
  - Causa justificada de utilidad pública o interés social.
  - La correspondiente indemnización.
  - Conformidad con lo dispuesto por las leyes (artículo 33).
- Derecho de fundación para fines de interés general, con arreglo a la ley, definiéndose la fundación como una institución de carácter benéfico y con personalidad jurídica propia. Se deberá tener en cuenta que estas fundaciones no podrán perseguir fines ilegales o utilizar medios tipificados como delitos, y solo podrán ser disueltas o suspendidas en sus actividades en virtud de resolución judicial motivada, tal como se dijo para las asociaciones (artículo 34).
- Deber de trabajar y derecho al trabajo, y libre elección de profesión u oficio, sin que exista discriminación por razón de sexo, remitiéndose a un posterior Estatuto de los Trabajadores que fue ya promulgado.
- Se regulará por ley el régimen jurídico de los Colegios Profesionales y el ejercicio de las profesiones tituladas (Colegios Oficiales de Médicos, de Farmacéuticos, de Abogados, etc.). Dichos Colegios deberán tener estructura interna y funcionamiento democráticos (artículo 36).
- Derecho a la negociación colectiva laboral entre los representantes de los trabajadores y empresarios (artículo 37). El convenio firmado tiene fuerza vinculante para las partes, como se regula en el ya mencionado Estatuto de los Trabajadores.
- Reconocimiento del derecho de los trabajadores y de los empresarios a plantear medidas de conflicto colectivo, en cuyo caso la ley regulará el funcionamiento de los servicios esenciales de la comunidad (artículo 37).
- Reconocimiento de la libertad de empresa en el marco de la economía de mercado (artículo 38).

Según algunos autores, la definición del modelo económico del Estado español se encuentra en el artículo 38. En todo caso, no se debe olvidar lo dicho anteriormente con referencia al Estado social: «Los poderes públicos garantizan y protegen su ejercicio y la defensa de la productividad, de acuerdo con las exigencias de la economía general y, en su caso, de la planificación», consistiendo la planificación en el establecimiento de medidas para limitar los excesos del mercado, recogiéndose esta definición en el artículo 131 de la vigente Constitución: «El Estado, mediante ley, podrá planificar la actividad económica general para atender a las necesidades colectivas, equilibrar y armonizar el desarrollo regional y sectorial y estimular el crecimiento de la renta y la riqueza y su más justa distribución».

Principios rectores de la política social y económica

El Capítulo tercero, con el rótulo «De los principios rectores de la política social y económica», comprende los artículos 39 a 52. En síntesis, determinan lo que sigue:

- Los poderes públicos aseguran la protección social, económica y jurídica de la familia (artículo 39). La Constitución de 1931 declaraba en su artículo 43 que la «familia está bajo la salvaguardia especial del Estado».
- Los poderes públicos aseguran la protección integral de los hijos (artículo 39).
- Se reconoce la igualdad de los hijos ante la ley con independencia de su filiación (artículo 39). La filiación matrimonial y la no matrimonial, así como la adoptiva, surten los mismos efectos, conforme a las disposiciones del Código Civil.
- También se protege íntegramente a las madres, independientemente de su estado civil (artículo 39).
- Posibilidad, en ley posterior, de regular la investigación de la paternidad (artículo 39).
- Obligación de los padres de prestar asistencia de todo orden a los hijos habidos dentro o fuera del matrimonio, durante su minoría de edad y en los demás casos que legalmente proceda, gozando los niños de la protección prevista en los acuerdos internacionales que velan por la protección de sus derechos (artículo 39).
- Los poderes públicos promoverán la distribución de la renta regional y personal de la forma más equitativa (artículo 40).
- Los poderes públicos realizarán una política orientada al pleno empleo (artículo 40).

- Los poderes públicos fomentarán una política de formación y readaptación profesional, y velarán por la seguridad e higiene en el trabajo garantizando el descanso laboral y las vacaciones periódicas retribuidas (artículo 40).
- Los poderes públicos mantendrán un régimen público de la Seguridad Social. Se contempla el caso en que un ciudadano contrate un servicio médico privado o un plan de pensión o jubilación, en cuyo caso la asistencia y prestación serán libres, a costa del ciudadano que los contrate, manteniéndose siempre el sistema público (artículo 41).
- El Estado velará por la salvaguardia de los derechos económicos y sociales de los trabajadores españoles en el extranjero, intentando su retorno (artículo 42).
- Derecho a la protección de la salud, a la educación sanitaria, a la educación física y al deporte. Los poderes públicos facilitarán la adecuada utilización del ocio (artículo 43).
- Derecho a la cultura, se promoverá la ciencia y la investigación científica y técnica (artículo 44).
- Derecho a disfrutar de un medio ambiente adecuado para el desarrollo de la persona, y el deber de conservarlo, pudiéndose imponer por ley sanciones penales o administrativas y la obligación de reparar el daño causado (artículo 45).
- Conservación y enriquecimiento del patrimonio artístico de España y remisión a la ley penal correspondiente para sancionar los atentados contra este patrimonio (artículo 46).
- Derecho de todos los españoles a una vivienda digna. Los poderes públicos regularán la utilización del suelo, impidiendo la especulación (artículo 47).
- Los poderes públicos promoverán la participación de la juventud en el desarrollo político, social, económico y cultural, creándose en virtud de ello el Consejo de la Juventud (artículo 48).
- Especial atención a los disminuidos físicos, sensoriales y psíquicos, que serán amparados por los citados derechos del Título 1 (artículo 49).
- Atención especial a la tercera edad mediante pensiones adecuadas, periódicamente actualizadas y servicios sociales para ellos (artículo 50).
- Defensa de los derechos de los consumidores y protección eficaz de la seguridad, la salud y los legítimos intereses económicos de los mismos (artículo 51).
- La ley regulará las organizaciones profesionales que contribuyan a la defensa de los intereses económicos que les son propios, debiendo ser su funcionamiento y su estructura interna de carácter democrático (artículo 52).

Garantías de las libertades y derechos fundamentales

Como es lógico, las dogmáticas y severas declaraciones de derechos y libertades no servirían de nada práctico si no existieran fórmulas para imponerlas ante situaciones en las que sean vulnerados. Sin embargo, ¿pueden ser protegidos del mismo modo derechos tales como el de libertad ideológica que el de acceso a la cultura, por ejemplo? La Constitución responde a estas cuestiones en el artículo 53, el primero del Capítulo cuarto, que tiene el rótulo esclarecedor «De las garantías de las libertades y derechos fundamentales».

Las libertades y los derechos reconocidos en el artículo 14 —igualdad de los españoles ante la ley sin posibilidad de discriminación— y en los artículos 15 a 29, rotulados «Derechos fundamentales y libertades públicas», podrán ser invocados ante los Tribunales ordinarios por un procedimiento basado en los principios de sumariedad y preferencia. Y, en caso de no ser atendidos, a través del procedimiento del recurso de amparo ante el Tribunal Constitucional, siendo este recurso aplicable también a la objeción de conciencia que se reconoce en el artículo 30.

Los principios reconocidos en el Capítulo tercero de este Título I, es decir «los rectores de la política social y económica», formarán parte de la legislación positiva, la práctica judicial y la actuación de los poderes públicos. Pero, para ser invocados ante la Jurisdicción ordinaria (los Tribunales de Justicia), tendrán que ser desarrollados por leyes posteriores.

Y, sobre todo, recuérdese el inicio del artículo 53: «Los derechos y libertades reconocidos en el Capítulo segundo del presente Título vinculan a todos los poderes públicos».

Defensor del Pueblo

Lo anteriormente reseñado supone la posibilidad de que el ciudadano, directa o indirectamente (es decir, a través de leyes posteriores), defienda sus derechos y libertades, constitucionalmente reconocidos, ante los Tribunales de la jurisdicción ordinaria o ante el Tribunal Constitucional. Pero, la Constitución de 1978 dispone otro método de garantía de las libertades y derechos fundamentales, y por ello en el Capítulo cuarto de este Título I se trata la institución del Defensor del Pueblo.

El artículo 54 desarrolla y define las características de esta figura:

- Alto comisionado de las Cortes Generales.
- Designado y elegido por las Cortes Generales.
- Su misión es la defensa de los derechos comprendidos en el Título I de la Constitución, «De los derechos y deberes fundamentales».

- Podrá supervisar la actividad de la Administración.
- Dará cuenta e informará a las Cortes Generales.
- Se regulará todo lo concerniente a su actividad por ley orgánica posterior.

De la Ley Orgánica del Defensor del Pueblo, de 6 de abril de 1981, publicada en el B.O.E. el 7 de mayo de 1981, podemos destacar los siguientes puntos:

- Es un alto comisionado de las Cortes Generales y es designado por ellas (artículo 1).
- No está sujeto a orden alguna de estas Cortes Generales, pues, como señala el artículo 6 de dicha Ley Orgánica, «el Defensor del Pueblo no estará sujeto a mandato imperativo alguno. No recibirá instrucciones de ninguna autoridad. Desempeñará sus funciones con autonomía y según su criterio». Es decir, es independiente.
- Es inviolable porque no podrá ser detenido, expedientado, multado, perseguido o juzgado en razón a las opiniones que formule o los actos que realice en el ejercicio de las competencias propias de su cargo (artículo 6).
- No podrá ser retenido o detenido sino en caso de flagrante delito, siendo competente para dicho procedimiento la Sala de lo Penal del Tribunal Supremo (artículo 6), tal como sucede con los diputados y senadores, como señala el artículo 71 de la Constitución.
- Su misión es la defensa de los derechos comprendidos en el Título I de la Constitución (artículo 1).
- Podrá iniciar y proseguir, de oficio o a instancia de parte, cualquier investigación conducente al esclarecimiento de los actos y resoluciones de la Administración Pública y sus agentes, en su relación con los ciudadanos. Todo ello debido al precepto constitucional fijado en el artículo 103: la Administración debe actuar con sometimiento pleno a la ley y al Derecho, y por el respeto debido por todos a los derechos proclamados en el Título I de la Constitución (artículo 9).
- El Defensor del Pueblo no es un órgano jurisdiccional, por lo que no podrá juzgar —competencia y función exclusiva de los Juzgados y Tribunales, tal como determina el artículo 117 de la Constitución—, ni sancionar o condenar penalmente.
- Supervisará la actividad de la Administración (artículo 1).
- Está legitimado para interponer los recursos de inconstitucionalidad y de amparo, de acuerdo a lo dispuesto en el artículo 162 de la Constitución y en la Ley Orgánica del Tribunal Constitucional (artículo 29).
- Aunque las Comunidades Autónomas puedan disponer en sus respectivos Estatutos de Autonomía de la existencia de figuras afines al Defensor del Pueblo, este «podrá, en todo caso, de oficio o a instancia de parte, supervisar por sí mismo la actividad de las Comunidades Autónomas en

el ámbito de competencias definido por esta Ley», y los órganos similares —de existir— de las Comunidades Autónomas coordinarán sus funciones con las del Defensor del Pueblo (artículo 12).
- Cualquier persona, natural o jurídica, que invoque interés legítimo, sin restricción alguna, podrá dirigirse al Defensor del Pueblo (artículo 10).

Limitación de los derechos de los ciudadanos

La Constitución dispone una serie de métodos y medidas para la defensa del Estado, del orden público y del propio orden constitucional, ante casos de grave perturbación. Estas situaciones dan lugar a los llamados estado de excepción, estado de sitio y estado de alarma, circunstancias cuyas limitaciones y competencias deben estar reguladas por ley orgánica, tal como dispone el artículo 116. Lo importante es destacar que tales proclamaciones llevan consigo una limitación del catálogo de los derechos y libertades reseñadas.

Es el artículo 55 de la Constitución de 1978 el que decreta que, cuando se acuerde la declaración de estado de excepción o de sitio, podrán ser suspendidos los siguientes derechos:
- Todos los reseñados en el artículo 17 de la Constitución, referidos en el apartado «Derechos fundamentales y libertades públicas».
- Inviolabilidad del domicilio y del secreto de las comunicaciones.
- Libertad de residencia y circulación en el territorio nacional.
- Derecho a la libre expresión mediante la palabra, escrito o cualquier medio de reproducción.
- Derecho a comunicar y recibir libremente información veraz por cualquier medio de difusión.
- Prohibición del secuestro de publicaciones, grabaciones y otros medios de información salvo que se decrete por resolución judicial.
- Derecho de reunión pacífica.
- Derecho de manifestación.
- Derecho de huelga de los trabajadores.
- Derecho de los trabajadores y de los empresarios a adoptar medidas de conflicto colectivo.

Es decir, podrán ser suspendidos «los derechos reconocidos en los artículos 17, 18, apartados 2 y 3, artículos 19, 20, apartado 1, a) y d), y 5, artículos 21, 28, apartado 2, y artículo 37, apartado 2».

Solo en el estado de sitio, podrá ser suprimido también el derecho consistente en que toda persona detenida debe ser informada de forma inmediata de sus derechos y de las razones de su detención, no pudiendo ser obligada a declarar y garantizándosele la asistencia de abogado en las diligencias policiales y judiciales en los términos establecidos en la ley.

Además, por ley orgánica (supuesto de reserva de ley orgánica), se determinará la forma y los casos en los que, de forma individual, con intervención judicial y control parlamentario, pueden ser suspendidos para determinadas personas y en relación con las investigaciones correspondientes a la actuación de bandas armadas o elementos terroristas los derechos consistentes en:

- Tiempo máximo de la detención preventiva para poner al detenido en libertad o a disposición judicial.
- Inviolabilidad del domicilio.
- Secreto de las comunicaciones.

Lo anterior, como se ha dicho, con carácter individual, personalizado y no con carácter general (artículo 55).

Subrayamos que, en la declaración del estado de alarma, no puede producirse la suspensión de ningún derecho reconocido constitucionalmente. Es importante señalar la advertencia que realiza el texto constitucional, resaltando así la gravedad y excepcionalidad de las citadas suspensiones de los derechos y libertades: «La utilización injustificada o abusiva de las facultades reconocidas en dicha ley orgánica producirá responsabilidad penal, como violación de los derechos y libertades reconocidos por las leyes».

Respecto a la tramitación y requisitos para la declaración de los estados de alarma, estado de excepción y estado de sitio, nos remitimos al comentario que se realizará al artículo 116 de la Constitución, inscrito en el Título V del texto Constitucional «De las relaciones entre el Gobierno y las Cortes Generales».

Título II: De la Corona (artículos 56 a 65)

Podría decirse que el Título II es el desarrollo pormenorizado del tercer apartado del artículo 1: «La forma política del Estado español es la Monarquía parlamentaria».

Recordemos que la Constitución de 1812 disponía en su artículo 14: «El Gobierno de la Nación española es una Monarquía moderada hereditaria». Del mismo modo, el artículo 33 de la Constitución de la Monarquía española de 1 de julio de 1869 establecía sucintamente: «La forma de Gobierno de la nación española es la Monarquía», complementándose en el artículo siguiente que «la potestad de hacer las leyes reside en las Cortes. El Rey sanciona y promulga las leyes». Y el artículo 18 de la Constitución de la Monarquía española de 30 de junio de 1876 dispone que: «La potestad de hacer las leyes reside en las Cortes con el Rey».

Figura del Rey

La Constitución española de 1978 es clara en su definición de la figura del Rey, en su artículo 56 establece que:

- Es el Jefe del Estado.
- Es símbolo de la unidad y permanencia del Estado.
- Arbitra y modera el funcionamiento regular de las instituciones.
- Es la más alta representación del Estado en las relaciones internacionales.
- Ejerce las funciones que le atribuyen expresamente la Constitución y las leyes.

Posiblemente, el único término ambiguo de lo relacionado es su función de "arbitraje y moderación", entendida de manera diversa por diferentes autores, pero de la que cabe decir que siempre estará limitada a las funciones que expresamente le atribuya la Constitución y las leyes, no pudiéndose tratar de otra función que no esté reconocida por aquellas.

En lo que sí coinciden la mayoría de los autores constitucionalistas es en la posición eminentemente simbólica (para algunos, casi exclusivamente simbólica) de la Corona y los escasos poderes que tiene reconocidos dentro del texto constitucional.

Por último, señalar que el título del monarca es el de Rey de España, pudiendo utilizar los demás que correspondan a la Corona (artículo 56). El príncipe heredero tendrá la dignidad de Príncipe de Asturias y los demás títulos vinculados tradicionalmente al sucesor de la Corona de España (artículo 57).

Actos debidos y refrendo

Al Rey se le encomienda la realización de determinados actos, considerando dichos actos como actos debidos, actos a los que el Rey no puede negar su función o acción. Ello, precisamente, nos conduce a la figura de "la irresponsabilidad regia".

Esto es lo que determinaba ya el artículo 49 de la Constitución de 1876: «Son responsables los ministros. Ningún mandato del Rey puede llevarse a efecto si no está refrendado por un ministro, que por solo este hecho se hace responsable» (es decir, el *referendo* hacía responsable único al ministro que *refrendaba*). Y ya antes, en la Constitución de 1869, se disponía igualmente que «la persona del Rey (...) no está sujeta a responsabilidad. Son responsables los ministros» (artículo 67).

En nuestra Constitución de 1978, encontramos el artículo 64: «De los actos del Rey serán responsables las personas que los refrenden». Todo ello porque se sigue el sistema clásico de "el Rey reina pero no gobierna", y porque, de lo contrario, la responsabilidad del Rey lo colocaría dentro del "juego político", sujeto, tal vez, a las mayorías y minorías parlamentarias y a los cambios de gobierno, involucrándose en las decisiones políticas de cada momento, perdiendo así su carácter de "cohesionador" de todos los españoles, cualesquiera que sean sus ideas políticas.

¿Quiénes deben refrendar los actos del Rey? El ya anunciado artículo 64, en su primer párrafo, nos da la respuesta: «Los actos del Rey serán refrendados por el Presidente del Gobierno y, en su caso, por los ministros competentes».

Encontramos el supuesto especial en la propuesta y el nombramiento de Presidente del Gobierno, y en la disolución prevista en el artículo 99 —disolución de las Cortes Generales porque ningún candidato a la presidencia del Gobierno obtiene la mayoría necesaria en la votación de investidura y ha transcurrido el plazo constitucional establecido, convocándose así nuevas elecciones—, en los que los actos serán refrendados por el Presidente del Congreso».

¿Qué sucede si los actos del Rey no son refrendados por la persona adecuada? El artículo 56, después de disponer que «la persona del Rey (...) no está sujeta a responsabilidad» y que sus actos deberán ser refrendados en la manera dicha, sanciona con la carencia de validez los actos realizados sin dicho refrendo.

Sin embargo, el artículo 56 establece que los nombramientos y relevos de los miembros civiles y militares de su Casa no precisan de refrendo alguno y, para algunos autores como Sánchez Agesta, tampoco precisa refrendo la distribución que "libremente" hace el Rey de la cantidad que recibe a cargo de los Presupuestos del Estado para el sostenimiento de su familia y casa (artículo 65).

Inviolabilidad del Rey

Tal y como señala el artículo 56, «la persona del Rey es inviolable». Esta figura ya tenía su expresión en la Constitución de 1812, proclamando en su artículo 168 que «la persona del Rey es sagrada e inviolable, y no está sujeta a responsabilidad», repitiéndose la característica de la inviolabilidad en la Constitución de 1837, en la de 1869 o en la de 1876, que en su artículo 48 dispone que «la persona del Rey es sagrada e inviolable».

En virtud de dicha inviolabilidad, el Rey no podrá ser detenido o procesado. Pero las Cortes Generales sí pueden declarar la inhabilitación del Rey para el ejercicio de su autoridad (artículo 59). Sin embargo, la Constitución no expone qué causas podrían motivar esta decisión de las Cortes, pero sí que habría que nombrar seguidamente la regencia (ya que el Rey, aunque inhabilitado, no ha fallecido).

Funciones del Rey

Son funciones del Rey, tal como señala el artículo 62 de la Constitución:

- Sancionar y promulgar las leyes. Sancionar significa que el Rey otorga fuerza de ley, siendo un requisito previo para su inmediata publicación, y promulgación significa la autorización formal de una ley. Ya la Constitución de 1812 señalaba estas funciones del Rey: «además de la prerrogativa que compete al Rey de sancionar las leyes y promulgarlas» (artículo 171), y la Constitución de 1876 indicaba que el Rey «sanciona y promulga las leyes» (artículo 51). Obsérvese que el Rey no "hace" las leyes, pues en una Monarquía parlamentaria, como se dijo en el inicio de estas páginas, corresponde dicha función legislativa al Parlamento, en nuestro caso, a las Cortes Generales (artículo 66).

- Expedir los decretos acordados en el Consejo de Ministros. Como ya se analizará, los decretos son normas dictadas por el Gobierno y no por las Cortes Generales. Por lo tanto, las otras funciones del Rey respecto a las normas no se refieren solo a las leyes, sino también a otras normas jurídicas.
- Convocar las Cortes.
- Disolver las Cortes y convocar elecciones en los supuestos que determina la Constitución:
  - Cuando el Presidente del Gobierno, bajo su exclusiva responsabilidad, propone la disolución de las Cortes, del Congreso o del Senado (artículo 115), y es él mismo el que refrenda dicho acto de disolución que conlleva la convocatoria de elecciones.
  - Cuando transcurra el plazo constitucional previsto en el artículo 99 sin que haya candidato a la Presidencia del Gobierno que obtenga la confianza del Congreso en las correspondientes sesiones de investidura. En este caso, el acto de disolución del Rey es refrendado por el Presidente del Congreso (disolviéndose en este supuesto ambas Cámaras: Congreso de los Diputados y Senado).

  La redacción empleada para ambos supuestos muestra que el Rey por libre iniciativa no puede disolver las Cortes Generales.
- Convocar referéndum en los casos previstos en la Constitución. La figura del referéndum, que está regulada en el artículo 92, señala que «las decisiones políticas de especial transcendencia podrán ser sometidas a referéndum consultivo de todos los ciudadanos». Son estos los requisitos:
  - Ser convocado por el Rey.
  - Necesitar propuesta del Presidente del Gobierno, previamente autorizada por el Congreso de los Diputados.
- Proponer el candidato a Presidente del Gobierno y nombrarlo. Debe quedar claro, no obstante, que la proposición del Rey, en este supuesto, no es arbitraria, y para ello el artículo 99 nos muestra el camino a seguir: «Después de cada renovación del Congreso de los Diputados, y en los demás supuestos constitucionales en que así proceda, el Rey, previa consulta con los representantes designados por los grupos políticos con representación parlamentaria, y a través del Presidente del Congreso, propondrá un candidato a la presidencia del Gobierno». Posteriormente, el candidato, como se explicará en el Título IV «Del Gobierno y de la Administración», expondrá su programa político y solicitará la confianza de la Cámara. Como se comprende, el candidato que proponga el Rey vendrá dado por las conversaciones mantenidas con los representantes de los partidos políticos parlamentarios y de los apoyos de estos a los

diversos candidatos, teniendo siempre en cuenta el número de votos de cada uno de estos partidos, lo que deja claro que la elección del Rey no es totalmente libre ni al principio ni al final, pues el candidato tendrá que "convencer" al Congreso de los Diputados y obtener sus votos.

Este supuesto y el de disolución por no encontrar, en el plazo de dos meses, candidato a la presidencia del Gobierno que sea votado favorablemente por el Congreso, son los únicos casos en los que quien refrenda es el Presidente del Congreso, y no el Presidente del Gobierno o el ministro correspondiente.

- Cesar al Presidente de Gobierno en los casos en que la Constitución así lo disponga (pérdida de confianza parlamentaria, según dispone el artículo 101 en referencia al caso expuesto en el artículo 112). Pero no podrá cesarlo nunca libremente ni por voluntad propia.
- Nombrar y cesar a los miembros del Gobierno «a propuesta de su Presidente», pues, como refiere el artículo 100 al hablar del Presidente del Gobierno: «los demás miembros del Gobierno (es decir, los ministros) serán nombrados y separados por el Rey, a propuesta de su Presidente». Por lo que el Rey no los podrá nombrar o cesar libremente, ni tampoco podrá negarse a nombrarlos o a cesarlos si así lo pide el Presidente del Gobierno.
- Conferir los empleos civiles y militares, y conceder honores y distinciones con arreglo a la ley. El carácter simbólico de la última parte es claro, existiendo, tal como señala el Tribunal Constitucional, títulos nobiliarios antiguos y títulos nobiliarios «de nueva creación».
- Ser informado de los asuntos de Estado y presidir el Consejo de Ministros. El Rey presidirá los Consejos de Ministros «cuando lo estime oportuno, a petición del Presidente de Gobierno» (artículo 62), lo que evidentemente no supone una buena redacción, pues, por una parte dice «si el Rey lo estima oportuno», pero debe producirse la petición previa del Presidente de Gobierno, existiendo varias interpretaciones sobre el precepto constitucional, si bien hay que señalar que la única manera de informarse el Rey de los asuntos de Estado no es presidir los Consejos de Ministros, ya que puede lograr el mismo fin con conversaciones periódicas con el Presidente del Gobierno y con los dirigentes de los demás partidos políticos.
- El mando supremo de las Fuerzas Armadas y el Alto Patronazgo de las Reales Academias. Ello siempre dentro del carácter simbólico, pues la política militar corresponde al Gobierno, tal como declara el artículo 97 del vigente texto constitucional: «el Gobierno dirige (...) la Administración civil y militar y la defensa del Estado».

- Ejercer el derecho de gracia, el conocido "indulto de penas". Este derecho tiene, constitucionalmente, las siguientes limitaciones:
  - No puede autorizar indultos generales (artículo 62), es decir, no puede indultar a un grupo de personas (no se indulta a las personas condenadas en el año 1979, por ejemplo, sino que deberá realizar un indulto individual por cada persona que fue condenada en 1979).
  - Cuando el Presidente del Gobierno o sus ministros han sido declarados culpables penalmente por cualquier delito, el Rey no puede indultarles (artículo 102), evitando así un trato de favor para con los políticos que ocuparon el poder.

Además, como señala el artículo 63, el Rey como Jefe de Estado y representante del mismo también en el exterior:

- Acredita a los embajadores y los representantes diplomáticos que realicen sus funciones en el extranjero, haciendo constar así oficialmente su carácter representativo de España, y los representantes extranjeros son acreditados ante él presentando la correspondiente documentación.
- Le corresponde, previa autorización de las Cortes Generales, declarar la guerra y hacer la paz.

Como ejemplo de los antecedentes históricos de las funciones constitucionales del Rey en una Monarquía parlamentaria, citemos las que reseñaba los artículos 52, 53 y 54 de la Constitución monárquica de 1876, que disponía las siguientes competencias del Rey:

- El mando supremo del Ejército y Armada, y dispone de las fuerzas de mar y tierra.
- Conceder los grados, ascensos y recompensas a militares con arreglo a las leyes.
- Expedir los decretos, reglamentos e instrucciones que sean conducentes para la ejecución de las leyes.
- Cuidar de que en todo el Reino se administre pronta y cumplidamente la justicia.
- Indultar a los delincuentes con arreglo a las leyes.
- Declarar la guerra y hacer y ratificar la paz, dando después cuenta documentada a las Cortes.
- Dirigir las relaciones diplomáticas y comerciales con las demás potencias.
- Cuidar de la acuñación de la moneda, en la que se pondrá su busto y nombre.
- Decretar la inversión de los fondos destinados a cada uno de los ramos de la Administración, dentro de la ley de Presupuestos.

– Conferir los empleos civiles, y conceder honores y distinciones de todas clases con arreglo a las leyes.
– Nombrar y separar libremente a los ministros.

Sucesión al trono

Los artículos 57, 58, 59 y 60 de la Constitución de 1978 determinan las líneas de sucesión de la Corona, la figura de la regencia y la tutela del Rey.

En cuanto al artículo 57 sobre la sucesión, esquemáticamente haremos constar:

- La Corona de España es hereditaria en los sucesores de su majestad Don Juan Carlos I de Borbón.
- La sucesión al trono sigue el orden regular de primogenitura y representación, siendo preferida siempre la línea anterior a las posteriores; dentro de la línea dicha, el grado más próximo al más remoto; dentro del mismo grado, el varón a la mujer; y dentro del mismo sexo, la de más edad a la de menos.

  En cuanto a lo anterior, el Código Civil explica:
  – «La proximidad del parentesco se determina por el número de generaciones. Cada generación forma un grado» (artículo 915).
  – «La serie de grados forma la línea que puede ser directa o colateral. Se llama directa la constituida por la serie de grados entre personas que descienden una de otra. Y colateral la constituida por la serie de grados entre personas que no descienden unas de otras pero que proceden de un tronco común» (artículo 916).
  – «Se distingue la línea recta en descendiente y ascendente. La primera une al cabeza de familia con los que descienden de él. La segunda liga a una persona con aquellos de quienes desciende» (artículo 917).
- «Extinguidas todas las líneas llamadas en Derecho, las Cortes Generales proveerán a la sucesión en la Corona en la forma que más convenga a los intereses de España», teniéndose en cuenta que las abdicaciones —acto por el que se renuncia a un derecho, en este caso, al derecho de la Corona—, y cualquier duda, de hecho o de derecho, que ocurran respecto a este tema será resuelto por una ley orgánica posterior.

  Hay que tener en cuenta que la abdicación del Rey Juan Carlos I se realizó mediante la Ley Orgánica 3/2014, que es una ley dictada para tal caso particular, pero no con carácter general para los casos sucesivos que puedan haber.

Respecto a estas cuestiones, cabe reseñar algunos antecedentes, como la Constitución de 1869, al señalar que «la Autoridad Real será hereditaria. La sucesión en el trono seguirá el orden regular de primogenitura y representación, siendo preferida siempre la línea anterior a las posteriores; en la misma línea, el grado más próximo al más remoto; en el mismo grado, el varón a la hembra, y en el mismo sexo, la persona de más edad a la de menos» (artículo 77), declarando también que, si llega a extinguirse la dinastía, las Cortes harán nuevos llamamientos «como más convenga a la Nación» (artículo 78).

La Constitución de 1876 especifica en su artículo 61 que «extinguidas las líneas de los descendientes legítimos de D. Alfonso XII de Borbón (Rey legítimo de España, según el artículo anterior), sucederán por el orden que queda establecido sus hermanas; su tía, hermana de su madre, y sus legítimos descendientes, y los de sus tíos, hermanos de D. Fernando VII, si no estuviesen excluidos», repitiéndose aquí lo concerniente a las facultades de las Cortes para hacer nuevos llamamientos (artículo 62 de la vigente Constitución).

El artículo 57 de la Constitución de 1978 establece también algunas limitaciones para casos determinados, y advierte que, si las personas que tienen derecho a la sucesión del trono contraen matrimonio contra la expresa prohibición del Rey y de las Cortes Generales, quedarán excluidos ellos y sus descendientes.

Dicho precepto tiene como antecedente inmediato el artículo 56 de la Constitución de 1876: «El Rey, antes de contraer matrimonio, lo pondrá en conocimiento de las Cortes, a cuya aprobación se someterán los contratos y estipulaciones matrimoniales que deban ser objeto de una ley. Lo mismo se observará respecto del inmediato sucesor a la Corona. Ni el Rey ni el inmediato sucesor pueden contraer matrimonio con persona que por ley esté excluida de la sucesión a la Corona».

Por lo tanto, conforme a la vigente Constitución de 1978, el príncipe o la princesa heredera no tiene que solicitar formalmente al Rey o la Reina la autorización para contraer matrimonio, ni tampoco a las Cortes. Pero dicho heredero/a y sus descendientes quedan excluidos de la herencia a la Corona cuando exista prohibición del Rey y de las Cortes. Las dos prohibiciones deben ser expresas (es decir, que se manifiesten claramente por medio de palabras y textos oficiales, y no por los silencios o las actitudes del Rey o Reina o de los miembros de las Cortes que den a entender un rechazo hacia el matrimonio pretendido).

Regencia

Es importante que nos detengamos ahora en analizar la institución de la Regencia.

Esta figura ya aparecía en la Constitución de 1812, mencionada en su artículo 186: «Durante la menor edad del Rey será gobernado el reino por una Regencia», lo que se aplicaba también cuando el Rey esté imposibilitado para ejercer su autoridad por cualquier causa física o moral. También se recogía la Regencia, considerada arcaica por algún autor, en la ya más cercana Constitución de 1876 en los artículos 66 y siguientes de su Título VIII.

La Regencia supone que el Rey o la Reina no puede ocupar el trono, por lo tanto, hasta que sea ocupado superados los obstáculos de minoría de edad o de incapacidad (si fuera reversible), alguien tiene que desempeñar la alta función.

La Regencia únicamente puede establecerse por los dos supuestos referidos. En consecuencia, es característica ser temporal: desaparecerá cuando desaparezcan las causas que la motivaron (la minoría de edad del Rey o la Reina o su incapacidad).

El artículo 59 de la vigente Constitución, dispone como características de la regencia:

- Se ejercerá por mandato constitucional.
- Se ejercerá siempre en nombre del Rey.
- Para ejercer la regencia se deberá ser español y mayor de edad.

Veamos ahora los distintos supuestos que el artículo citado reseña:

1. Supuesto en que el Rey sea menor de edad: la regencia la ejercerá inmediatamente, y durante este tiempo de la minoría de edad del Rey, el padre o la madre del Rey. En su defecto del padre o de la madre, la ejercerá el pariente de mayor edad más próximo a la sucesión de la Corona, según el orden establecido en la Constitución.
2. Supuesto en que el Rey se inhabilitara para el ejercicio de su autoridad, y dicha imposibilidad sea reconocida por las Cortes Generales: inmediatamente ejercerá la Regencia el príncipe heredero de la Corona, siempre que sea mayor de edad. Si no, se procederá como señala el caso anterior hasta que el príncipe heredero alcance la mayoría de edad.
3. Supuesto en que no hubiera ninguna persona a quien corresponda la Regencia: la persona o personas que desempeñaren la Regencia serán nombradas por las Cortes Generales, y se compondrá de una, tres o cinco personas, siendo siempre un número impar, para evitar la posibilidad de empate en cualquier decisión que hubiera de tomar. Por lo tanto, en este caso, la Regencia puede ser unipersonal o individual (ejercida por una sola persona) o colegiada (ejercida por más de una persona).

El regente o los regentes, en su caso, prestarán juramento ante las Cortes Generales de desempeñar fielmente sus funciones, guardar y hacer guardar la Constitución y las leyes y respetar los derechos de los ciudadanos y de las Comunidades Autónomas, jurando igualmente fidelidad al Rey (artículo 61).

Por último, señalar que la reina o rey consorte podrá ejercer, en su caso, la Regencia, pero no podrá asumir otras funciones constitucionales (artículo 58).

Tutela del Rey

La Constitución regula la tutela del Rey cuando este sea menor de edad.

La figura de la tutela se emplea, según el artículo 215 del Código Civil, para la guarda y protección de las personas o de los bienes de los menores (o de los incapacitados por cualquier otra razón), nombrándose a tal efecto una persona en quien recaiga dicha obligación. Su contenido, requisitos y demás efectos están regulados, como se ha dicho, en el Código Civil, en los artículos 215 a 285.

En el artículo 60 de la Constitución se indica que será tutor del Rey cuando este sea menor de edad:

- El que haya nombrado en su testamento el Rey difunto, siempre que tal designación recaiga en persona mayor de edad y español de nacimiento.
- Si el Rey difunto no ha nombrado tutor, lo será el padre o la madre, mientras permanezcan viudos.
- En defecto de lo reseñado anteriormente, el tutor será nombrado por las Cortes Generales.

Dos notas delimitan más la personalidad y actividad del tutor:

- El tutor no podrá ostentar cargo o representación política alguna.
- No se podrá ser a la vez tutor y regente, salvo en los casos en que dichas funciones correspondan a padre, madre o ascendientes directos del Rey.

Puede ser comparado todo lo dicho respecto a la tutela del Rey menor de edad, con lo que disponía en el artículo 73 de la Constitución de 1876: «Será tutor del Rey menor la persona que en su testamento hubiere nombrado el Rey difunto, siempre que sea español de nacimiento; si no le hubiese nombrado, será tutor el padre o la madre, mientras permanezcan viudos. En su defecto le nombrarán las Cortes; pero no podrán estar reunidos los encargos de regente y de tutor del Rey sino en el padre o en la madre de este».

En el cuadro reseñamos las diferencias entre la figura del regente y del tutor.

Diferencias entre las figuras del regente y del tutor del Rey	
Regente	**Tutor**
No lo nombra ni elige el Rey.	Puede ser elegido por el Rey difunto en su testamento.
Es preciso ser español.	Si lo elige el Rey difunto en su testamento, tendrá que ser español de nacimiento. Si no, no es obligatorio.
Si el Rey fuere menor de edad, el padre, la madre o, en su defecto, el pariente de mayor edad más próximo a suceder al Rey en la Corona, según el orden de sucesión determinado en la Constitución. Si el Rey se inhabilitare para el ejercicio de su autoridad y la imposibilidad fuere reconocida por las Cortes Generales, entrará a ejercer inmediatamente la regencia el príncipe heredero si fuere mayor de edad. Si no, se procederá de la manera prevista en el apartado anterior, hasta que alcance la mayoría de edad. Si no hay persona que cumpla estos requisitos, la nombrarán las Cortes.	Si no ha sido elegido por el Rey en su testamento, será tutor el padre o la madre mientras sigan viudos. En su defecto, lo elegirán y nombrarán las Cortes (no importa el orden de sucesión en la Corona).
Puede ser unipersonal o colegiada (por número impar de tres o cinco personas).	Siempre es unipersonal.
Es un cargo político estatal.	Es un cargo familiar.
No se les impide constitucionalmente ejercer cargo o representación política.	No pueden ejercer ningún cargo o representación política.
Deberá prestar juramento ante las Cortes.	No se dispone constitucionalmente la obligación de prestar juramento ante las Cortes.

El Rey y las Cortes

Lo dicho sobre el juramento del regente es aplicable, con mayor razón, a la figura del Rey y a la del príncipe heredero, recogiendo una tradición ya dispuesta en la Constitución de 1812 (en su artículo 173 incluso se detalla el texto completo de esta fórmula). Por lo tanto, el artículo 61 de la vigente Constitución de 1978 señala:

- El Rey prestará juramento al ser proclamado ante las Cortes Generales.
- El príncipe heredero prestará juramento al alcanzar la mayoría de edad.
- Y el regente, como queda dicho, al hacerse cargo de sus funciones.

Para todos los actos referentes al Rey que deban realizarse ante las Cortes, se reunirán conjuntamente las dos Cámaras. Pero, si las Cortes tienen que dictar alguna ley sobre materia relativa a la Corona, las Cámaras se reunirán por separado.

Legitimidad

Por último señalar, tal como coinciden varios autores, que en la figura de D. Juan Carlos I de Borbón se dan cita tres legitimidades:

- Legitimidad histórica: al ser el «legítimo heredero de la dinastía histórica» (artículo 57).
- Legitimidad legal: por cuanto al acceder al trono cumplió con los requisitos dispuestos en la legalidad vigente entonces, la Ley de Sucesión en la Jefatura de Estado, de 26 de julio de 1947, modificada por la Ley Orgánica del Estado, de 10 de enero de 1967.
- Legitimidad democrática constitucional: al ser aprobado por referéndum el texto constitucional en el que se establecía la Corona, y al jurar guardar y hacer guardar el ordenamiento constitucional.

Título III: De las Cortes Generales (artículos 66 a 96)

Las Cortes Generales son los órganos que, conforme al artículo 66 de las disposiciones constitucionales:

- Representan al pueblo español.
- Ejercen la potestad legislativa del Estado (crean las leyes).
- Están formadas por el Congreso de los Diputados y por el Senado.

Sistema bicameral

En la Ley para la Reforma Política, el artículo 2 señalaba: «Las Cortes se componen del Congreso de los Diputados y del Senado». Por lo que se optaba por la llamada opción bicameral, es decir, existen dos Cámaras legislativas y representantes del pueblo y de la soberanía popular. A diferencia de lo dispuesto en la Constitución de 1931, unicameral, tal como señala el artículo 51: «La potestad legislativa reside en el pueblo, que la ejerce por medio de las Cortes o Congreso de los Diputados». Y a semejanza de lo establecido por la Constitución de 1876, bicameral, según señala su artículo 19: «Las Cortes se componen de dos cuerpos Colegisladores, iguales en facultades: el Senado y el Congreso de los Diputados». También es bicameral la Constitución de 1869, tal como señala el artículo 38: «Las Cortes se componen de dos Cuerpos Colegisladores, a saber: Senado y Congreso. Ambos cuerpos son iguales en facultades, excepto en los casos previstos en la Constitución».

En el ya reseñado artículo 2 de la Ley para la Reforma Política se disponía además la duración del mandato de los diputados y senadores: el período de tiempo desde que son elegidos hasta la nueva elección es de cuatro años, señalando que:

- Los diputados del Congreso serán elegidos por todos los españoles mayores de edad, mediante sufragio. Es decir, sistema de voto para la provisión de cargos públicos, universal, directo y secreto.

- Los senadores serán elegidos en representación de las entidades territoriales —las entonces futuras y hoy consolidadas Comunidades Autónomas—, sin mayores especificaciones.
- Se disponía la posibilidad de que el Rey pudiera designar, para cada legislatura, un número no superior a la quinta parte de los senadores elegidos (esta posibilidad no fue trasladada a la Constitución de 1978).

Por lo tanto, diremos que el sistema parlamentario español se compone de dos Cámaras (sistema bicameral), pero con una preeminencia a favor del Congreso de los Diputados, quedando definido el Senado como «la Cámara de representación territorial» (artículo 69). Ello es la distinción esencial entre el Congreso de los Diputados y el Senado, aunque ciertamente, el Senado no ha comenzado a ejercer completamente la función para la que está diseñado en razón de su "composición territorial". Resulta claro que la definición del Senado conecta con la estructura territorial del Estado, es decir, las Comunidades Autónomas.

Para muchos autores, el Senado queda configurado actualmente como una cámara de "reflexión" en la creación de las leyes, como se reseñará más adelante, o, en ocasiones, como un "freno" a la actividad del Congreso de los Diputados. Pero, lo cierto es que el Senado también colabora directamente y con independencia de las decisiones del Congreso en el nombramiento de determinados altos cargos de los poderes del Estado: elección de cuatro de los miembros del Consejo General del Poder Judicial (artículo 122), y elección de cuatro de los miembros del Tribunal Constitucional (artículo 159 de la Constitución).

A continuación, veremos una serie de ejemplos de la preeminencia del Congreso respecto al Senado, siendo funciones solo del Congreso sin la participación del Senado las siguientes:

- El Congreso discute y vota la investidura del Presidente del Gobierno, a quien elige (artículo 99).
- El Congreso propone, discute y vota la moción de censura contra el Gobierno (artículo 113).
- El Congreso vota la cuestión de confianza propuesta por el Presidente del Gobierno (artículo 112).
- El Congreso tiene la votación final en la tramitación de cualquier ley, tanto orgánica como ordinaria (artículo 90).
- El Congreso ratifica o no los decretos-leyes dictados por el Gobierno (artículo 86).
- El Congreso autoriza o no la prórroga del estado de alarma (artículo 116).
- El Congreso autoriza al Gobierno a decretar el estado de excepción (artículo 116).
- El Congreso podrá declarar el estado de sitio (artículo 116).

- El Congreso podrá acusar al Presidente de Gobierno y los demás miembros del Gobierno de los delitos de traición u otros delitos contra la seguridad del Estrado cometidos en el ejercicio de sus funciones (artículo 102).

Por contra, el Senado sin la participación del Congreso solo puede aprobar las medidas que le proponga el Gobierno contra una Comunidad Autónoma que no cumpliere las obligaciones que determina la Constitución o que actúe de forma que atente gravemente al interés general de España (artículo 155).

Funciones de las Cortes

El artículo 66 de la Constitución de 1978 señala como funciones de las Cortes, sin distinguir entre las dos Cámaras:

- Ejercer la potestad legislativa del Estado.
- Aprobar los Presupuestos del Estado (el "balance" de gastos e ingresos anuales del Estado).
- Controlar la acción del Gobierno.
- Las demás competencias que les atribuya la Constitución.

Señalamos, a modo de ejemplo, algunas de las competencias que dispone la Constitución para las Cortes Generales, indicando, en su caso, cuando es competencia exclusiva de una Cámara:

- Designar al Defensor del Pueblo (artículo 54).
- Ante ellas prestará juramento el Rey al ser proclamado, el príncipe heredero al alcanzar la mayoría de edad, y los componentes de la Regencia al hacerse cargo de sus funciones (artículo 61).
- Reconocerán y declararán la inhabilitación del Rey para el ejercicio de su autoridad y la imposibilidad de asumir sus funciones (artículo 59).
- Nombrarán, en su caso, las personas que compongan la Regencia (artículo 59).
- Posibilidad de dar su expresa prohibición a matrimonios contraídos por personas que tengan derecho a la sucesión al trono (artículo 57).
- Proveer la sucesión en la Corona cuando estén extinguidas todas las líneas llamadas en derecho (artículo 57).
- Nombramiento, en su caso, de tutor del Rey menor de edad (artículo 60).
- El Congreso de los Diputados autoriza la convocatoria de referéndum (artículo 92).
- Autorizar al Estado para que este pueda obligarse por medio de tratados o de convenios, en determinados casos (artículo 94).
- Serán informadas de los tratados o de los convenios que no hayan precisado su previa autorización (artículo 94).

- El Congreso de los Diputados otorgará o no la confianza al candidato que por el Rey, tras las consultas con los diversos grupos políticos parlamentarios, se proponga a la Presidencia del Gobierno. Este es el llamado "voto de investidura" (artículo 99).
- El Congreso otorgará o no la confianza solicitada por el Presidente del Gobierno, cuando el Gobierno, en cualquier momento posterior a la investidura la solicite al Congreso (artículo 112).
- El Congreso puede aprobar la moción de censura al Gobierno, en cuyo caso queda nombrado automáticamente Presidente del Gobierno el candidato que figura en dicha moción de censura (artículo 113).
- El Congreso de los Diputados deberá autorizar la prórroga de la declaración de estado de alarma, deberá autorizar previamente la declaración de estado de excepción y deberá aprobar la declaración de estado de sitio (artículo 116).
- Participación, tanto del Congreso de los Diputados como del Senado, en el nombramiento de los miembros del Consejo General del Poder Judicial (artículo 122).
- El Tribunal de Cuentas dependerá directamente de las Cortes Generales, ejerciendo sus funciones por delegación de ellas (artículo 137).
- En determinados casos, pueden autorizar la creación de Comunidades Autónomas que no cumplan los requisitos generales, así como suplir la iniciativa que deben tener en tal materia las corporaciones locales (artículo 144).
- Autorizarán los acuerdos de cooperación que celebren entre sí las Comunidades Autónomas que no sean para la gestión y prestación de servicios propios de las mismas (artículo 145).
- Tramitarán como ley orgánica los respectivos Estatutos de Autonomía (artículo 146).
- Podrán dictar leyes para armonizar las disposiciones normativas que dicten las Comunidades Autónomas, así como otras leyes para la transferencia o delegación de materias de competencia estatal a favor de las Comunidades Autónomas (artículo 150).
- Aprobación del Senado, a petición del Gobierno, para obligar a una Comunidad Autónoma al cumplimiento forzoso de las obligaciones constitucionales o legales para proteger así el interés general (artículo 155).
- Nombrar, tanto el Congreso de los Diputados como el Senado, los miembros correspondientes del Tribunal Constitucional (artículo 159).
- Aprobación, por cada una de las Cámaras, de los proyectos de reforma constitucional (artículo 167).

Retomando el articulado correspondiente del Capítulo primero del Título III de la Constitución, recordemos que las Cortes Generales son «inviolables», por lo que no pueden ser atacadas.

La existencia, pues, de las Cortes Generales (dejando a un lado su bicameralidad), responde a la ya citada teoría de la división de poderes, opuesta a la de "unidad de poder y coordinación de funciones" del régimen anterior (artículo 1.º de la Ley Orgánica del Estado, de 10 de enero de 1967). Según la división de poderes, el Parlamento es el depositario de la soberanía nacional, porque es el órgano que representa al pueblo (y es el pueblo donde reside dicha soberanía), y en virtud de la soberanía dicta las leyes.

Resulta muy importante destacar que el Parlamento —las Cortes Generales, en nuestro caso—, además de la creación de las leyes, tienen otra función importantísima: el control del Gobierno y de la actividad de este. Así lo reseña el mencionado artículo 66 y el artículo 108: «El Gobierno responde solidariamente en su gestión política ante el Congreso de los Diputados».

En ejercicio de esa labor de control del Gobierno podrán las Cortes:

- Recabar la información y la ayuda que precisen del Gobierno y de sus departamentos, y de cualquier otra autoridad del Estado, incluso de cualquier autoridad de una Comunidad Autónoma (artículo 109).
- Reclamar la presencia de miembros del Gobierno (artículo 110).
- Formular interpelaciones y preguntas al Gobierno y a cada uno de sus miembros (artículo 111).
- Aprobar o denegar la cuestión de confianza solicitada por el Gobierno (artículo 112).
- Aprobar o denegar la moción de censura presentada por un número mínimo de diputados (artículo 113).
- Aprobar o no al candidato a la Presidencia del Gobierno después de haberse celebrado las elecciones, mediante el voto de investidura (artículo 99).

Es preciso señalar que las tres competencias finales lo son exclusivamente del Congreso de los Diputados, sin intervención alguna del Senado.

Pasemos ahora al análisis de cada una de las dos Cámaras.

El Congreso de los Diputados

Tal y como indica el artículo 68, el Congreso de los Diputados se compone de un mínimo de 300 diputados y un máximo de 400.

Sus miembros son elegidos por sufragio:

- Universal: todos los españoles mayores de edad, que estén en el pleno uso de sus derechos civiles, tienen derecho a votar.

- Libre: es voluntario votar y está prohibido el uso de la coacción a ejercer este derecho.
- Igual: no existe el llamado "voto de calidad", cumpliéndose así que todos los votos valen lo mismo y que "cada ciudadano, un voto".
- Directo: se elige a los diputados, y no a otras personas para que luego estas designen a los diputados (sistema de compromisarios o de elección indirecta), por lo que en esta elección no hay intermediarios.
- Secreto: nadie podrá ser obligado a decir a quién ha votado.

Como se ve, es el mismo sistema que establecía el artículo 2 de la Ley para la Reforma Política, y aun antes de ella, la Constitución de la Segunda República de 1931, que señalaba en sus artículos 52 y 53 que el Congreso de los Diputados se componía de los representantes elegidos también por sufragio universal, directo, igual y secreto.

La circunscripción electoral es la provincia. Ceuta y Melilla, como casos especiales, estarán representadas cada una de ellas por un diputado, en los demás casos, la ley posterior distribuirá el número total de diputados, atribuyendo una representación mínima inicial a cada provincia y distribuyendo los demás en proporción a la población, según dispone el artículo 68 de la vigente Constitución.

Este mismo artículo señala que:

- El Congreso es elegido por cuatro años.
- El mandato de los diputados termina cuatro años después de su elección o el día de disolución de las Cámaras.
- Requisitos para ser elegido diputado: cualquier español en pleno uso de sus derechos políticos puede ser elector, y puede presentarse y ser elegido diputado.

A continuación, se detallan las causas de incompatibilidad e inelegibilidad de diputados:

- No se podrá ser diputado y senador a la vez.
- No se podrá ser diputado y miembro de una Asamblea de una Comunidad Autónoma a la vez, estándose a lo que disponga el Estatuto de Autonomía de la Comunidad Autónoma. Sin embargo, como no dice nada en contra, según la Constitución sí podría ser senador y miembro de la Asamblea Legislativa de una Comunidad Autónoma a la vez.
- Además, serán causas de incompatibilidad e inelegibilidad las que determine la ley electoral.
- Son causas de inelegibilidad e incompatibilidad las que se señalan en el artículo 70 de la Constitución, y comunes a diputados y senadores.

En cuanto a los requisitos de las elecciones al Congreso de los Diputados, estas tendrán lugar entre los 30 y los 60 días desde la terminación del mandato anterior. El Congreso electo (es decir, el que haya resultado elegido) deberá ser convocado dentro de los 25 días siguientes a la celebración de las elecciones (artículo 68).

Recordemos además que, si bien el Gobierno está "controlado" por las Cortes Generales —especialmente por el Congreso de los Diputados—, también puede "defenderse" disolviendo las Cortes Generales, tal como dice el artículo 115 del Título V «De las relaciones entre el Gobierno y las Cortes Generales»: «El Presidente del Gobierno, previa deliberación del Consejo de Ministros y bajo su exclusiva responsabilidad, podrá proponer la disolución del Congreso, del Senado o de las Cortes Generales, que será decretada por el Rey. El decreto de disolución fijará la fecha de las elecciones». Esta disolución decretada por el Presidente puede serlo de una de las Cámaras o de las dos, aunque en la práctica la disolución siempre ha afectado simultáneamente a las dos.

El Senado

Como señala el artículo 69, «El Senado es la Cámara de representación territorial».

La circunscripción electoral es la provincia. El sufragio será universal, libre, igual, directo y secreto por los votantes de cada una de las provincias, lo que será regulado por una posterior ley orgánica.

Así se compondrá una parte del Senado, porque la otra parte será designada por las Comunidades Autónomas, a razón de un senador por cada una de ellas y otro más por cada millón de habitantes del territorio respectivo.

En definitiva, no todo el Senado es de elección directa por el censo electoral, ya que la designación de estos senadores la hará la Asamblea Legislativa de la Comunidad Autónoma respectiva o, en su defecto, el órgano colegiado superior de dicha Comunidad (es decir, el Gobierno autonómico), conforme a lo que establezca el Estatuto de Autonomía correspondiente. En cualquier caso, en esta designación se asegurará la representación proporcional.

Señalemos que la entrada en vigor de la Constitución de 1978 supuso la desaparición de los llamados "senadores de designación real", que fueron establecidos por la Ley para la Reforma Política, que en su artículo 2 disponía: «El Rey podrá designar para cada legislatura senadores en número no superior a la quinta parte de los elegidos».

Puede compararse este sistema con el dispuesto por la Constitución de 1876, en la que su artículo 20 disponía: «El Senado se compone: *Primero.* De Senadores por derecho propio. *Segundo.* De Senadores vitalicios nombrados por la Corona. *Tercero.* De Senadores elegidos por las Corporaciones del Estado y mayores contribuyentes en la forma que determine la Ley. El número de Senadores por derecho propio y vitalicio no podrá exceder de 180. Este número será el de los Senadores electivos».

Y, como comparación con el sistema actual, fijémonos en la elección de senadores según el método establecido por la Constitución de 1869: «Los Senadores se elegirán por provincias. Al efecto, cada distrito municipal elegirá por sufragio universal un número de compromisarios igual a la sexta parte del de Concejales que deban componer su Ayuntamiento. Los distritos municipales donde el número de Concejales no llegue a seis elegirán, sin embargo, un compromisario. Los compromisarios así elegidos se asociarán a la Diputación provincial respectiva, constituyendo con ella la Junta electoral. Cada una de estas Juntas elegirá a pluralidad absoluta de votos cuatro Senadores» (artículo 60).

El Senado, en la vigente Constitución de 1978 y según su artículo 69, es elegido por cuatro años, y el mandato de los Senadores concluye cuatro años después de su elección o el día de disolución de la Cámara.

Como especialidad en el número de Senadores a elegir, se dispone que «en las provincias insulares, cada isla o agrupación de ellas, con Cabildo o Consejo Insular, constituirá una circunscripción a efectos de elección de Senadores, correspondiendo tres a cada una de las islas mayores —Gran Canaria, Mallorca y Tenerife— y uno a cada una de las siguientes islas o agrupaciones: Ibiza-Formentera, Menorca, Fuerteventura, Gomera, Hierro, Lanzarote y La Palma».

También se dispone que Ceuta y Melilla estén representadas en el Senado por dos senadores cada una de ellas.

Las causas de incompatibilidad e inelegibilidad de senadores son:

- Las que determine la ley electoral posterior.
- No se podrá ser diputado o senador a la vez.

Según lo dispuesto en el artículo 67, se prohíbe expresamente ser miembro simultáneamente de las dos Cámaras o ser miembro de una Asamblea de Comunidad Autónoma y del Congreso, pero no indica prohibición constitucional a ser senador y miembro de una Asamblea de Comunidad Autónoma.

Recordemos que todo lo dicho en el apartado correspondiente al Congreso de los Diputados sobre preguntas, interpelaciones y reclamación de la presencia de los miembros del Gobierno, es aplicable al Senado.

Remarquemos, igualmente, que el artículo 115 faculta al Presidente del Gobierno, previa deliberación del Consejo de Ministros, a disolver las dos Cámaras, o bien una sola de ellas, pudiendo, por lo tanto, optar el Presidente del Gobierno por la disolución únicamente del Senado.

Semejanzas y diferencias entre las dos Cámaras

Señalemos ahora, esquemáticamente, las semejanzas entre el Congreso de los Diputados y el Senado:

- Ambas Cámaras representan al pueblo español (artículo 66).
- Ambas controlan la acción del Gobierno y aprueban los Presupuestos (artículo 66).
- Los miembros de ambas Cámaras no están sujetos al mandato imperativo (artículo 67).
- Los miembros de las dos Cámaras son elegidos por un período de cuatro años (artículos 68 y 69).
- El mandato de los diputados y senadores termina cuatro años después de su elección o el día de la disolución de la Cámara (artículos 68 y 69).
- Según el artículo 70 de la Constitución, además de las que disponga la ley electoral posterior, las causas de inelegibilidad e incompatibilidad para los diputados y senadores comprenden:
  - A los componentes del Tribunal Constitucional.
  - A los altos cargos de la Administración del Estado que determine la ley, con la excepción de los miembros del Gobierno.
  - Al Defensor del Pueblo.
  - A los magistrados, jueces y fiscales en activo.
  - A los militares profesionales y miembros de las Fuerzas y Cuerpos de Seguridad y Policía en activo.
  - A los miembros de las Juntas Electorales. Dichas Juntas son las encargadas de proclamar las candidaturas, velar por el cumplimiento de las normas en la elección y resolver las impugnaciones que se presente sobre el acto de la votación o el recuento de votos.
- Los miembros de ambas Cámaras gozan de inviolabilidad por las opiniones manifestadas en el ejercicio de sus funciones (artículo 71), lo que, en palabras de la sentencia 243/1988 de 19 de diciembre, dictada por el Tribunal Constitucional, «garantiza la irresponsabilidad jurídica de los parlamentarios» para así «asegurar a través de la libertad de expresión de los parlamentarios la libre formación de la voluntad del órgano legislativo».
- Los miembros de ambas Cámaras gozarán de inmunidad y solo podrán ser detenidos en caso de flagrante delito (artículo 71). En virtud de la anteriormente reseñada sentencia del Tribunal Constitucional, la inmunidad «protege la libertad personal de los representantes populares contra las detenciones y procesos judiciales que puedan desembocar en privación de libertad, evitando que, por manipulaciones políticas, se impida

al parlamentario asistir a las reuniones de las Cámaras y, a consecuencia de ello, se altere indebidamente su composición y funcionamiento». Por todo ello, los miembros de las dos Cámaras no podrán «ser inculpados ni procesados sin la previa autorización de la Cámara respectiva», estableciéndose el procedimiento del suplicatorio, por el cual el Juez o Tribunal solicita autorización a la Cámara respectiva para proceder contra algún o algunos miembros de las mismas. Es, por lo tanto, una consecuencia y complemento de la referida inmunidad parlamentaria.

- Para los procedimientos penales que se sigan contra los miembros de las Cámaras, tanto diputados como senadores, será competente la Sala de lo Penal del Tribunal Supremo (artículo 71). Por lo cual los diputados y senadores son personas aforadas, es decir, se les aplican reglas especiales de competencia de los órganos judiciales.
- Derecho a sueldo de diputados y senadores. Esta asignación será fijada por cada una de las Cámaras respectivas (artículo 71).
- Ambas Cámaras, autónomamente, tienen poder para establecer sus propios Reglamentos de funcionamiento interno, como así han hecho, y siendo distintos entre sí (artículo 72).
- Ambas Cámaras, autónomamente, tienen el poder de aprobar sus presupuestos (artículo 72).
- Las Cortes, de común acuerdo por las dos Cámaras, regulan el Estatuto del Personal de las Cortes Generales (artículo 72).
- Cada Cámara tiene su presidente y demás miembros de la mesa, correspondiendo a dicho presidente ejercer los poderes administrativos y facultades de policía (mantenimiento del orden) en el interior de su Cámara (artículo 72).
- El funcionamiento de ambas Cámaras es idéntico: en Pleno y por Comisiones (artículo 75).
- En ambas Cámaras podrán nombrarse Comisiones de investigación, incluso podrán ser nombradas conjuntamente por las dos Cámaras (artículo 76).
- Cada Cámara tendrá su respectiva Diputación Permanente (artículo 78).
- El voto de los diputados y senadores es personal e indelegable, es decir, ninguna persona podrá votar en su nombre o por él (artículo 79).

Para otras semejanzas entre las Cámaras, véase el apartado correspondiente al funcionamiento de las mismas.

En el cuadro reseñamos algunas diferencias entre el Congreso de los Diputados y el Senado.

Diferencias entre las dos Cámaras	
Congreso	**Senado**
Los proyectos de ley del Gobierno son remitidos al Congreso y no al Senado.	Tiene la potestad de revisar los proyectos legales del Congreso, lo cual no obsta para que también disponga de su iniciativa legislativa, realizando proposiciones de ley.
Todos los diputados son elegidos mediante sufragio directo.	Una parte de sus miembros no son elegidos por sufragio directo (los senadores designados por las Comunidades Autónomas).
El número de diputados no es el mismo para cada provincia, y no está establecido en la Constitución sino en la ley orgánica.	El número de senadores está establecido por la Constitución, y fijado en cuatro senadores por provincia, salvo lo dispuesto para las islas.
Ceuta y Melilla están representadas cada una de ellas por un diputado.	Ceuta y Melilla están representadas cada una de ellas por dos senadores.
Es posible legislar mediante decretos-leyes sin intervención alguna del Senado.	Podrá vetar o introducir cambios (enmiendas) a los proyectos de ley ordinaria u orgánica que sean aprobados en el Congreso, pero este tendrá la última palabra sobre su aprobación.

Funcionamiento de las Cámaras

Todas las acciones de las Cámaras deben realizarse cumpliendo el Reglamento. El Reglamento de cada Cámara es redactado y aprobado por mayoría absoluta por la Cámara respectiva (artículo 72). Con referencia a las Cortes Generales, vamos a encontrarnos con:

- Reglamento del Congreso.
- Reglamento del Senado.
- Reglamento de las Sesiones Conjuntas Congreso-Senado.
- Reglamento del Estatuto del Personal de las Cortes (funcionarios, empleados, etc.). Este es aprobado por acuerdo común de ambas Cámaras.

Es el artículo 75 de la Constitución de 1978 el que señala que ambas Cámaras «funcionarán en Pleno y por Comisiones». Como es evidente, el pleno es la reunión de todos los miembros de una Cámara, mientras las comisiones son grupos reducidos formados por parte de los miembros de la Cámara y con representación de diversos grupos parlamentarios, atendiendo siempre a su importancia numérica.

Téngase en cuenta, tal como señala el artículo 80, que los Plenos son públicos, pudiendo acudir las personas que tengan interés en presenciarlos, siempre que la Cámara respectiva no tome el acuerdo contrario, acuerdo denegatorio de la publicidad de la sesión plenaria que deberá ser tomado por mayoría absoluta o con arreglo de lo que, para tal caso específico, señale el Reglamento de la Cámara en cuestión.

También en cada Cámara existen las Comisiones Legislativas Permanentes, en las cuales cualquiera de las dos Cámaras puede delegar la aprobación de proyectos o proposiciones de ley, sin que ello suponga impedir la intervención del Pleno de la Cámara respectiva, que podrá recuperar «en cualquier momento el debate y votación de cualquier proyecto o proposición de ley que haya sido objeto de esta delegación» (artículo 75).

Asimismo, como señala el artículo 76, cuando las Cámaras así lo crean conveniente, podrán crear Comisiones de investigación acerca de «cualquier asunto de interés público». Podrán ser creadas por el Congreso de los Diputados, por el Senado o por ambas Cámaras conjuntamente. Las conclusiones obtenidas por dichas Comisiones de investigación:

- No son vinculantes para los Tribunales de Justicia. Es decir, la Comisión de investigación puede hallar responsabilidad —no penal, puesto que una Comisión de investigación no es el órgano jurisdiccional encargado de la averiguación y castigo o sanción de delitos— donde los Tribunales no la encuentran, o viceversa.
- Las conclusiones obtenidas no afectarán a las resoluciones judiciales que se hayan dictado o que puedan dictarse, pues, lo contrario atentaría a la consagrada constitucionalmente independencia judicial.
- Si la Comisión encuentra responsabilidad que pueda ser perseguida judicialmente, podrá comunicar sus conclusiones al Ministerio Fiscal para que —actuando en defensa de la legalidad, tal como es su misión— ejercite las acciones legales oportunas, siendo, en su caso, el fiscal el que actúe ante los Tribunales de Justicia.

Como complemento de todo lo dicho, el párrafo 2 del artículo 76 señala que será obligatorio comparecer ante las Cámaras cuando estas requieran de comparecencia ante ellas a alguna persona.

Por otra parte, la actual Constitución española recoge lo ya dispuesto en el artículo 3 de la Constitución de la Monarquía de 1845, que posibilitaba y reconocía el derecho de todo español a dirigir peticiones a las Cortes Generales, y ello a diferencia de lo dispuesto en la Constitución de 1869, que literalmente dispone: «no se podrán presentar en persona, individual o colectivamente, peticiones a las Cortes» (artículo 55). Este derecho también lo reconocía la Constitución de 1931 y se formulaba como el derecho de todo español para poder dirigir «peticiones, individual y colectivamente, a los Poderes públicos y a las autoridades. Este derecho no podrá ejercerse por ninguna clase de fuerza armada» (artículo 35).

En cualquier caso, el artículo 77 de la Constitución española de 1978 reconoce la posibilidad de que las Cámaras reciban peticiones:

- Tanto individuales como colectivas.
- Siempre por escrito.
- Se prohíbe la presentación directa por manifestaciones ciudadanas.
- Las Cámaras pueden —no estando obligadas a ello— remitir al Gobierno las peticiones recibidas.
- Si las Cámaras exigen al Gobierno alguna explicación sobre el contenido de una petición, este tendrá que explicarse.

Los miembros de las Fuerzas o Institutos armados o de los cuerpos sometidos a disciplina militar podrán ejercer el derecho de petición solo individualmente y con arreglo a lo que se disponga específicamente para el caso (artículo 29).

Otras cuestiones sobre el funcionamiento y posibilidades de actuación de las Cámaras serán tratadas en lo referente al Título V «De las relaciones entre el Gobierno y las Cortes Generales», donde se desarrollarán las funciones de control que tienen las Cámaras —predominantemente el Congreso de los Diputados— frente a la acción del Gobierno.

Adopción de acuerdos por las Cámaras

Los requisitos constitucionales para adoptar acuerdos por el Congreso de los Diputados o por el Senado se señalan en el artículo 79 y son los que siguen:

- La Cámara respectiva deberá estar reunida reglamentariamente.
- Deberán asistir la mayoría de sus miembros. Es lo que se llama *quorum*. La mayoría de sus miembros, lógicamente, es la mitad más uno del número de miembros que componen la Cámara respectiva.

De no cumplirse los dos requisitos antes señalados, no estará constituida legalmente la Cámara, por lo que no podrán tomar válidamente acuerdo alguno.

Ahora bien, si se cumplen los requisitos, ¿cómo se llega a la adopción concreta del acuerdo? Por aprobación de la mayoría de los miembros presentes (y no de la mayoría de los miembros de la Cámara).

No obstante, cuando la Constitución exija "mayorías especiales" para la adopción de determinados acuerdos, como la mayoría absoluta u otras cualificadas, se recurrirá a dicha mayoría especial, como es el caso de lo dispuesto para la aprobación de las leyes orgánicas (artículo 81), o cuando así lo disponga el Reglamento de la Cámara respectiva (artículo 79).

A continuación, exponemos las clases de mayorías según determina la Constitución de 1978:

- Mayoría relativa o simple: la mitad más uno de los miembros de la Cámara que estén presentes.
- Mayoría absoluta: la mitad más uno de los miembros de la Cámara (estén o no presentes).
- Mayorías cualificadas: son las distintas a las anteriores, como las de dos tercios o tres quintos.

En el cuadro, a modo de ejemplo, indicamos qué mayorías son precisas para adoptar acuerdos sobre determinadas cuestiones, tal como dispone la propia Constitución.

Recordemos que el voto ejercido por los senadores o diputados es «personal e indelegable». Es decir, que, tal como sucede con cualquier otro ciudadano, nadie puede votar por él (por ninguna razón, ni siquiera por enfermedad grave o imposibilidad física) y ejercer en su nombre el derecho del voto (artículo 79).

La Constitución de 1978 establece en el artículo 73 el periodo de reunión y sesiones de las Cámaras, disponiendo que se reunirán anualmente en dos periodos ordinarios de sesiones:

- Primer periodo: de septiembre a diciembre.
- Segundo periodo: de febrero a junio.

Se trata de un sistema diferente al establecido en la Constitución de 1931, que disponía la reunión de las Cortes, sin necesidad de convocatoria, el primer día hábil (no festivo) de los meses de febrero y octubre de cada año, funcionando, como mínimo, durante tres meses en el primer periodo y dos en el segundo (artículo 58).

Viendo los dos periodos de sesiones, se comprende que, en el lapso de tiempo entre ellos, se debe crear alguna institución que "sustituya" las funciones y competencias de las Cortes, pues así lo determina la vida política de un Estado moderno. Dicha figura es la Diputación Permanente, instaurada ya en la Constitución de 1812, que le otorgaba como tiempo de actuación «de unas Cortes ordinarias a otras» y a la que se le confería como facultades, entre otras, velar por la observancia de la Constitución y las leyes, o convocar a Cortes extraordinarias en los casos prescritos en la Constitución (artículo

159 y 160). La Constitución de 1931 señala en su artículo 62 que el Congreso de los Diputados —pues esta Constitución es unicameral— designará «de su seno» una Diputación Permanente de Cortes compuesta por 21 representantes, como máximo, de las distintas fracciones políticas, en proporción a su fuerza numérica, precepto constitucional que se repite casi literalmente en la actualidad (con la excepción de existir dos Cámaras).

Tipos de mayorías necesarias	
Mayoría simple	– Aprobación de leyes ordinarias. – Elección del Presidente del Gobierno en segunda votación. – Aprobación de la cuestión de confianza. – Convalidación de los decretos-leyes del Gobierno.
Mayoría absoluta	– Aprobación de leyes orgánicas en votación final del Congreso. – Interposición por el Senado de veto en la tramitación de un proyecto de ley. – Aprobación de la moción de censura. – Elección del Presidente del Gobierno en primera votación. – Levantamiento por el Congreso del veto impuesto por el Senado en la tramitación de un proyecto de ley antes de que transcurran dos meses desde la interposición del veto. – Aprobación de los Reglamentos de cada Cámara. – Aprobación por el Congreso de la exigencia de responsabilidad penal al Presidente del Gobierno por delito de traición o por cualquier delito contra la seguridad del Estado en el ejercicio de sus funciones. – Declaración por el Congreso del Estado de sitio. – Aprobación de leyes estatales de armonización de las normativas dictadas por las Comunidades Autónomas. – Aprobación por el Senado de las medidas adoptadas contra la Comunidad Autónoma que atenta al interés general.
Mayoría cualificada 2/3	– Aprobación de la reforma constitucional esencial o total. – Ratificación, por las nuevas Cortes elegidas a tal efecto, para la aprobación de la reforma constitucional, bien esencial o total.
Mayoría cualificada 3/5	– Aprobación de la reforma constitucional ordinaria. – Elección de miembros del Tribunal Constitucional. – Elección de miembros del Consejo General del Poder Judicial.

En el artículo 78 de la Constitución española de 1978 se señala que: «En cada Cámara habrá una Diputación Permanente compuesta por un mínimo de 21 miembros, que representarán a los grupos parlamentarios, en proporción a su importancia numérica». Por lo tanto, el Congreso de los Diputados tendrá su Diputación Permanente y el Senado la suya.

Cada una de las Diputaciones Permanentes estará presidida por el Presidente de la Cámara respectiva, y será función de dichas Diputaciones cuando haya sido disuelta o expirado el mandato de la Cámara, o cuando no sea el período de sesiones:

- Convocar a la Cámara en sesión extraordinaria debiendo realizar, para tal convocatoria, un orden del día, que cuando haya sido tratado clausurará la sesión (artículo 73).
- Asumir la facultad atribuida al Congreso de los Diputados para la convalidación de los decretos-leyes que, en caso de extraordinaria y urgente necesidad, dicte el Gobierno (artículo 86).
- Ejercer todas las competencias (en caso de estar disuelto el Congreso o expirado su mandato) referentes a la declaración de los estados de alarma, excepción y sitio (artículo 116).
- Además, cuando las Cámaras no estén reunidas, como es el caso de las vacaciones parlamentarias, velarán por los poderes de dichas Cámaras (artículo 78).

Evidentemente, cuando se reúna la Cámara correspondiente, la Diputación Permanente le informará de los asuntos que haya tratado y de las decisiones que sobre los mismos haya tomado (artículo 78).

Dentro de las posibles Comisiones a formar por las Cámaras, están las Comisiones mixtas Congreso-Senado, compuestas de igual número de diputados que de senadores, fórmula creada para resolver, en determinadas cuestiones, el desacuerdo existente entre Congreso y Senado. Mediante dicho trámite, la Comisión mixta presentará un texto que será votado por ambas Cámaras, y de no aprobarse por mayoría de cada una de ellas, conforme a la preeminencia que confiere la Constitución al Congreso de los Diputados, decidirá este por mayoría absoluta. Todo ello respecto a las cuestiones que indica el artículo 74 del texto constitucional, y que se reseñan a continuación:

1) Cuando las Cortes Generales deban prestar su autorización para que el Estado quede obligado por medio de los siguientes tratados o convenios internacionales (artículo 94):

«a) Tratados de carácter político.

b) Tratados o convenios de carácter militar.

c) Tratados o convenios que afecten a la integridad territorial del Estado o a los derechos y deberes fundamentales establecidos en el Título I.
d) Tratados o convenios que impliquen obligaciones financieras para la Hacienda Pública.
e) Tratados o convenios que supongan modificación o derogación de alguna ley o exijan medidas legislativas para su ejecución».

2) Supuestos de cooperación entre las Comunidades Autónomas cuando se precise la autorización de las Cortes Generales (artículo 145).
3) Distribución por las Cortes Generales de los recursos del Fondo de Compensación entre las Comunidades Autónomas y, en su caso, provincias (artículo 158).

En el supuesto 1 el procedimiento lo iniciará el Congreso de los Diputados, en los otros dos será iniciado por el Senado, dado su condición de Cámara de representación territorial (artículo 74).

Se debe igualmente aclarar que, en los tres supuestos reseñados, las reuniones del Congreso de los Diputados y del Senado no son simultáneas sino sucesivas.

Elaboración de las leyes

En este Título III examinado, figura el importantísimo Capítulo segundo que ostenta el expresivo rótulo «De la elaboración de las leyes».

No siempre nuestros textos constitucionales se han ocupado en su correspondiente articulado de esta cuestión, por ejemplo, sí lo hizo la Constitución de 1812 en su Título III dedicado a las Cortes, en su detalladísimo Capítulo VIII titulado «De la formación de las leyes y de la sanción real». Alguna referencia más breve aparece en la Constitución de 1837.

Como ya se anunció en las primeras páginas de este libro, y especialmente en las dedicadas al Preámbulo y al Título preliminar de la vigente Constitución, la importancia de la ley está reconocida:

- Al asegurar el Estado de Derecho, constituido el imperio de la ley «como expresión de la voluntad popular» (Preámbulo).
- Al quedar los ciudadanos y los poderes públicos sujetos a la Constitución y al resto del ordenamiento jurídico (artículo 9).

Por lo tanto, según lo referido anteriormente, siendo la ley expresión de la voluntad popular, resulta lógico que las leyes sean creadas por los órganos que la Constitución define como representantes del pueblo español, es decir, las Cortes Generales (artículo 66).

No obstante, dada la estructura bicameral de dicho órgano legislativo, ¿qué Cámara será la encargada de la creación y tramitación de las leyes? Para ello recordemos que el citado artículo 66 señala literalmente que «las Cortes Generales ejercen la potestad legislativa del Estado», y en virtud de dicha potestad —poder o facultad legislativa— se tramitan las leyes.

Concretamente, desde el artículo 81 al 92, la Constitución determina el modo de elaborar las leyes, teniendo en cuenta lo dispuesto en el artículo 87: «La iniciativa legislativa corresponde al Gobierno, al Congreso y al Senado de acuerdo con la Constitución y los Reglamentos de las Cámaras».

Veamos el supuesto en el que el proyecto de ley sea presentado por el Gobierno o, lo que es lo mismo, el supuesto concreto en que la iniciativa legislativa, el impulso inicial de la misma, corresponda al Gobierno, y recorramos ordenadamente todo el camino procedimental:

1) El proyecto de ley es aprobado por el Consejo de Ministros, remitiéndose dicho proyecto al Congreso de los Diputados junto con una exposición de motivos y razonamientos en los que se explica la finalidad, necesidad y demás cuestiones que se crean oportunas del proyecto presentado; se adjuntarán también los antecedentes necesarios para que el Congreso se pronuncie sobre ello (artículo 88).
2) La tramitación posterior en el Congreso de los Diputados será la que señale el Reglamento de la Cámara. En aras de la brevedad señalaremos que suele incluir las fases de estudio en la Comisión respectiva, presentación de enmiendas (modificaciones) por los grupos parlamentarios, ponencia y, finalmente, su votación por el Pleno del Congreso (artículo 89).
3) Aprobado el proyecto por el Congreso —hablando siempre de leyes orgánicas u ordinarias—, el presidente del mismo dará cuenta inmediata al presidente del Senado, sometiéndose a la deliberación de la llamada Cámara Alta (artículo 90).
4) El Senado dispone de dos meses «a partir del día de la recepción del texto» para oponer el veto (debiendo ser aprobado por la mayoría absoluta de esta Cámara) o introducir enmiendas en el proyecto remitido (por mayoría simple) (artículo 90).
5) El proyecto de ley regresa al Congreso de los Diputados, pudiéndonos encontrar con las siguientes situaciones señaladas en el artículo 90:
   a) El Senado ha efectuado enmiendas: el Congreso las aceptará o denegará por mayoría simple.
   b) El Senado ha interpuesto su veto: el Congreso de los Diputados tendrá que ratificar el proyecto por mayoría absoluta si vota antes de que transcurran dos meses desde la interposición del veto por el Senado, y lo hará por mayoría simple si la votación se realiza pasados los dos meses indicados.

6) Ratificado el proyecto de ley por el Congreso de la forma antedicha, el Rey sancionará la ley en el plazo de 15 días y la promulgará ordenando su inmediata publicación (artículo 91), lo que se efectuará por medio del Boletín Oficial del Estado, conforme a lo dispuesto en el artículo 2 del Código Civil: «Las leyes entrarán en vigor a los 20 días de su publicación en el Boletín Oficial del Estado, si en ellas no se dispone otra cosa». El último inciso del precepto legal transcrito se refiere a la posibilidad de que una ley entre en vigor el mismo día de su publicación en el B.O.E. o con posterioridad al plazo de 20 días (que no es un plazo máximo).

Respecto a la sanción real, es decir, el acto solemne por el cual se autoriza una ley, cabe señalar que en ningún precepto de la vigente Constitución se le permite al Rey denegar dicha sanción y promulgación. Ello a diferencia, por ejemplo, de lo establecido en la Constitución de 1812, que señalaba la posibilidad de hasta dos vetos del Rey (artículos 144 a 150), o de lo contenido en el artículo 39 de la Constitución de 1837, donde figura la posibilidad de dicha denegación «si uno de los cuerpos colegisladores desechare algún proyecto de ley, o le negare el Rey la sanción», artículo que se transcribe literalmente en el texto constitucional de 1845, y que también figura en la Constitución de 1876 (artículo 44).

Por último, y respecto a la tramitación de elaboración de las leyes, el artículo 90 de la vigente Constitución señala que el plazo de dos meses del que dispone el Senado para vetar o enmendar el proyecto de ley remitido por el Congreso de los Diputados, se reducirá a 20 días naturales (en los que se incluyen domingos y demás días inhábiles) en los proyectos que el Gobierno o el Congreso hayan declarado urgentes.

Es fácil comprender pues por qué siempre se señala, tal como ya se dijo, la preeminencia del Congreso de los Diputados sobre el Senado, y especialmente en este caso, donde la "última palabra" en la elaboración de las leyes corresponde al Congreso (artículo 90).

Las proposiciones de ley que tome en consideración el Senado, se remitirán al Congreso para su trámite en éste como tal proposición (artículo 89).

Sin embargo, no concluyen aquí las diversas modalidades de iniciativa legislativa. Como consecuencia de la estructura autonómica de Estado, tal como se reseñó en las páginas dedicadas al Título preliminar, el artículo 87 de la vigente Constitución concede la iniciativa legislativa también a las Asambleas Legislativas de las Comunidades Autónomas, pudiendo solicitar estas «del Gobierno la adopción de un proyecto de ley o remitir a la Mesa del Congreso una proposición de ley, delegando ante dicha Cámara un máximo de tres miembros de la Asamblea encargados de su defensa».

En indirecta referencia el artículo 152 de la Constitución reseña la figura de dichas Asambleas Legislativas de las Comunidades Autónomas, órganos que serán analizados en su momento oportuno. Quede claro, pues, que en este supuesto no son las Asambleas Legislativas de las Comunidades Autónomas las que están legislando, sino las Cortes Generales. Por lo demás, la tramitación posterior en este supuesto es el ya indicado.

En consecuencia, las Asambleas Legislativas de las Comunidades Autónomas podrán en materia de iniciativa legislativa:

- Pedir al Gobierno de la Nación que presente un proyecto de ley.
- Remitir a la Mesa del Congreso una proposición de ley para que sea admitida y tramitada como tal.

Las materias no podrán ser competencia de la Comunidad Autónoma a la que pertenezca la Asamblea Legislativa, porque de ser así sería esta la que directamente, y sin intervención de las Cortes Generales, habría legislado sobre dicha materia.

Para completar el esquema referente a la iniciativa legislativa, debemos hablar de la figura denominada "iniciativa popular", que ya apareció en la Constitución de 1931 mediante el tenor literal que sigue: «El pueblo podrá asimismo, ejerciendo el derecho de iniciativa, presentar a las Cortes una proposición de ley siempre que lo pida, por lo menos, el 15 por 100 de los electores», quedando relegado, como es lógico, el procedimiento a una posterior ley especial (artículo 66).

La Constitución de 1978 al respecto establece en su artículo 87:

- Se exigirán no menos de 500.000 firmas acreditadas.
- No procederá la iniciativa popular en las materias que sean propias de ley orgánica que, recordamos, son las reseñadas en el artículo 81, detallado al comienzo del presente libro.
- Tampoco procederá en materias tributarias o de carácter internacional, ni en lo relativo a la prerrogativa de gracia.

Cumpliendo la previsión constitucional, la Ley Orgánica 3/1984 de 26 de marzo reguló la iniciativa legislativa popular, cuyos aspectos más definitorios son los que siguen:

- Podrá ser ejercida por ciudadanos españoles mayores de edad, y que se encuentren inscritos en el Censo Electoral (artículo 1 de la Ley Orgánica).
- Además de las materias reseñadas en el artículo 87 de la Constitución detalladas en el párrafo anterior, tampoco son susceptibles de iniciativa popular legislativa las leyes que el Estado dicte para planificar la actividad económica ni los Presupuestos Generales del Estado (artículo 1 y 2 de la Ley Orgánica citada en relación con los artículos 131 y 134 de la Constitución).

- Las proposiciones de ley deberán ser suscritas, al menos, por 500.000 electores. Como se verá, la Ley Orgánica no ha subido el número de las mismas, lo que sí permitía el texto constitucional al establecer una cantidad mínima (artículo 3 de la Ley Orgánica).
- El escrito de presentación deberá contener el texto articulado de la proposición de ley, precedido por una exposición de motivos. También deberá relacionarse los miembros que componen la Comisión promotora de la iniciativa, con expresión de los datos personales de todos ellos (artículo 3 de la Ley Orgánica).
- Toda la documentación anterior mencionada se debe presentar ante la Mesa del Congreso de los Diputados a través de la Secretaría General del mismo (artículo 4 de la Ley Orgánica).
- La Mesa del Congreso de los Diputados podrá, dentro del plazo de 15 días, denegar la admisión de la proposición, pudiéndose conceder un plazo para que se subsanen, de poder ser así, los defectos en que se haya incurrido en dicha proposición (artículo 5 de la Ley Orgánica).
- Contra la decisión de la Mesa del Congreso de los Diputados de no admitir la proposición de Ley, cabe recurso de amparo ante el Tribunal Constitucional (artículo 6 de la Ley Orgánica).
- El Tribunal Constitucional puede decidir que la irregularidad para la admisión de la proposición de ley afecta únicamente a determinados preceptos de la misma, ante lo cual deberá la Mesa del Congreso comunicarlo a los promotores para que estos manifiesten si retiran la iniciativa o mantenerla una vez afectadas las modificaciones correspondientes (artículo 6 de la Ley Orgánica).

A la vista, entre otros, de los artículos 88 y 89 de la Constitución, cabe precisar dos términos: proyecto de ley y proposición de ley:

- Los proyectos de ley son presentados por el Gobierno, previa aprobación de los mismos por el Consejo de Ministros, y son remitidos al Congreso de los Diputados junto con una exposición de motivos y de los antecedentes necesarios para pronunciarse sobre ellos, siguiendo el trámite detallado anteriormente.
- Las proposiciones de ley son las presentadas por los grupos parlamentarios tanto del Congreso de los Diputados como del Senado. Las Asambleas Legislativas de las Comunidades Autónomas, como se dijo, también pueden presentar proposiciones de ley, aplicándose igualmente dicho término en lo referente a la iniciativa legislativa popular.

La Constitución, no obstante, concede prioridad para la tramitación de los proyectos de ley remitidos por el Gobierno frente a las proposiciones de ley, pero ello no impedirá «el ejercicio de la iniciativa legislativa en los términos regulados por el artículo 87» de la Constitución.

Ahora, recordando el comentario realizado en el apartado dedicado al principio de legalidad y su consiguiente jerarquía normativa, desarrollemos la elaboración de cada una de aquellas leyes o normas jurídicas, y ello conforme a lo prescrito en el Capítulo segundo del Título III de la Constitución de 1978.

Leyes orgánicas

Su contenido específico ya se describió en las páginas anteriores.

Su aprobación, modificación o derogación exige la mayoría absoluta del Congreso en una votación final sobre la globalidad o conjunto del proyecto (artículo 81), por lo tanto, primeramente se discute y vota artículo a artículo, y, cuando se ha finalizado con el último de ellos, se vota la totalidad del texto.

Las leyes orgánicas, suponen que, tal como se dijo:

- Lo dispuesto sobre una materia por una ley orgánica no puede ser modificada o contravenido por normas de rango inferior.
- Las materias que señale la Constitución que deban ser reguladas por ley orgánica no podrán ser reguladas por normas distintas a estas.

Si estos dos principios no son respetados, es posible el recurso de inconstitucionalidad al Tribunal Constitucional (artículo 28 de la Ley Orgánica del Tribunal Constitucional, de 3 de octubre de 1979).

Recordemos que las materias que deben ser reguladas por ley orgánica, a causa del mandato constitucional, no puede ser objeto de iniciativa legislativa popular (artículo 87 de la Constitución y artículo 2 de la Ley Orgánica 3/1984, de 26 de marzo, reguladora de la iniciativa legislativa popular).

Leyes ordinarias

Para su elaboración se seguirán los trámites dispuestos en los artículos 88 a 91 inclusive y cuyos pasos han sido detalladamente expuestos en páginas inmediatamente anteriores.

Leyes de bases y delegación legislativa

Las leyes de bases se producen dentro del fenómeno jurídico y constitucional denominado "delegación legislativa", mediante la cual el Gobierno (es decir, el Poder Ejecutivo, tal como se define en la teoría de la división de poderes) realiza lo que es potestad del Poder Legislativo: dictar leyes.

Como ya se dijo en los comentarios iniciales de este libro, las Cortes Generales (órgano legislativo, según la Constitución) delegan su potestad legislativa en el Poder Ejecutivo, y es este y no aquellas el que, en este caso específico, dicta y crea la ley.

La delegación legislativa puede concederse por dos métodos:

1) Por medio de una ley de bases que procede, según lo dispuesto en el artículo 82 de la Constitución, cuando «su objeto sea la formación de un texto articulado», es decir, de una nueva ley con sus respectivos artículos.

Pese a que el artículo 85 señala que «las disposiciones del Gobierno que contengan legislación delegada recibirán el título de Decretos Legislativos» es importante comprender que, en cuanto a jerarquía normativa, las disposiciones normativas que dicte el Gobierno, en uso de la referida delegación recibida de las Cortes Generales, son normas con rango de ley, tramitadas de manera *sui generis*.

Las leyes de bases «delimitarán con precisión»:

- El objeto de la delegación (qué materia es la que va a ser objeto de legislación delegada).
- El alcance y los límites de la misma.
- Los principios y criterios que han de seguirse para la elaboración del texto articulado.

Con todo ello, cabe resumir que la ley de bases marca la pauta de la ley articulada que deberá dictar el Gobierno, teniendo siempre en cuenta que la ley de bases no podrá:

- Autorizar al Gobierno para que modifique la propia ley de bases. Consideración lógica porque, de lo contrario, la ley dictada por el órgano legislativo —y sometida, por ello, a toda clase de controles y discusiones parlamentarias— sería modificada por el Poder Ejecutivo que, incluso, podría hacer *tabula rasa* de los criterios y principios, limitaciones y controles, que dicha ley de bases determinara.
- Facultar para dictar normas con carácter retroactivo. Es decir, la ley de bases no podrá autorizar al Gobierno para que la ley que dicte sea aplicable a situaciones de fecha anterior a la entrada en vigor de la nueva ley.

2) Por medio de una ley ordinaria, mediante la cual las Cortes Generales delegan y autorizan al Gobierno para que este pueda refundir textos legales anteriores, debiéndose especificar en esa ley ordinaria si la delegación «se circunscribe a la mera formulación de un texto único o si se incluye la de regularizar, aclarar y armonizar los textos legales que han de ser refundidos» (artículo 82).

Por supuesto, la norma jurídica que, en virtud de la delegación efectuada por las Cortes, dicta el Gobierno, sí tiene valor de ley.

Según el tenor de la ley de delegación dictada por las Cortes, el Gobierno podrá refundir textos legales anteriores a dicha ley de delegación sobre la materia que en la misma se indique, o estará facultado también para armonizar y regularizar los textos legales dispersos que van a ser refundidos en uno solo.

De modo explícito, la Constitución, en su artículo 82, señala que la delegación legislativa (en cualquiera de sus dos modalidades: por medio de ley de bases o por medio de ley ordinaria) habrá de otorgarse al Gobierno:

- De forma expresa, para evitar así una posible delegación tácita.
- Para materia concreta, no siendo válida delegación para materias generales.
- Una vez que el Gobierno haya hecho uso de dicha delegación legislativa —y, por lo tanto, haya dictado la ley articulada o haya refundido, con reforma y regularización o no, los textos articulados anteriores—, se entiende que la delegación está agotada, y, en caso de ser necesario algún cambio, el Gobierno debe ser facultado por las Cortes Generales mediante una nueva delegación legislativa.
- No puede delegarse en el Gobierno por tiempo indeterminado. Cuestión distinta —y discutida desde el punto de vista jurídico— es que los Gobiernos incumplan, en general, dicho plazo, y dicten las leyes correspondientes con retraso patente. Esto plantea el problema doctrinal, entre los autores, de si dicho retraso puede dar lugar a impugnar la norma dictada ante los órganos jurisdiccionales o ante el Tribunal Constitucional.
- No puede concederse la delegación de modo implícito.
- La delegación que se efectúe al Gobierno no podrá ser subdelegada por este a otra autoridad para que sea ella quien cumpla la delegación legislativa. El único que debe y puede realizarla es el Gobierno, no pudiendo subdelegar, por ejemplo, en una Comisión delegada de Gobierno o en un Secretario de Estado.
- Los tribunales controlarán la legislación delegada y sus concretas consecuencias, tal como sucede con cualquier otra norma jurídica. Entre estos controles, se incluye el procedimiento de declaración de inconstitucionalidad, tal como dispone el artículo 27.2 b) de la Ley Orgánica del Tribunal Constitucional, de 3 de octubre de 1979. Y ello, como queda aclarado por el propio Tribunal Constitucional en su Sentencia 51/1982 de 19 de julio, porque este Tribunal «ha de resolver (...) si se han respetado los requisitos formales para el ejercicio de la potestad legislativa por vía delegada».

También es posible recurrir a la jurisdicción ordinaria en su especialización contencioso-administrativa, como determina el artículo 1 de la Ley 29/1998 de 13 de julio, reguladora de la jurisdicción contencioso-administrativa, al disponer como competencia de esta jurisdicción el conocimiento de «los Decretos Legislativos cuando excedan los límites de la delegación».

Además del citado control jurisdiccional, según el artículo 82 de la Constitución, las leyes de delegación pueden establecer en cada caso «fórmulas adicionales de control» (de contenido parlamentario, tales como comparecencias de los ministros).

La Constitución también contempla, dentro de las cuestiones referentes a la tramitación y elaboración de las leyes, la posibilidad de que una proposición de ley o una enmienda sea contraria a una delegación legislativa en vigor. En este caso, «el Gobierno está facultado para oponerse a su tramitación», ya que en esos momentos tiene la competencia sobre dicha materia, pero sí que es válido, en tal supuesto, que se presente una proposición de ley para la derogación total o parcial de la vigente ley de delegación. Y ello porque, precisamente, las Cortes Generales son el órgano legislativo, y son solo ellas las que pueden derogar o modificar lo dispuesto en leyes vigentes (artículo 84).

Decretos-leyes

Son disposiciones legislativas dictadas por el Poder Ejecutivo (es decir, el Gobierno) y de carácter provisional. Son dictadas, tal como señala el artículo 86 de la Constitución, «en caso de extraordinaria y urgente necesidad».

Su contenido es limitado por cuanto no se podrá regular por decreto-ley:

- El ordenamiento de las instituciones básicas del Estado, que son las que la Constitución define o señala como tales, por ejemplo, la Corona, el Gobierno, las Cortes Generales, etc.
- Derechos, deberes y libertades de los ciudadanos regulados en el Título I del texto Constitucional.
- Régimen de las Comunidades Autónomas regulado en el Título VIII de la Constitución.
- Derecho electoral general.

Ya se ha indicado que los decretos-leyes tienen carácter provisional, y por ello deberán ser convalidados (aprobados) o rechazados (es decir, se les negará validez y eficacia). Nueva prueba de la preeminencia del Congreso de los Diputados sobre el Senado es que el Congreso tomará la decisión de la convalidación o no mediante "votación de totalidad" (no hay votación artículo a artículo).

Para dicha votación, los decretos-leyes deberán ser sometidos al Congreso de los Diputados inmediatamente, y si el Congreso no estuviera reunido se le convocará a tal efecto en el plazo de 30 días siguientes a su promulgación. Para ello, el Reglamento del Congreso establecerá un procedimiento «especial y sumario», en consonancia con la idea de rapidez que preside esta cuestión.

Recordemos además que, según el artículo 78, la Diputación Permanente del Congreso tiene la función de «asumir las facultades que les corresponden a las Cámaras», respecto a lo dispuesto en el artículo 86 (convalidación por el Congreso de los decretos-leyes), «en caso de que estas hubieren sido disueltas o hubiere expirado su mandato».

Durante el plazo en el que todavía no se haya producido la convalidación por el Congreso, el Gobierno puede remitir el texto del decreto a dicha Cámara como un proyecto de ley para que se apruebe, en su caso, por el procedimiento de urgencia. Una vez el Congreso haya aprobado la convalidación del decreto, se producirá la publicación oficial del decreto-ley.

Como se comprende, si el Gobierno está apoyado de manera lógica en una mayoría parlamentaria, no debe tener obstáculo alguno para que sus decretos-leyes sean convalidados.

Reglamentos

Además de las ya reseñadas y comentadas, existen en el ordenamiento jurídico español otras normas que no están contempladas de manera directa o concreta en la Constitución. Es buen ejemplo de ello las normas que emanan de la denominada "potestad reglamentaria" de la Administración, potestad que ejerce el Gobierno (o Poder Ejecutivo) y que consiste en desarrollar o concretar los preceptos de las leyes dictadas. En muchas ocasiones la potestad reglamentaria de la Administración son normas jurídicas de aplicación a casos concretos y específicos, según lo dispuesto para casos generales por las leyes antes elaboradas y en vigor.

Como queda dicho, las normas desarrolladas en virtud de dicha potestad son elaboradas sin que el órgano legislativo (las Cortes Generales) intervenga en su tramitación. Y, a diferencia de lo dispuesto para los decretos-leyes, tales normas jurídicas de la Administración no precisan siquiera ser convalidadas por el Congreso de los Diputados, si bien quedan sujetos, lógicamente, al control de los tribunales de la manera y según los procedimientos que se verán en el análisis dedicado al Título IV de nuestra Constitución «Del Gobierno y de la Administración».

Las normas a las que nos referimos son diferentes y toman distintos nombres, entre ellos: decretos, órdenes ministeriales, reglamentos, etc.

Sin embargo, hay que distinguir entre los reglamentos emanados del Gobierno en virtud de la potestad analizada, y los reglamentos respectivos del Congreso de los Diputados y del Senado. Entre otras diferencias, el reglamento de una Cámara, como ya se indicó, es dictado por dicha Cámara y sin intervención del Poder Ejecutivo como prueba de su plena autonomía (artículo 72).

Además, téngase en cuenta que otros órganos constitucionales (es decir, reconocidos y dispuestos por la Constitución) también tienen la facultad de dictar sus propios reglamentos. Por ejemplo, el Tribunal Constitucional, que «podrá dictar reglamentos sobre su propio funcionamiento y organización, así como sobre el régimen de su personal y servicios, dentro del ámbito de la presente Ley. Estos reglamentos que deberán ser aprobados por el tribunal en pleno, se publicarán en el Boletín Oficial del Estado, autorizados por su presidente» (artículo 2 de la Ley Orgánica del Tribunal Constitucional, de 3 de octubre de 1979); o también el Consejo General del Poder Judicial, que igualmente «podrá dictar reglamentos sobre su personal, organización y funcionamiento en el marco de la legislación sobre la Función Pública. Estos reglamentos, que deberán ser aprobados por el Pleno del Consejo General por mayoría de tres quintos de sus miembros, se publicarán en el Boletín Oficial del Estado, autorizados por su Presidente» (artículo 110 de la Ley Orgánica del Poder Judicial, de 1 de julio de 1985).

Respecto a los reglamentos del Congreso y del Senado, indicamos que los mismos son susceptibles de ser recurridos por inconstitucionalidad ante el Tribunal Constitucional.

Facultad legislativa de las Comunidades Autónomas

Todo lo explicado anteriormente en referencia a la actividad legislativa y la potestad reglamentaria se ha definido dentro del marco de los órganos estatales. Advertimos, sin perjuicio de desarrollarlo extensamente en su momento oportuno, que la configuración autonómica del Estado permite que las Comunidades Autónomas tengan, en sus respectivos órganos, facultades legislativas y reglamentarias conforme a las materias de las que tengan competencia.

Por lo tanto, en la actividad de las Comunidades Autónomas también encontraremos leyes (pero no leyes orgánicas), leyes de bases, decretos legislativos, decretos-leyes, reglamentos, órdenes, decretos, etc. Todo ello con las peculiaridades específicas y con el procedimiento de elaboración que dispongan sus respectivos Estatutos de Autonomía (artículo 152).

Control de la actividad legislativa y de la potestad reglamentaria

Conforme a lo ya dicho, las leyes deben respetar lo que disponga la Constitución en las respectivas materias. El principio de jerarquía normativa no permite que una norma jurídica de rango inferior sea contraria o contradictoria respecto a otra de rango superior, ocupando la Constitución el punto más alto del ordenamiento jurídico español.

El garante de que dicho principio se cumpla debidamente no es otro que el Tribunal Constitucional, según dispone el artículo 161 de la Constitución, al señalar que dicho Tribunal es competente para conocer «el recurso de inconstitucionalidad contra leyes y disposiciones normativas con fuerza de ley», incluyendo en este rótulo tanto las diferentes normas estatales como las referentes a las Comunidades Autónomas.

Las competencias atribuidas a este Tribunal y los procedimientos mediante los cuales actúa se desarrollarán en el apartado correspondiente al Título IX de la Constitución «Del Tribunal Constitucional».

En cuanto a la potestad reglamentaria de la Administración, sus actos y sus disposiciones —normas que afectan a una generalidad de ciudadanos— sin valor de ley (lo que les diferencia de los decretos-ley y de los decretos legislativos que sí tienen dicho valor y consideración) están sujetos a la jurisdicción contencioso-administrativa, es decir, a la vigilancia de los Tribunales ordinarios de Justicia pero especializados en la llamada materia contencioso-administrativa. Tal como señala en su artículo 1 la Ley 29/1998 de 13 de julio, reguladora de la jurisdicción contencioso-administrativa, al disponer que los Juzgados y Tribunales de este orden jurisdiccional serán competentes para conocer de las pretensiones que «se deduzcan en relación con los actos de la Administración Pública sujetos al Derecho administrativo y con las disposiciones de categoría inferior a la Ley».

Referéndum

Es importante destacar el último artículo de este Capítulo segundo del Título III, el artículo 92 dedicado al referéndum. Como ya se dijo en el apartado correspondiente a la Corona este será convocado por el Rey.

Como precedente cabe reseñar que la Constitución de 1931 en su artículo 66 disponía: «El pueblo podrá atraer a su decisión mediante referéndum las leyes votadas por las Cortes. Bastará, para ello, que lo solicite el 15 por 100 del cuerpo electoral. No serán objeto de este recurso la Constitución, las leyes complementarias de la misma, las de ratificación de convenios internacionales inscritos en la Sociedad de las Naciones, los Estatutos regionales, ni las leyes tributarias», remitiéndose a una ley especial posterior que regularía el procedimiento y garantías del referéndum. Aún más cercano en el tiempo, dentro del conjunto de las Leyes Fundamentales del Reino, se dictó la Ley del Referéndum Nacional de 22 de octubre de 1945 que en su artículo 1 señalaba que «cuando la transcendencia de determinadas Leyes lo aconseje o el interés público lo demande, podrá el jefe del Estado, para mejor servicio de la nación, someter a referéndum los proyectos de leyes elaboradas por las Cortes», autorizándose al Gobierno para que dictara las disposiciones complementarias para «la formación del censo y ejecución de la presente Ley».

A lo largo del texto de la vigente Constitución de 1978, el término referéndum aparece en determinados preceptos:

- Necesidad de referéndum entre el censo electoral de cada una de las provincias afectadas para la elaboración de Estatutos de Autonomía mediante régimen especial (artículo 151).
- Necesidad de referéndum entre los electores inscritos en los censos correspondientes para modificar los Estatutos ya sancionados y promulgados conforme al trámite del artículo 151 (artículo 152).
- En los supuestos de reforma ordinaria de la Constitución, será necesario el referéndum para su ratificación si así lo piden una décima parte de los miembros de cualquiera de las dos Cámaras legislativas (artículo 167).
- En los supuestos de revisión total o parcial de la Constitución si la reforma esencial afecta «al Título preliminar, al Capítulo segundo, Sección primera del Título I, o al Título II» (artículo 168).
- Supuesto de incorporación de Navarra al régimen autonómico vasco. Para ello se precisará, al final del procedimiento, ratificación por medio de «referéndum expresamente convocado al efecto y aprobado por la mayoría de los votos válidos emitidos» (disposición transitoria cuarta).

En virtud de lo preceptuado por el ya referido artículo 92 de la Constitución, se dictó la Ley Orgánica 2/1980, de 18 de enero de 1980, quedando como requisitos y notas exclusivamente constitucionales del referéndum las que siguen, que fueron ya destacadas en el apartado dedicado a la Corona:

- Cuando se trate de «decisiones políticas de especial transcendencia» y que no sean las reseñadas anteriormente en los artículos 151, 152, 167, 168 y la Disposición transitoria cuarta, tiene el carácter de «consultivo».
- Será convocado por el Rey.
- Será propuesto al Rey por el Presidente del Gobierno.
- El Gobierno deberá estar previamente autorizado por el Congreso de los Diputados (sin intervención alguna del Senado).

Tratados internacionales

La jerarquía normativa y su consiguiente escalafón debe ser completado por un elemento no nombrado aún en esta cuestión: los tratados internacionales que firme España con otros países.

En principio, cabe preguntarse si dichos tratados forman parte del ordenamiento jurídico español y, por ello, si en una circunstancia determinada pueden ser invocados como ley aplicable ante nuestros Tribunales de Justicia.

La respuesta a la primera parte de la pregunta tiene que ser afirmativa, en virtud, precisamente, de un precepto constitucional, el artículo 96: «Los tratados internacionales válidamente celebrados, una vez publicados oficialmente en España, formarán parte del ordenamiento interno». Y el Código Civil señala en su artículo 1 que: «Las normas jurídicas contenidas en los tratados internacionales no serán de aplicación directa en España en tanto no hayan pasado a formar parte del ordenamiento jurídico interno mediante su publicación en el Boletín Oficial del Estado».

Por ello, una vez publicados en el B.O.E., y previas las formalidades constitucionales, los tratados internacionales firmados por nuestro país forman parte del ordenamiento jurídico interno español.

Y ya que dichos tratados internacionales forman parte de nuestro ordenamiento jurídico (son "fuente del derecho" en la terminología empleada en nuestro Código Civil en su Título preliminar), el Código Civil señala que pueden ser invocados ante nuestros Tribunales puesto que «los jueces y tribunales tienen el deber inexcusable de resolver en todo caso los asuntos de que conozcan, ateniéndose al sistema de fuentes establecido» (artículo 1 del Código Civil). Por ello, la respuesta a la segunda parte de la pregunta arriba efectuada también ha de ser afirmativa.

Recordamos ahora la ordenación jerárquica que realiza, de manera ya clásica, Sánchez Agesta. El autor señala que «está garantizada por los correspondientes recursos ante la jurisdicción constitucional o la contencioso-administrativa».

1. La Constitución.
2. Los tratados.
3. Las leyes orgánicas.
4. Las leyes ordinarias y los decretos-leyes.
5. Los reglamentos del Gobierno.
6. Las leyes de las Asambleas de las Comunidades Autónomas en materias que no estén atribuidas a su exclusiva competencia.
7. Disposiciones reglamentarias de estas Comunidades Autónomas en la misma materia.

Con referencia a la jerarquía, el lector habrá extraído la importancia que tienen los tratados internacionales. Nuestro máximo texto legal les dedica el Capítulo tercero del examinado Título III «De los Tratados Internacionales», es decir, del artículo 93 a 96.

Le corresponde al Rey, recordamos, «manifestar el consentimiento del Estado para obligarse internacionalmente por medio de tratados, de conformidad con la Constitución y las leyes» (artículo 63).

Pero, lógicamente, en un sistema político parlamentario, tal decisión no puede quedar al arbitrio del Rey. Ya la Constitución de la Monarquía española de 1876 disponía en su artículo 55 que «el Rey necesita estar autorizado por ley especial para ratificar los tratados de alianza ofensiva, los especiales de comercio, los que estipulen dar subsidios a alguna Potencia extranjera y todos aquellos que pueden obligar individualmente a los españoles». También la Constitución de 1931 de la Segunda República se ocupaba de esta cuestión en su artículo 76, mediante el cual se atribuía al Presidente de la República el «negociar, firmar y ratificar los Tratados y Convenios internacionales sobre cualquier materia y vigilar su cumplimiento en todo el territorio nacional». Y todavía más inmediata en el tiempo, la Ley Orgánica del Estado, de 10 de enero de 1967, en su artículo 9, señalaba que «el jefe de Estado necesita una ley o, en su caso, acuerdo o autorización de las Cortes a los fines siguientes: (...) a) Ratificar tratados o convenios internacionales que afecten a la plena soberanía o a la integridad del territorio español».

La Constitución de 1978 distingue tres supuestos o tipos de tratados:

- Los tratados por los que se atribuye a una organización o institución internacional el ejercicio de competencias derivadas de la Constitución podrán ser autorizados por ley orgánica. Y corresponderá a las Cortes o al Gobierno garantizar el cumplimiento de estos y las resoluciones que se dicten por los indicados organismos internacionales o supranacionales (artículo 93).
- Para los tratados o convenios que siguen, el consentimiento del Estado necesitará la previa autorización de las Cortes Generales:
  «a) Tratados de carácter político.
  b) Tratados o convenios de carácter militar.
  c) Tratados o convenios que afecten a la integridad territorial del Estado o a los derechos y deberes fundamentales establecidos en el Título I.
  d) Tratados o convenios que impliquen obligaciones financieras para la Hacienda Pública.
  e) Tratados o convenios que supongan modificación o derogación de alguna ley o exijan medidas legislativas para su ejecución» (artículo 94).
- En cuanto a los restantes tratados o convenios el Congreso y el Senado serán inmediatamente informados de su conclusión (artículo 94).

Respecto a los tratados o convenios descritos, corresponde el inicio del trámite al Congreso de los Diputados y, de no existir acuerdo entre Congreso y Senado, será necesaria la formación de una Comisión mixta compuesta por igual número de diputados y senadores, de manera que, si no hubiera acuerdo al votar el texto de la Comisión mixta por ambas Cámaras, decidiría el Congreso de los Diputados (artículo 74 en relación con el artículo 94).

Prueba de la pirámide jurídica descrita y de la consecuente preeminencia de la Constitución sobre las demás normas jurídicas que ocupan rango inferior respecto a ella, es el supuesto previsto en el artículo 95: para celebrar un tratado internacional que contenga «estipulaciones contrarias a la Constitución exigirá la previa revisión constitucional». Lo que es totalmente lógico dado que ni siquiera los tratados internacionales pueden ir contra la Constitución. De no efectuar dicha "revisión constitucional" el tratado en cuestión caería en la inconstitucionalidad, siendo el Tribunal Constitucional el órgano competente para conocer la correspondiente declaración de inconstitucionalidad, tal como señala el artículo 2 de la Ley Orgánica del Tribunal Constitucional, de 3 de octubre de 1979, exactamente en su letra e). En virtud de ello, el Gobierno o cualquiera de las Cámaras puede solicitar de dicho Tribunal la declaración de inconstitucionalidad.

Evidentemente, los tratados internacionales no pretenden ser inmutables. Si bien «las leyes solo se derogan por otras posteriores» (artículo 2 del Código Civil), las disposiciones de un tratado «solo podrán ser derogadas, modificadas o suspendidas en la forma prevista en los propios tratados o de acuerdo con las reglas generales del Derecho internacional». Además, la Constitución señala que, para poner fin a lo dispuesto en un tratado internacional firmado (lo que en términos de derecho internacional se denomina "denunciar" el Tratado), se deberá seguir el mismo procedimiento que para su aprobación (artículo 96 en relación con el artículo 94 ya descrito).

Título IV: Del Gobierno y de la Administración (artículos 97 a 107)

El Gobierno, que según la clásica teoría de la división de poderes también es llamado Poder Ejecutivo, tiene las funciones y competencias que señala el artículo 97 de nuestro texto constitucional:

- Dirige la política interior.
- Dirige la política exterior.
- Dirige la administración civil.
- Dirige la administración militar.
- Dirige la defensa del Estado.
- Ejerce la función ejecutiva.
- Ejerce la potestad reglamentaria de acuerdo con la Constitución y las leyes.

En relación a la definición de funciones y competencias del Poder Ejecutivo, es necesario hacer una distinción entre la Administración y el Gobierno, siendo la Administración Pública el conjunto de los órganos estatales que «sirve con objetividad los intereses generales y actúa de acuerdo con los principios de eficacia, jerarquía, descentralización, desconcentración y coordinación, con sometimiento pleno a la ley y al Derecho» (artículo 103). Por lo tanto, bajo esa óptica no es exactamente lo mismo Gobierno que Administración, siendo, en cierta forma, el Gobierno la cúspide del aparato administrativo que él mismo dirige, tal como señala el precepto constitucional referido. De cualquier modo, las distinciones y semejanzas entre el Gobierno y la Administración, y sus mutuas relaciones, ha sido objeto de discusiones doctrinales.

Composición del Gobierno

El Gobierno está compuesto por un presidente, los vicepresidentes, en su caso, los ministros y los demás miembros que establezca la ley (artículo 98).

Por lo tanto, el Rey no forma parte del Gobierno (téngase en cuenta lo reseñado en el apartado de la Monarquía parlamentaria), siendo la función de este la de Jefe de Estado, pero de ninguna manera jefe de Gobierno, función y figura que corresponde al Presidente del Gobierno que, como tal, «dirige la acción del Gobierno y coordina las funciones de los demás miembros del mismo, sin perjuicio de la competencia y responsabilidad directa de estos en su gestión» (artículo 98).

En cuanto a los miembros del Gobierno, la Constitución dispone que:

- No podrán ejercer otras funciones representativas que las propias del mandato parlamentario.
- No podrán ejercer cualquier otra función pública que no se derive de su cargo.
- No podrán ejercer actividad profesional o mercantil alguna.

Por todo ello, no determina la Constitución incompatibilidad alguna entre la cualidad de ministro y la de diputado o senador (por permitir expresamente las «funciones representativas» propias del mandato parlamentario).

Siguiendo con el artículo 98, una ley posterior a la Constitución regulará el Estatuto y las incompatibilidades de los miembros del Gobierno. En la actualidad, la referida es la Ley 50/1997, de 27 de noviembre, del Gobierno, que enuncia en su artículo 1: «Del Gobierno:

1. El Gobierno dirige la política interior y exterior, la Administración civil y militar y la defensa del Estado. Ejerce la función ejecutiva y la potestad reglamentaria de acuerdo con la Constitución y las leyes.
2. El Gobierno se compone del presidente, del vicepresidente o vicepresidentes, en su caso y de los ministros.
3. Los miembros del Gobierno se reúnen en Consejo de Ministros y en Comisiones delegadas del Gobierno».

Nombramiento de los miembros del Gobierno

El procedimiento a seguir para el nombramiento del Presidente de Gobierno se establece, diáfano, en el artículo 99 de la Constitución de 1978, siendo los trámites sucesivos los que siguen:

- El Rey consultará con los representantes designados por los grupos políticos con representación parlamentaria.
- Realizadas dichas consultas, el Rey, a través del Presidente del Congreso, propondrá un candidato a la presidencia de Gobierno.
- El candidato a la Presidencia se someterá al llamado "voto de investidura", es decir, expondrá ante el Congreso de los Diputados el programa político del Gobierno que pretenda formar —sin necesidad alguna de que haga público los nombres de las personas que formarían parte— y concluirá pidiendo la "confianza" de la Cámara (tal como se reseñó en

su momento, el Senado no participa en la elección del Presidente de Gobierno). Llegado este momento, el Congreso vota la investidura del candidato.

- Si alcanza en la primera votación la mayoría absoluta, el Rey lo nombrará Presidente. En caso de no alcanzar dicha mayoría, se celebrará nueva votación 48 horas después, bastando entonces para ser elegido y superar la investidura la mayoría simple. En el supuesto de que en la segunda votación no consiga el candidato la mayoría simple, se tramitarán nuevas propuestas de la manera indicada y repitiendo las actuaciones.

Lógicamente, la Constitución señala un límite para estas propuestas al Congreso: transcurridos dos meses a partir de la primera votación sin que ningún candidato de los propuestos haya obtenido la confianza del Congreso, el Rey disolverá ambas Cámaras —es decir, también será disuelto el Senado que no ha tenido participación alguna en ello— y convocará nuevas elecciones, al Congreso y al Senado, con el refrendo del Presidente del Congreso (artículo 99).

Debemos realizar a todo lo expuesto, dos precisiones:

- Primero, el Rey, legalmente, no queda vinculado por las opiniones que le expresen los grupos políticos con representación parlamentaria con los que debe efectuar las necesarias consultas. No obstante, es evidente que, por razones políticas y por exigirlo así la estabilidad del sistema democrático (incluso por mera lógica), la propuesta que realice el Rey al Congreso de los Diputados tendrá en consideración los distintos apoyos que pueda conseguir el candidato entre los diversos grupos políticos con representación parlamentaria.
- Segundo, los miembros del Gobierno (los ministros y «los demás miembros que establezca la ley») no son elegidos por el Congreso de los Diputados, sino que serán nombrados por el Rey, a propuesta del Presidente del Gobierno. Por ello, es el Presidente el que toma la decisión de las personas que componen, en un momento dado, su Gobierno, y es también competencia suya cesarlos de sus cargos (artículo 100).

Debe quedar claro que la iniciativa del nombramiento o cese de los miembros del Gobierno parte exclusivamente del Presidente del mismo, y que ni siquiera el Congreso de los Diputados (y aún menos el Senado) puede constitucionalmente cesar a un determinado miembro del Gobierno, y ello pese a la figura de la "reprobación", que podemos definir por aproximación como una "moción de desconfianza" hacia la labor de un determinado miembro del Gobierno, pero que, repetimos, en ningún caso lleva consigo el cese del mismo.

Respecto a los ministros, la Ley 50/1997, de 27 de noviembre, del Gobierno, en su artículo 2 «Del Presidente del Gobierno», determina como función o competencia del mismo «proponer al Rey el nombramiento y separación de los Vicepresidentes y de los Ministros».

Gobierno en funciones

En cualquier caso, el Gobierno cesante continuará en sus funciones hasta la toma de posesión del nuevo. El Gobierno cesa de manera automática, tal como determina el artículo 101 de la Constitución de 1978:

- Tras la celebración de las elecciones generales.
- Caso de pérdida de la confianza parlamentaria, según se describirá en posteriores párrafos (cuestión de confianza y moción de censura).
- Por dimisión del Presidente del Gobierno.
- Por fallecimiento del Presidente del Gobierno.

Aunque la Constitución no determina limitaciones para las competencias del Gobierno en funciones, es la ya referida Ley de Gobierno, de 27 de noviembre de 1997, la que limita las actuaciones del Gobierno cesante en su artículo 21:

«4. El Presidente del Gobierno en funciones no podrá ejercer las siguientes facultades:
   a) Proponer al Rey la disolución de alguna de las Cámaras, o de las Cortes Generales.
   b) Plantear la cuestión de confianza.
   c) Proponer al Rey convocatoria de referéndum consultivo.
5. El Gobierno en funciones no podrá ejercer las siguientes facultades:
   a) Aprobar el Proyecto de Ley de Presupuestos Generales del Estado.
   b) Presentar proyectos de ley al Congreso de los Diputados o, en su caso, al Senado».

Gobierno y Tribunales de Justicia

Debido a sus cargos, el Presidente y los demás miembros del Gobierno, en caso de incurrir en responsabilidad criminal, será la Sala de lo Penal del Tribunal Supremo la que conocerá de dicho procedimiento judicial (artículo 57 de la Ley Orgánica del Poder Judicial, de 1 de julio de 1985, modificada por la Ley Orgánica de los Juzgados de lo Penal, de 28 de diciembre de 1988).

La Constitución señala que las acusaciones dirigidas contra el Presidente y los demás miembros del Gobierno, cuando fueran por traición o por cualquier delito contra la seguridad del Estado, y por razón de la gravedad de dicha acusación, esta únicamente podrá ser planteada «por iniciativa de la cuarta parte de los miembros del Congreso, y con la aprobación de la mayoría absoluta del mismo» (artículo 102). Es decir, un ciudadano o grupo de ciudadanos no pueden pedir a los órganos judiciales que procedan contra el Presidente y los demás miembros del Gobierno por la comisión de estos delitos específicos, pero sí pueden solicitar que se inicie un procedimiento judicial contra los mismos cargos por otros delitos.

Recordamos que, en todos los supuestos reseñados, el Rey no podrá ejercer su prerrogativa de gracia, para que no se dé trato de favor (artículo 102).

Administración Pública

Del artículo 103 a 107 inclusive se regulan constitucionalmente diversos aspectos de la actuación de la Administración Pública, siendo el primero de ellos clarificador de sus principios y características.

Los órganos de la Administración Pública sirven con objetividad a los intereses generales, y sus principios de actuación son:

- Eficacia.
- Jerarquía: los órganos de la Administración no son independientes entre sí, están relacionados en función de su dependencia jerárquica con el órgano superior o, en su caso, de inferior rango.
- Descentralización.
- Desconcentración.
- Coordinación.

Recordemos algo vital, la Administración Pública actúa con «sometimiento pleno a la Ley y al Derecho» (artículo 103).

Respecto a la función pública, la Constitución determina que por ley se regulará:

- El estatuto de los funcionarios públicos.
- El acceso a la función pública conforme a los principios de mérito y capacidad.
- Derecho a sindicación, con sus particularidades, para los funcionarios públicos.
- Sistema de incompatibilidades.
- Se garantizará la independencia de los funcionarios públicos en el ejercicio de sus funciones.

Ciudadanos y Administración

Como rasgo del régimen democrático, según el artículo 105, los ciudadanos españoles participarán en la Administración en la forma que la ley regule mediante:

- Audiencia de los mismos, ya que los ciudadanos tienen derecho a ser oídos por la Administración, pudiendo manifestarse estos directamente o a través de sus organizaciones o asociaciones, y así participar en el procedimiento de elaboración de las disposiciones administrativas que les afecten.
- Los ciudadanos podrán acceder a los archivos y registros administrativos, quedando restringida dicha publicidad a casos que afecten a la seguridad y defensa del Estado, a la averiguación de delitos o a la intimidad de las personas.

El modelo de Administración diseñado por la Constitución es aquel que resulta más cercano y responsable a los ojos de los ciudadanos. Como prueba, el artículo 106 de nuestro máximo texto legal expone un importante principio, de claras consecuencias prácticas: el derecho a ser indemnizados los ciudadanos por «toda lesión que sufran en cualquiera de sus bienes y derechos» cuando esta lesión sea resultado o consecuencia del funcionamiento de los servicios públicos, todo ello con arreglo a lo que la ley disponga y siempre que dichas lesiones no se hayan producido por razones de fuerza mayor.

Como ejemplo de la aplicación correcta de este precepto constitucional, el artículo 292 de la Ley Orgánica del Poder Judicial dispone literalmente: «Los daños causados en cualesquiera bienes o derechos por error judicial, así como los que sean consecuencia del funcionamiento anormal de la Administración de Justicia, darán a todos los perjudicados derecho a una indemnización a cargo del Estado salvo en los casos de fuerza mayor». No olvidando que «la reclamación de indemnización por causa de error deberá ir precedida de una decisión judicial que expresamente lo reconozca» (artículo 293 de la Ley Orgánica del Poder Judicial).

La Constitución, no obstante, diferencia la Administración en sentido global, de la Administración de Justicia (Título VI de la Constitución), incluyéndose en esta última como forma de participación de los ciudadanos la institución del jurado.

Como ya se dijo anteriormente, el Estado de Derecho supone que «los ciudadanos y los poderes públicos están sujetos a la Constitución y al resto del ordenamiento jurídico» (artículo 9), por lo que es lógico e imprescindible que la Administración sea "vigilada" en sus funciones y obligada, en su caso, a cumplir con la Constitución y demás normas jurídicas vigentes. Ese "control" es atribuido a los Tribunales de Justicia, que también deberán comprobar el sometimiento de la actuación administrativa «a los fines que la justifican».

Esta última frase se refiere a la figura de la "desviación de poder": cuando el poder del que legalmente dispone la Administración para un determinado fin, es utilizado para un distinto fin. En ese caso, tal como señala la Ley de Jurisdicción Contencioso-Administrativa, de 13 de julio de 1998, se estimará la reclamación del ciudadano contra la Administración en los Tribunales de Justicia, al igual que «cuando la disposición, la actuación o el acto incurrieran en cualquier infracción del ordenamiento jurídico».

Fuerzas y Cuerpos de Seguridad

Dentro de la Administración ocupa una posición preeminente, por su función, las Fuerzas y Cuerpos de Seguridad del Estado. Su misión está determinada por el artículo 104 de nuestra Constitución. La Ley Orgánica de Fuerzas y Cuerpos de Seguridad, de 13 de marzo de 1986, explica por qué nuestra Constitución se ocupa de este tema: «La constitucionalización del tema de las Fuerzas y Cuerpos de Seguridad es una necesidad y una lógica derivación de su misión transcendental, en cuanto a la protección del libre ejercicio de los derechos y libertades que en el contexto de la Constitución son objeto de su Título l y principal».

Las Fuerzas y Cuerpos de Seguridad están bajo la dependencia del Gobierno y su misión es proteger el libre ejercicio de los derechos y libertades garantizando la seguridad ciudadana (artículo 103).

La Ley Orgánica citada reconoce «plenamente» el derecho de sindicación de los miembros de las Fuerzas y Cuerpos de Seguridad, pero con determinadas limitaciones que se realizan en amparo de lo dispuesto en el artículo 28 de nuestra Constitución.

Son rasgos y notas características del desarrollo postconstitucional de este tema, según dispone la Ley Orgánica de 13 de marzo de 1986:

«Artículo primero.

1. La Seguridad Pública es competencia exclusiva del Estado. Su mantenimiento corresponde al Gobierno de la Nación.
2. Las Comunidades Autónomas participarán en el mantenimiento de la Seguridad Pública en los términos que establezcan los respectivos Estatutos y en el marco de esta Ley.
3. Las Corporaciones Locales participarán en el mantenimiento de la Seguridad Pública en los términos establecidos en la Ley Reguladora de las Bases del Régimen Local y en el marco de esta Ley.
4. El mantenimiento de la Seguridad Pública se ejercerá por las distintas Administraciones Públicas a través de las Fuerzas y Cuerpos de Seguridad».

«Artículo segundo.

Son Fuerzas y Cuerpos de Seguridad:

a) Las Fuerzas y Cuerpos de Seguridad del Estado dependientes del Gobierno de la Nación.
b) Los Cuerpos de Policía dependientes de las Comunidades Autónomas.
c) Los Cuerpos de Policía dependientes de las Corporaciones Locales».

«Artículo quinto.

2. Relaciones con la comunidad. Singularmente:

a) Impedir, en el ejercicio de su actuación profesional, cualquier práctica abusiva, arbitraria o discriminatoria que entrañe violencia física o moral.
b) Observar en todo momento un trato correcto y esmerado en sus relaciones con los ciudadanos, a quienes procurarán auxiliar y proteger, siempre que las circunstancias lo aconsejen o fueren requeridos para ello. En todas sus intervenciones, proporcionarán información cumplida, y tan amplia como sea posible, sobre las causas y finalidad de las mismas.
c) En el ejercicio de sus funciones deberán actuar con la decisión necesaria, sin demora cuando de ello dependa evitar un daño grave, inmediato e irreparable; rigiéndose al hacerlo por los principios de congruencia, oportunidad y proporcionalidad en la utilización de los medios a su alcance.
d) Solamente deberán utilizar las armas en las situaciones en que exista un riesgo racionalmente grave para su vida, su integridad física o las de terceras personas, o en aquellas circunstancias que puedan suponer un grave riesgo para la seguridad ciudadana y de conformidad con los principios a que se refiere el apartado anterior».

Consejo de Estado

En este Título IV es donde se enuncia la existencia del Consejo de Estado. No es un órgano nuevo en nuestra historia constitucional, ya en la Constitución de 1812 aparece, siendo definido como «el único Consejo del Rey, que oirá su dictamen en los asuntos graves gubernativos, y señaladamente para dar o negar la sanción a las leyes, declarar la guerra y hacer los tratados» (artículo 236).

Tal como previene el artículo 107 de la Constitución de 1978, el Consejo de Estado está regulado por su correspondiente Ley Orgánica, la de fecha 22 de abril de 1980, y en ella se detallan las características de este órgano:

- Ejerce la función consultiva con autonomía orgánica y funcional para garantizar su objetividad e independencia.
- Su sede se encuentra en el Palacio de los Consejos de Madrid.
- Vela por la observancia de la Constitución y del resto del ordenamiento jurídico, así como por la eficacia de la Administración en el cumplimiento de sus fines.

- Los dictámenes —que no sentencias, pues no ostenta poder jurisdiccional alguno— que elabore no tendrán carácter vinculante, salvo que la ley disponga lo contrario.

Es curioso el lenguaje que la Ley Orgánica impone a los dictámenes del Consejo de Estado. Cuando las disposiciones y resoluciones se aparten del dictamen previo del Consejo, estas deberán expresar dicha disconformidad con la frase «oído el Consejo de Estado», quedando la fórmula «de acuerdo con el Consejo de Estado» para los casos en que son coincidentes con el dictamen del Consejo de Estado.

La Ley Orgánica señala los diferentes casos en los que es obligatorio solicitar dictamen al Consejo, siendo dicha consulta facultativa en los demás casos.

El Consejo de Estado actúa en Pleno, Comisión permanente y Secciones, conforme a lo dispuesto en su Reglamento Orgánico.

El presidente del Consejo será nombrado libremente por Real Decreto, acordado en Consejo de Ministros y refrendado por su presidente, entre juristas de reconocido prestigio y experiencia en asuntos de Estado. Los consejeros se clasifican en consejeros permanentes, natos y los electivos del Estado.

Los acuerdos del Consejo de Estado se adoptarán por mayoría absoluta de los votos de los asistentes, decidiendo, en caso de empate, el voto de calidad del que preside. Se da la posibilidad de que los miembros discrepantes con el dictamen mayoritario formulen voto particular por escrito en el que razonen su posición.

Las Comunidades Autónomas por medio de sus presidentes podrán solicitar dictámenes al Consejo de Estado.

Título V: De las relaciones entre el Gobierno y las Cortes Generales (artículos 108 a 116)

Si el Presidente del Gobierno es elegido por el Congreso de los Diputados como parte integrante de las Cortes Generales, el órgano establecido en la Constitución como representación del pueblo español, tal como señala el artículo 66, resulta totalmente lógico comprender que el texto constitucional se preocupe de «las relaciones entre el Gobierno y las Cortes Generales».

Hay que dejar bien patente el principio general que rige dichas relaciones en virtud, precisamente, de ser las Cortes el órgano de donde surge el Gobierno. Dicho principio no es otro que el de la responsabilidad solidaria del Gobierno, por su gestión política, ante el Congreso de los Diputados (artículo 108). Ello significa que la responsabilidad política le será exigida a todo el Gobierno —representado en la persona de su Presidente— y no a un ministro concreto, ello se nos muestra coherente con lo dispuesto en el artículo 100 de nuestra Constitución: «los miembros del Gobierno son nombrados y separados a propuesta del Presidente de Gobierno», por lo que las Cortes o, específicamente, el Congreso de los Diputados, no puede cesar a un ministro.

Este control que realizan las Cortes Generales sobre la labor efectuada por el Gobierno se manifiesta por los siguientes medios:

- Moción de censura (artículo 113).
- Interpelaciones y preguntas (artículo 111).
- Reclamar la presencia de los miembros del Gobierno ante las Cámaras, y el derecho de estas a ser informadas y a reclamar la ayuda que precise del Gobierno y de sus Departamentos (artículo 110).

Por contra, las iniciativas de las que dispone el Gobierno en su relación con las Cortes Generales son:

- Acceso de los miembros del Gobierno a las sesiones de las Cámaras y la facultad de estos para hacerse oír en ellas, aunque no sean diputados o senadores (artículo 110).

- Plantear ante el Congreso la cuestión de confianza, competencia exclusiva del Presidente del Gobierno (artículo 112).
- Disolver las Cámaras (o una sola de ellas), competencia exclusiva del Presidente del Gobierno (artículo 115).

Desarrollemos ahora los epígrafes reseñados.

Moción de censura

El artículo 64 de la Constitución española de 1931, de la Segunda República, disponía que «el Congreso podrá acordar un voto de censura contra el Gobierno o alguno de sus miembros. Todo voto de censura deberá ser propuesto en forma motivada y por escrito, con las firmas de 50 diputados en posesión del cargo. Esta proposición deberá ser comunicada a todos los diputados y no podrá ser discutida ni votada hasta pasados cinco días de su presentación. No se considerará obligado a dimitir el Gobierno ni el Ministro, cuando el voto de censura no fuese aprobado por la mayoría absoluta de los diputados que constituyan la Cámara. Las mismas garantías se observarán respecto a cualquier otra proposición que indirectamente implique un voto de censura».

La Constitución actual de 1978 recoge la moción de censura en su artículo 113, siendo sus características las que siguen:

- El órgano que exige la responsabilidad política del Gobierno es el Congreso de los Diputados (sin intervención alguna del Senado).
- Deberá ser interpuesta, como mínimo, por la décima parte de los diputados.
- Si la moción de censura no es aprobada por el Congreso, los diputados que la firmaron no podrán presentar (ni firmar) otra durante el mismo periodo de sesiones. Recordemos que los periodos de sesiones de la Cámara son de septiembre a diciembre y de febrero a junio (artículo 73), y que estos no deben confundirse con la legislatura, que es, en principio, por cuatro años.
- En la propia moción de censura deberá incluirse un candidato a la Presidencia del Gobierno. Por ello, esta modalidad es denominada "constructiva", ya que su objeto no es únicamente "derribar" al Presidente del Gobierno y a sus ministros, sino el nombramiento de un nuevo Gobierno. De forma que, si la moción de censura es aprobada por el Congreso de los Diputados, de manera automática queda elegido como nuevo Presidente del Gobierno el candidato que figura en la moción de censura presentada.
- La votación no podrá realizarse hasta pasados cinco días de su presentación, permitiéndose en los dos primeros días la presentación de mociones alternativas, con nuevos candidatos a la Presidencia de Gobierno.
- Para que la moción de censura prospere se precisará una mayoría absoluta del Congreso de los Diputados.
- No es necesario que el candidato sea diputado.

La consecuencia de ser aprobada la moción de censura al Gobierno es su dimisión: el Gobierno presentará su dimisión al Rey (que la aceptará, al ser un acto debido).

El candidato de esta moción de censura «se entenderá investido de la confianza de la Cámara», nombrándole el Rey Presidente del Gobierno (artículo 114). El Rey, como hemos dicho anteriormente, no efectuará en este supuesto la ronda de conversaciones y entrevistas con los representantes designados por los grupos políticos con representación parlamentaria (artículo 99). El Rey lo nombrará Presidente de Gobierno y no lo propondrá al Congreso, porque esta Cámara no ha de votar su investidura, ya que lo hizo indirectamente al votar y apoyar la moción de censura.

Todo el sistema referido está encaminado a exigir la responsabilidad política del Gobierno —encabezado por su Presidente— y no de un determinado miembro del mismo, por lo que constitucionalmente no se contempla la moción de censura dirigida contra un ministro, lo que sí permitía, como se ha visto en párrafos precedentes, la Constitución de 1931.

Interpelaciones y preguntas

Este supuesto se refiere tanto al Congreso como al Senado. La Constitución se remite a los respectivos Reglamentos de las Cámaras para que en ellos se establezca un tiempo mínimo semanal para ello. «Toda interpelación podrá dar lugar a una moción en la que la Cámara manifieste su posición» (artículo 111).

Presencia del Gobierno en las Cámaras

Respecto a los supuestos de presencia de los miembros del Gobierno en las Cámaras (Congreso y Senado), estos podrán ser reclamados por aquellas (artículo 110).

Como ya se dijo, los miembros del Gobierno, aunque no sean integrantes de las Cámaras (diputados o senadores), tienen la facultad de asistir a las sesiones de las Cámaras y hacerse oír en ellas, bien por sí mismos o por medio de los funcionarios de sus departamentos ministeriales. Todo ello siguiendo, pues, el camino emprendido por la Constitución de 1931 en la que se preceptúa que «el Presidente del Consejo (de Ministros) (...) y los ministros tendrán voz en el Congreso, aunque no sean diputados» (artículo 63).

Cuestión de confianza

Prevista en el artículo 112 de nuestro vigente texto constitucional, sus notas características son:

- La presenta el Presidente del Gobierno.
- Tiene que haber existido previa deliberación del Consejo de Ministros.
- Se presenta y se plantea ante el Congreso de los Diputados (nuevamente se excluye al Senado de estos medios de control, como en el caso de la moción de censura).
- El Presidente del Gobierno solicitará la confianza del Congreso para «su programa o sobre una declaración de política general».
- Se entenderá otorgada la confianza (es decir, ganada por el Gobierno la cuestión de confianza que ha solicitado) cuando voten a favor de la misma la mayoría simple de los diputados.

Diferencias y semejanzas entre moción de censura y cuestión de confianza

De una sencilla comparación entre las características de la moción de censura y de la cuestión de confianza, obtenemos las siguientes diferencias.

- La moción de censura:
  - Es presentada por un número mínimo de diputados. Es decir, es presentada por el Congreso de los Diputados.
  - La ganan los diputados firmantes de la misma, y prospera si alcanza a favor la mayoría absoluta de los votos del Congreso.
  - Lleva aparejada, caso de que prospere, la investidura (el nombramiento y elección) del candidato a la Presencia del Gobierno que figura en la misma.
- La cuestión de confianza:
  - Es presentada por el Presidente del Gobierno como representación del mismo.
  - La gana por el Gobierno si obtiene a favor la mayoría simple de los votos del Congreso.
  - En caso de no prosperar, supone la elección de un nuevo Presidente de Gobierno mediante las previas consultas del Rey (por lo tanto, en el momento de la tramitación y votación no hay candidato a la Presidencia del Gobierno).

Y ahora reseñemos las notas comunes entre la moción de censura y la cuestión de confianza:

- Ambas se tramitan en el Congreso de los Diputados, sin participación del Senado.
- Tanto si la moción de censura prospera como si la cuestión de confianza es perdida por el Presidente del Gobierno, el Gobierno presentará su dimisión al Rey.
- Ni la moción de censura ni la cuestión de confianza dan lugar a la convocatoria de nuevas elecciones.

Lo que se pretende con la cuestión de confianza es comprobar si el Gobierno goza del apoyo de la mayoría (simple) del Congreso, y si para unos determinados proyectos o en circunstancias políticas concretas ha logrado sumar más apoyos que los que en principio se suponía, apoyos en definitiva que le autorizan y le revisten de mayor "autoridad moral" para llevar adelante su programa político o algún aspecto de este.

Por otro lado, nada impide que, tras el fracaso de una moción de censura, el Gobierno presente al Congreso una cuestión de confianza, si bien queda claro que tampoco está obligado a ello, siendo una posibilidad que se decidirá por el Gobierno según la estrategia política que diseñe.

Resumimos esquemáticamente en el cuadro comparativo las características de la moción de censura y de la cuestión de confianza.

Características de la moción de censura y de la cuestión de confianza	
Moción de censura	**Cuestión de confianza**
La propone como mínimo la décima parte de los diputados.	La propone el Presidente del Gobierno.
Se tramita y decide el Congreso, sin intervención del Senado.	Se tramita y decide el Congreso, sin intervención del Senado.
De aprobarse, hay nuevo Presidente del Gobierno (el que consta como candidato en la moción), sin ronda de consultas del Rey con los representantes de los grupos políticos del Congreso.	De aprobarse, continúa el Gobierno y su Presidente.
De perderse, continúa el Gobierno y su Presidente, sin más.	De perderse, el Rey inicia ronda de consultas con los representantes parlamentarios de los grupos políticos del Congreso (no hay convocatoria de elecciones y no se disuelve el Congreso).
Se aprueba por mayoría absoluta del Congreso.	Se aprueba por mayoría simple del Congreso.
De ganarse, el Presidente de Gobierno presenta su dimisión al Rey.	De perderse, el Presidente de Gobierno presenta su dimisión al Rey.
Presentada la primera, dentro de los dos primeros días pueden presentarse otras con candidatos alternativos.	No existen cuestiones de confianza alternativas.

Disolución de las Cámaras

Se encuentra entre las facultades de las que dispone el Presidente del Gobierno. El artículo 115 de la Constitución señala sus características y limitaciones:

- Es necesaria la previa deliberación del Consejo de Ministros (no la autorización del Consejo de Ministros al Presidente de Gobierno).
- La exclusiva responsabilidad de dicha decisión es del Presidente del Gobierno.
- El Presidente propondrá la disolución al Rey, que deberá aceptarla (por ser un acto debido).
- La disolución se acordará por decreto, que será firmado por el Rey.
- El decreto en que se publique la disolución señalará, a su vez, la fecha de las elecciones.
- La disolución podrá afectar al Congreso o al Senado, separadamente o a las dos Cámaras a la vez.

La gravedad de dicha posibilidad, y con el objeto de evitar que el órgano legislativo se encuentre en manos del Poder Ejecutivo, exige limitaciones a la facultad del Gobierno, que también se establecen en el artículo 115:

- Cuando se esté tramitando una moción de censura por el Congreso de los Diputados, no podrá proponerse la disolución, pues, de lo contrario, el Gobierno podría escapar así del control y de la fiscalización del órgano colegislativo. De no existir esta prohibición, el Gobierno "censurado" evitaría la posible elección de un nuevo presidente, de encontrar este apoyos suficientes en el Congreso.
- No se podrá proceder a la disolución de las Cámaras si no ha transcurrido un año desde la anterior disolución de las mismas. La única excepción se da cuando han pasado dos meses desde el momento en que el Rey ha celebrado consultas con los grupos políticos con representación parlamentaria para la proposición de candidato a la Presidencia del Gobierno, pero ningún candidato en dicho plazo haya obtenido la mayoría necesaria del Congreso para su elección. De suceder así, se disolverán las Cámaras y se convocarán nuevas elecciones (artículo 99).
- Tampoco se podrá acceder a la disolución del Congreso cuando se haya declarado el estado de alarma, el estado de excepción o el estado de sitio (artículo 116).

Suspensión de los derechos y libertades

El Gobierno dispone de ciertas facultades para la «suspensión de los derechos y libertades» reconocidos en la Constitución para ser aplicadas en razón de graves circunstancias, tal como ya se especificó en el comentario realizado al artículo 55 de la Constitución. La tramitación a seguir para obtener las declaraciones de estado de alarma, estado de excepción y estado de sitio se inscribe en el marco de las «relaciones entre el Gobierno y las Cortes Generales» que se determina en el artículo 116.

Como ya se adelantó en las primeras páginas de este libro, lo que debe pretenderse con estas graves medidas —respuesta a circunstancias también graves y excepcionales— es la propia defensa del orden constitucional.

La historia constitucional española presenta innumerables precedentes, por ejemplo, y como más inmediato en el tiempo, el artículo 35 del Fuero de los Españoles, de 10 de enero de 1967, ya señalaba que la «vigencia de los artículos 12, 13, 14, 15, 16 y 18 podrá ser temporalmente suspendida por el Gobierno total o parcialmente mediante decreto-ley, que taxativamente determine el alcance y duración de la medida». Siendo los preceptos legales los referidos a los derechos de libre expresión de ideas, libertad y secreto de la correspondencia; derecho a fijar libremente la residencia en territorio nacional, inviolabilidad del domicilio, derecho de libre asociación; y los derechos reconocidos en cuanto a la detención y la disposición del detenido a mandato de autoridad judicial en el plazo legal.

En cuanto a los órganos competentes para tomar dichas decisiones, en el sistema de las Leyes Fundamentales, el artículo 10 de la Ley Orgánica del Estado, de 10 de enero de 1967, señalaba que «el Jefe de Estado estará asistido por el Consejo del Reino para: adoptar medidas excepcionales cuando la seguridad exterior, la independencia de la Nación, la integridad de su territorio o el sistema institucional del Reino estén amenazados de modo grave e inmediato dando cuenta documentada a las Cortes».

En el sistema constitucional anterior a las Leyes Fundamentales, la Constitución de la Segunda República de 1931, trataba esta cuestión en su artículo 42, cuyo primer párrafo señalaba que ciertos derechos y garantías «podrán ser suspendidos total o parcialmente, en todo el territorio nacional o en parte de él, por decreto del Gobierno cuando así lo exija la seguridad del Estado, en casos de notoria e inminente gravedad». Y hacía referencia a los siguientes derechos: las garantías relativas a las detenciones y puestas a disposición a la autoridad judicial, libre circulación por el territorio nacional, derecho a emigrar e inmigrar, inviolabilidad del domicilio, libertad de expresión, reunión pacífica y libre asociación y sindicación. El órgano competente para aprobar tal decisión eran Las Cortes —recordemos que estaban compuestas únicamente por el Congreso de los Diputados— y, en caso de estar disueltas, la Diputación Permanente de las mismas.

Por su parte, la Constitución de la Monarquía española de 30 de junio de 1876 cuenta con un artículo semejante a los ya vistos, el 17, que indica que determinadas garantías constitucionales «no podrán suspenderse en toda la Monarquía, ni en parte de ella, sino temporalmente y por medio de una ley, cuando así lo exija la seguridad del Estado, en circunstancias extraordinarias», siendo el objeto de esta posible suspensión garantías semejantes a las descritas en los otros textos constitucionales. Señala también la Constitución de 1876 que únicamente en los casos que no estén reunidas las Cortes, «siendo el caso grave y de notoria urgencia», el Gobierno podrá decretar las medidas bajo su responsabilidad, sometiendo su acuerdo a la aprobación de las Cortes lo más pronto posible.

Tras estos ejemplos de nuestra historia constitucional, pasemos al examen del artículo 116 de la vigente Constitución de 1978.

Estado de alarma

- Lo declara el Gobierno.
- La norma que lo declara es un decreto acordado en el Consejo de Ministros.
- El plazo máximo de duración es de 15 días.
- El Gobierno dará cuenta al Congreso de los Diputados de la declaración del estado de alarma, reuniéndose a tal efecto el Congreso de inmediato.
- Únicamente podrá prorrogarse con autorización del Congreso de los Diputados.
- El decreto determinará el territorio al cual se aplicarán los efectos del estado de alarma.
- No podrá procederse a la disolución del Congreso mientras esté declarado dicho estado.
- Si las Cámaras no estuvieran en periodo de sesiones, quedarán automáticamente convocadas.
- El funcionamiento de las Cámaras no podrá interrumpirse mientras esté vigente.
- Si el Congreso de los Diputados ha sido ya disuelto o ha concluido el periodo de su mandato, sus funciones las cumplirá su Diputación Permanente.
- La declaración del estado de alarma no modificará el principio de responsabilidad del Gobierno y de sus agentes.
- Esta declaración no supone la suspensión de ningún derecho de los reconocidos en la Constitución.

Estado de excepción

- Lo declara el Gobierno.

- La declaración se produce mediante decreto acordado en el Consejo de Ministros.
- Es necesaria la autorización previa del Congreso de los Diputados.
- La autorización y la proclamación del estado de excepción determinará expresamente los efectos de la declaración, el territorio al cual se aplicará y su duración.
- La duración del estado de excepción no podrá ser superior a 30 días.
- Podrá ser prorrogado por otro plazo igual, pero cumpliendo con los requisitos anteriores (autorización previa del Congreso de los Diputados, etc.).
- No podrá procederse a la disolución del Congreso mientras esté declarado dicho estado.
- Si las Cámaras no estuvieran en períodos de sesiones, quedarán automáticamente convocadas.
- El funcionamiento de las Cámaras no podrá interrumpirse mientras esté vigente el estado de excepción.
- Si el Congreso de los Diputados ya ha sido disuelto o ha concluido el período de su mandato, sus funciones las cumplirá su Diputación Permanente.
- La declaración de estado de excepción no modificará el principio de responsabilidad del Gobierno y de sus agentes.
- Mediante esta declaración se pueden suspender los siguientes derechos:
  - Inviolabilidad del domicilio.
  - Secreto de las comunicaciones.
  - Libertad de circulación.
  - Reunión y manifestación.
  - Huelga.
  - Libertad de expresión, salvo la que se refiere a la producción literaria y la libertad de cátedra, no pudiéndose establecer la censura.

Estado de sitio

- Lo declara el Congreso de los Diputados.
- Es necesaria la mayoría absoluta de los miembros de dicha Cámara.
- Será el Gobierno exclusivamente el que pueda proponer al Congreso la declaración del estado de sitio.
- Será el Congreso el que determine el territorio al que debe aplicarse, la duración del mismo y sus condiciones.
- La Constitución no señala límite temporal para la vigencia del estado de sitio.

- No podrá procederse a la disolución del Congreso mientras esté declarado dicho estado.
- Si las Cámaras no estuvieran en período de reuniones, quedarán automáticamente convocadas.
- El funcionamiento de las Cámaras no podrá interrumpirse mientras esté vigente el estado de sitio.
- Si el Congreso de los Diputados ya ha sido disuelto o ha concluido el período de su mandato, sus funciones las cumplirá la Diputación Permanente.
- La declaración de estado de sitio no modificará el principio de responsabilidad del Gobierno y de sus agentes.
- Pueden ser suspendidos los mismos derechos que en el caso de la declaración de estado de excepción, además del derecho a ser informado inmediata y comprensiblemente de las razones de su detención, el derecho a no declarar y el derecho a la asistencia de abogado tanto en las diligencias policiales como judiciales.

Título VI: Del Poder Judicial (artículos 117 a 127)

En la clásica teoría de la división de poderes, el Poder Judicial ocupa uno de los pilares del Estado, desempeñando su función con total exclusividad, sin que ningún otro órgano del Estado usurpe su labor.

Ello ya estaba declarado en la Constitución de 1812: «La potestad de aplicar las leyes en las causas civiles y criminales pertenece exclusivamente a los Tribunales» (artículo 242). Formulación que se repite y concreta en el artículo 63 de la Constitución de la Monarquía de 1837: «A los Tribunales y Juzgados pertenece exclusivamente la potestad de aplicar las leyes en los juicios civiles y criminales; sin que puedan ejercer otras funciones que las de juzgar y hacer que se ejecute lo juzgado». Y la idea literal queda reproducida en el artículo 76 de la Constitución monárquica de 1876.

Actualmente, recae en el artículo 117 de la Constitución de 1978, precepto que define de manera concreta en qué consiste la potestad jurisdiccional: juzgar y hacer ejecutar lo juzgado en todo tipo de procesos. De la conjunción del apartado 3 y 4 de dicho artículo obtenemos dos conclusiones:

- En sentido positivo, la exclusividad de los Juzgados y Tribunales supone que ningún otro órgano del Estado puede acometer la función jurisdiccional de juzgar y hacer ejecutar lo juzgado, pues sería patentemente inconstitucional.
- En sentido negativo, la exclusividad de esta potestad jurisdiccional es completada por el párrafo 4 de dicho artículo al disponer que «los Juzgados y Tribunales no ejercerán más funciones que las señaladas en el apartado anterior y las que expresamente les sean atribuidas por ley en garantía de cualquier derecho».

La organización del Poder Judicial es reflejo de la estructura política del Estado, para comprobarlo basta comparar dos ejemplos de nuestra cercana historia constitucional, el artículo 29 de la Ley Orgánica del Estado, de 10 de enero de 1967, con el ya citado artículo de nuestro vigente Constitución.

Decía el primero de ellos: «La justicia gozará de completa independencia. Será administrada en nombre del Jefe de Estado, de acuerdo con las leyes, por jueces y magistrados independientes, inamovibles y responsables con arreglo a la Ley». En cambio, nuestro vigente artículo 117 proclama que «la justicia emana del pueblo y se administra en nombre del Rey por jueces y magistrados integrantes del Poder Judicial, independientes, inamovibles, responsables y sometidos únicamente al imperio de la ley», lo que se repite en el artículo 1 de la actual Ley Orgánica del Poder Judicial de 1985.

La justicia emana del pueblo, y ello en coherencia con el principio que establece el artículo 1 de la Constitución que recordamos una vez más: «La soberanía nacional reside en el pueblo español, del que emanan todos los poderes del Estado» y como poder del Estado, proveniente de la soberanía nacional se encuentra el Poder Judicial.

Características del Poder Judicial

Los artículos 118, 119 y 120 de la Constitución señalan, respecto del Poder Judicial, determinadas características y obligaciones para con el mismo:

- La justicia será gratuita para quienes acrediten insuficiencia de recursos y cuando así lo disponga la ley (artículo 119), lo que es recogido por todas las leyes de procedimiento. Esto queda desarrollado por medio de la Ley de Asistencia Jurídica Gratuita, de 10 de enero de 1996, que en su exposición de motivos señala que el objeto de la misma «es regular un sistema de justicia gratuita que permita a los ciudadanos que acrediten insuficiencia de recursos para litigar, proveerse de los profesionales necesarios para acceder a la tutela judicial efectiva y ver adecuadamente defendidos sus derechos e intereses legítimos».
- Obligación de cumplir las sentencias y las resoluciones firmes de los jueces y tribunales (artículo 118).
- Obligación de prestar la colaboración cuando así lo requieran los jueces y tribunales en el proceso y en la ejecución de lo que se haya resuelto (artículo 118).
- Las actuaciones judiciales son públicas, con las excepciones que determinen las leyes de procedimiento (artículo 120).
- El procedimiento será predominantemente oral, sobre todo en el procedimiento penal (artículo 120).
- Las sentencias serán siempre motivadas (y ello como oposición a cualquier forma de arbitrariedad), es decir, deberán exponerse las razones que han llevado al juez o tribunal a dictar la sentencia (artículo 120). Este principio constitucional está incluido dentro del derecho fundamental

«a obtener la tutela efectiva de los jueces y tribunales» (artículo 24), tal como han definido innumerables sentencias del Tribunal Constitucional.

- Las sentencias se pronunciarán en audiencia pública, siguiendo así el enunciado principio de publicidad de las actuaciones judiciales (artículo 120).

Jueces y Magistrados

Como se desprende del artículo 117, los jueces y magistrados son:

- Integrantes del Poder Judicial, poder que posee sus propias normas de funcionamiento y de control, incluso su propio órgano de gobierno: el Consejo General del Poder Judicial.
- Independientes. En virtud de ello el artículo 127 señala que los jueces y magistrados en activo (y los fiscales) no podrán desempeñar otros cargos públicos ni pertenecer a partidos políticos o sindicatos, repitiendo dicha prohibición la Ley Orgánica del Poder Judicial en su artículo 395 en relación a los jueces y magistrados. Respecto de los Fiscales, el artículo 59 de la Ley 50/1981 de 30 de diciembre, que regula el llamado Estatuto Orgánico del Ministerio Fiscal, dispone que: «No podrán los miembros del Ministerio Fiscal pertenecer a partidos políticos o sindicatos o tener empleo al servicio de los mismos» (se cita aquí el Ministerio Fiscal porque el artículo 2 de dicho Estatuto señala que el Ministerio Fiscal está «integrado con autonomía funcional en el Poder Judicial»).

  Esta independencia se recoge también en dos cuestiones fundamentales:

  - En virtud de esa prohibición de sindicación que realiza el artículo 127 de la Constitución, la Ley Orgánica del Poder Judicial en su artículo 401 señala que «de acuerdo con lo establecido en el artículo 127 de la Constitución, se reconoce el derecho de libre asociación profesional de jueces y magistrados». Por su parte, la Ley Orgánica de Libertad Sindical, de 2 de agosto de 1985, recalca la prohibición constitucional, en su artículo 1: «De acuerdo con lo dispuesto en el artículo 127.1 de la Constitución, los jueces, magistrados y fiscales no podrán pertenecer a sindicato alguno mientras se hallen en activo».
  - La independencia de las funciones encomendadas a los miembros del Poder Judicial trae consigo la exigencia de que aquellos estén sometidos a un régimen de incompatibilidades, lo que hacen cumplidamente la Ley Orgánica del Poder Judicial, respecto a jueces y magistrados, o el Estatuto Orgánico del Ministerio Fiscal. Como culminación de todo ello, baste señalar el artículo 70 de la Constitución que define como causa de inelegibilidad e incompatibilidad para los cargos de diputados y senadores el ser magistrado, juez o fiscal en activo.

- Inamovibles. Siguiendo la tradición instaurada en nuestra historia constitucional por la Constitución de 1812, en su artículo 252: «Los magistrados y jueces no podrán ser depuestos de sus destinos, sean temporales o perpetuos, sino por causa legalmente probada y sentenciada, ni suspendidos, sino por acusación legalmente intentada». De igual modo, la Constitución de 1837 señala que «ningún magistrado o juez podrá ser depuesto de su destino, temporal o perpetuo, sino por sentencia ejecutoriada; ni suspendido sino por auto judicial, o en virtud por orden del Rey, cuando este, con motivos fundados, le mande juzgar por el tribunal competente» (artículo 66). Repetido casi literalmente en el texto constitucional de 1845. La Constitución de 1876 señala que «los magistrados y jueces serán inamovibles y no podrán ser depuestos, suspendidos ni trasladados sino en los casos y en la forma que prescriba la ley orgánica de Tribunales» (artículo 80). Y ya cercana a nuestros días, la Ley Orgánica del Estado, de 10 de enero de 1967, determina en su artículo 34 que «los jueces y magistrados no podrán ser superados, suspendidos, trasladados ni jubilados, sino por alguna de las causas y con las garantías prescritas en las leyes».

  Todo ello pretende evitar presiones políticas sobre los componentes del Poder Judicial.

  La Constitución de 1978 dispone concretamente que «los jueces y magistrados no podrán ser separados, suspendidos, trasladados ni jubilados sino por alguna de las causas y con las garantías previstas en la ley» (artículo 117). En desarrollo del principio constitucional, el artículo 378 de la Ley Orgánica del Poder Judicial declara taxativamente: «Gozarán de inamovilidad los jueces y magistrados que desempeñen cargos judiciales». Y en su apartado 3 enuncia que «los casos de renuncia, excedencia, traslado y promoción se regirán por sus normas específicas establecidas en esta ley».

  Así, evitando las arbitrariedades en todas estas situaciones, queda regulado en los artículos 326 a 342 de la citada Ley Orgánica del Poder Judicial esta materia, bajo el epígrafe «De la provisión de plazas en los Juzgados, en las Audiencias y en los Tribunales Superiores de Justicia».
- Responsables. Y ello como consecuencia lógica de su independencia. Dicha responsabilidad está concretada en las modalidades que indica la Ley Orgánica del Poder Judicial:
  - Responsabilidad penal de los jueces y magistrados por delitos o faltas cometidos en el ejercicio de sus funciones (artículo 405).

– Responsabilidad disciplinaria conforme a los supuestos y previos los trámites que establece la propia Ley Orgánica del Poder Judicial (artículo 414 y siguientes).

La importancia de todo lo reseñado anteriormente es tal que el artículo 60 del Estatuto Orgánico, de 30 de diciembre de 1981, ley que regula la actuación, composición y funciones del Ministerio Fiscal, señala que «la exigencia de responsabilidad civil y penal a los miembros del Ministerio Fiscal y la repetición contra los mismos por parte de la Administración del Estado, en su caso, se regirá, en cuanto les sea de aplicación, por lo dispuesto en la Ley Orgánica del Poder Judicial para Jueces y Magistrados», estableciendo el artículo siguiente la responsabilidad disciplinaria del Ministerio Fiscal «cuando cometieran alguna de las faltas previstas» en dicha ley.

Como señala el artículo 122 de la Constitución, «la Ley Orgánica del Poder Judicial determinará la constitución, funcionamiento y gobierno de los Juzgados y Tribunales, así como el estatuto jurídico de los jueces y magistrados de carrera, que formarán un cuerpo único, y del personal al servicio de la Administración de Justicia», por lo que esta Ley Orgánica concreta —y, en ocasiones, repite el texto constitucional— las siguientes notas características de la función jurisdiccional:

- Inamovilidad.
- Incompatibilidad con diversos cargos y empleos o funciones.
- Prohibición de pertenecer a partidos políticos o sindicatos.
- Inmunidad judicial: «Los jueces y magistrados en servicio activo solo podrán ser detenidos por orden del juez competente o en caso de flagrante delito» (artículo 398 de la Ley Orgánica del Poder Judicial).
- Independencia económica: la retribución económica por sus funciones estará fijada en los Presupuestos Generales del Estado (artículo 404 de la Ley Orgánica del Poder Judicial).
- Serán responsables penal, civil y disciplinariamente.

Unidad jurisdiccional

El máximo criterio organizativo del Poder Judicial según la vigente Constitución es el llamado “principio de unidad jurisdiccional”, que significa que en España solo existe una jurisdicción: la ordinaria. Prueba de ello es la terminante declaración constitucional: «Se prohíben los tribunales de excepción» (artículo 117).

Como explica la exposición de motivos de la vigente Ley Orgánica del Poder Judicial, la unidad de jurisdicción «es absoluta», y su artículo 3 enuncia que «la jurisdicción es única y se ejerce por los juzgados y tribunales previstos en esta ley, sin perjuicio de las potestades jurisdiccionales reconocidas por la Constitución a otros órganos».

Sin embargo, habría que especificar, en relación con el principio de unidad jurisdiccional, lo siguiente:

- La única jurisdicción distinta a la ordinaria y reconocida por la Constitución es la jurisdicción militar, si bien su actuación estará limitada «en el ámbito estrictamente castrense y en los supuestos de estado de sitio» (artículo 117 del texto constitucional). En este punto, declara el artículo 3 de la Ley Orgánica del Poder Judicial que «la competencia de la jurisdicción militar quedará limitada al ámbito estrictamente castrense respecto de los hechos tipificados como delitos militares por el Código Penal Militar y a los supuestos de estado de sitio, de acuerdo con la declaración de dicho estado y la Ley Orgánica que lo regula».
- Respecto a dicha jurisdicción militar, señalaremos que está regulada por la Ley Orgánica, de 15 de julio de 1987, de la Competencia y Organización de la Jurisdicción Militar, donde podemos leer en su Preámbulo: «La jurisdicción militar tiene su origen en la misma génesis de los ejércitos permanentes y ha sido siempre una jurisdicción especializada, carácter que se deriva de la naturaleza del derecho que aplica y del ámbito institucional en que se ejerce», y de esta forma estableciendo además que «se atribuye, exclusiva y excluyentemente, la función jurisdiccional a los órganos judiciales militares, quedando fuera de ella los órganos de mando a los que tradicionalmente se les había concedido el ejercicio de jurisdicción», salvo determinado caso especial.
- La Ley Orgánica de la Competencia y Organización de la Jurisdicción Militar consagra, respecto a los que desempeñan esa función jurisdiccional, los principios de inamovilidad, responsabilidad y la sumisión exclusiva al imperio de la ley. Asimismo, se crea la Sala Quinta de lo Militar en el Tribunal Supremo, lo que, según el Preámbulo, «supone la unidad en el vértice de las dos jurisdicciones que integran el Poder Judicial».
- Por último, como igualmente se indica en el Preámbulo, señalar que «la competencia de la jurisdicción militar se circunscribe en tiempo de paz al ámbito estrictamente castrense, conociendo de las conductas tipificadas como delito en el Código Penal Militar y extendiendo su competencia a cualquier clase de delito en el supuesto de tropas desplazadas fuera del territorio nacional».

De los párrafos citados queda suficientemente claro que para el legislador de la citada Ley Orgánica de la Competencia y Organización de la Jurisdicción Militar existen dos jurisdicciones: la ordinaria y la militar.

Pero es el propio texto constitucional el que, de manera indirecta, introduce determinadas matizaciones y singularidades que pasamos a enumerar en el apartado siguiente.

Otros órganos y tribunales

A continuación trataremos los órganos y tribunales que no son jurisdiccionales ni parte del Poder Judicial:

- Tribunal Constitucional: es el intérprete supremo de la Constitución, es independiente de los demás órganos constitucionales y está sometido solo a la Constitución y a la Ley Orgánica que lo regula (artículo 1 de la Ley Orgánica 2/1979, de 3 de octubre, del Tribunal Constitucional). Este alto Tribunal se encuentra constitucionalmente regulado en nuestro máximo cuerpo legal en su Título IX, que se tratará posteriormente.
- Tribunales consuetudinarios y tradicionales: reconocidos en el último párrafo del artículo 125 de la Constitución y concretados por el artículo 19 de la Ley Orgánica del Poder Judicial:

  «3. Tiene el carácter de Tribunal consuetudinario y tradicional el Tribunal de las Aguas de la Vega Valenciana.

  4. Se reconoce el carácter de Tribunal consuetudinario y tradicional al denominado Consejo de Hombres Buenos de Murcia.

  5. Se reconoce el carácter de tribunal consuetudinario y tradicional al denominado Juzgado Privativo de Aguas de Orihuela y Pueblos de su Marco.

  6. Se reconoce el carácter de tribunal consuetudinario y tradicional al denominado Tribunal del Comuner del Rollet de Gràcia de l'Horta d'Aldaia».
- Tribunal de Cuentas: determinado por el artículo 136 de la Constitución, «supremo órgano fiscalizador de las cuentas y de la gestión económica del Estado, así como del sector público», órgano sobre el que nos extenderemos al comentar el Título VII constitucional, dedicado a Economía y Hacienda.

De manera que estos órganos no forman parte del Poder Judicial tal como está regulado en el examinado Título VI de la vigente Constitución.

Consejo General del Poder Judicial

El artículo 122 de la Constitución supone la creación de un órgano específico como «órgano de gobierno» del Poder Judicial: el Consejo General del Poder Judicial. En su apartado 3, determina la composición del Consejo General del Poder Judicial que estará integrado por:

- El Presidente del Tribunal Supremo, que presidirá el Consejo General del Poder Judicial. Cabe añadir que el Presidente del Tribunal Supremo y del Consejo General del Poder Judicial será nombrado por el Rey, a propuesta del Consejo General del Poder Judicial, entre miembros de la carrera judicial o juristas de reconocida competencia, con más de 15 años de antigüedad en su carrera o en el ejercicio de su profesión, pudiendo ser reelegido y nombrado, por una sola vez, para un nuevo mandato, todo ello conforme a lo dispuesto en el artículo 123 de la Ley Orgánica del Poder Judicial.
- Veinte miembros nombrados por el Rey, por un período de cinco años. De estos miembros:
  - Doce miembros entre jueces y magistrados de todas las categorías judiciales, según los términos que disponga la correspondiente Ley Orgánica del Poder Judicial.
  - Cuatro miembros a propuesta del Congreso y otros cuatro a propuesta del Senado entre abogados y juristas de reconocida competencia y con más de quince años en el ejercicio de su profesión.

Ministerio Fiscal

Ya se advirtió en su momento de la existencia del Ministerio Fiscal, regulado por la Ley de 30 de diciembre de 1981 del Estatuto Orgánico del Ministerio Fiscal. Su posición dentro de la organización judicial es la que define el artículo 2 de dicho Estatuto: «El Ministerio Fiscal es un órgano de relevancia constitucional con personalidad jurídica propia, integrado con autonomía funcional en el Poder Judicial, y ejerce su misión por medio de órganos propios, conforme a los principios de unidad de actuación y dependencia jerárquica y con sujeción, en todo caso, a los de legalidad e imparcialidad».

Ante la lectura del anterior párrafo cabe preguntarse cuál es exactamente la labor del Ministerio Fiscal respecto a la Administración de Justicia. Es el artículo 124 de la vigente Constitución el que nos proporciona la amplia respuesta, que podemos esquematizar diciendo, en primer lugar, que las funciones encomendadas al Ministerio no impiden que también estén encomendadas a otros órganos (especialmente, los Juzgados y los Tribunales), siendo la misión del Ministerio Fiscal:

- Promover (y, en su caso, iniciar) la acción de la justicia defendiendo:
  - El cumplimiento de la ley.
  - Los derechos de los ciudadanos.
  - El interés público tutelado por la ley.
- Velar por la independencia de los Tribunales.

- En su actuación ante los Tribunales, procurará obtener la satisfacción del interés social.
- El Ministerio Fiscal actuará, si así lo solicitan los interesados o sin necesidad de que nadie se lo pida ("de oficio"), siempre conforme a lo prevenido en las diversas leyes.

Todo ello viene así expuesto en el artículo 124 de la Constitución, ya mencionado, y en el artículo 1 del Estatuto Orgánico del Ministerio Fiscal, de 30 de diciembre de 1981.

Sin embargo, el diseño del Ministerio Fiscal debe completarse examinando las condiciones que determinan su actuación, siendo estas las que diferencian claramente el modo de actuación del Ministerio Fiscal del determinado para los jueces y magistrados.

Son principios de actuación del Ministerio Fiscal:

- Legalidad. «Por el principio de legalidad el Ministerio Fiscal actuará con sujeción a la Constitución, a las leyes y demás normas que integran el ordenamiento jurídico vigente, dictaminando, informando y ejercitando, en su caso, las acciones procedentes u oponiéndose a las indebidamente actuadas en la medida y forma en que las leyes lo establezcan» (artículo 6 del Estatuto Orgánico del Ministerio Fiscal). Significándose así que el Ministerio Fiscal no puede actuar de forma arbitraria, sino siempre sujeto al ordenamiento legal.
- Imparcialidad. «Por el principio de imparcialidad, el Ministerio Fiscal actuará con plena objetividad e independencia en defensa de los intereses que le estén encomendados» (artículo 7 del Estatuto Orgánico del Ministerio Fiscal).

Además:

- El Ministerio Fiscal funciona conforme al "principio de unidad de actuación". Ello porque, como señala el artículo 22 del Estatuto Orgánico: «El Ministerio Fiscal es único para todo el Estado», con lo cual cualquier miembro del mismo en sus actuaciones no procederá en su propio nombre, y siempre lo hará en nombre y representación del Ministerio Fiscal.
- Los miembros del Ministerio Fiscal están sujetos al "principio de dependencia jerárquica". Ello, además de estar dispuesto constitucionalmente en el ya citado artículo 124, está desarrollado en el artículo 22 del Estatuto Orgánico del Ministerio Fiscal: «El Fiscal General del Estado ostenta la Jefatura Superior del Ministerio Fiscal y su representación en todo el territorio español. A él corresponde impartir las órdenes e instrucciones convenientes al servicio y al orden interno de la Institución y, en general, la dirección e inspección del Ministerio Fiscal», Además, el artículo 24

de dicho Estatuto Orgánico dispone que «para mantener la unidad de criterios, estudiar los asuntos de especial transcendencia o complejidad, o fijar posiciones respecto a temas relativos a su función, cada Fiscalía celebrará periódicamente Juntas de todos sus componentes». Esta es, pues, una clara diferencia entre la independencia de los jueces y magistrados y la dependencia de los miembros del Ministerio Fiscal.

Como cabe deducir de todo lo referido, el órgano máximo del Ministerio Fiscal no es otro que el Fiscal General del Estado, que será nombrado por el Rey en propuesta del Gobierno, oído el Consejo General del Poder Judicial (artículo 124 de la Constitución), su intervención necesaria —para ser oído, aunque su aprobación no sea indispensable— está también reflejada en el artículo 108 de la vigente Ley Orgánica del Poder Judicial.

Tribunal del Jurado

El artículo 125 de la Constitución supone la constitucionalización del Jurado o Tribunal del Jurado como forma de participación del ciudadano en la Administración de Justicia.

Existe el precedente inmediato del artículo 103 de la Constitución de 1931 que definía: «El pueblo participará en la Administración de Justicia mediante la institución del Jurado, cuya organización y funcionamiento serán objeto de una ley especial».

La Constitución de 1978 pone ciertos límites al Jurado:

- Será regulado por la ley.
- Su competencia será únicamente respecto a procesos penales.

Tras no poco tiempo desde su constitucionalización, la Ley Orgánica 5/1995, de 22 de mayo, del Tribunal del Jurado establece nuevamente la institución del Jurado. Veamos sus puntos básicos más destacables:

- Los delitos que con competencia del conocimiento (juicio) y fallo (sentencia) del Tribunal del Jurado son los que determina su artículo 1.
- Se celebra solo en el ámbito de una Audiencia Provincial o, en caso de ser aforado el acusado, en el Tribunal que corresponda.
- Lo componen nueve jurados y un magistrado de la Audiencia Provincial, que será el presidente del Tribunal del Jurado. En el caso de aforamiento, lo será del Tribunal Superior de Justicia o del Tribunal Supremo, siempre con referencia a sus Salas Penales.
- Es un derecho y un deber ser jurado, pero la ley establece las causas de incapacidad, incompatibilidad, prohibiciones y excusas.
- Se establecerá una lista bienal de candidatos a jurados.

Título VII: Economía y Hacienda (artículos 128 a 136)

En este título se concreta, en algunos aspectos, el principio constitucional del Estado social, definido en el artículo 1 de la Constitución.

A tales efectos, bien pudiera distinguirse en este título dos apartados específicos:

- La intervención del Estado en la actividad económica (artículos 128 a 132).
- La potestad tributaria del Estado, incluido el control de la misma (artículos 129 a 136).

Intervención del Estado en la actividad económica

Como ya se dijo, la actividad económica, según el modelo constitucional, compatibilizará la iniciativa pública y la iniciativa privada, recordando así lo dispuesto en el artículo 38: «Los poderes públicos garantizan y protegen el ejercicio de la libertad de empresa en el marco de la economía de mercado, y la defensa de la productividad, de acuerdo con las exigencias de la economía general y, en su caso, de la planificación».

Dicha planificación de la economía general tendrá como objetivo «atender a las necesidades colectivas, equilibrar y armonizar el desarrollo regional y sectorial y estimular el crecimiento de la renta y riqueza y su más justa distribución» (artículo 131), teniendo en cuenta que los proyectos de planificación:

- Serán elaborados por el Gobierno.
- Las Comunidades Autónomas suministrarán las previsiones necesarias.
- También asesorarán y colaborarán los sindicatos y las organizaciones profesionales, empresariales y económicas.
- Una ley posterior desarrollará la constitución de un Consejo para cumplir los fines antedichos. A tal efecto se creó el Consejo Económico y Social, regulado por la Ley 21, de 17 de junio de 1991.

Además, la Constitución reconoce la posibilidad de reservar al sector público recursos o servicios esenciales, «especialmente en caso de monopolio» (siendo el monopolio el derecho que se ostenta para explotar con exclusividad una determinada actividad económica o producto determinado), pudiéndose acordar la intervención de empresas «cuando así lo exigiere el interés general» (artículo 128).

Potestad tributaria del Estado

La potestad tributaria del Estado tiene su base constitucional en el artículo 31: «Todos contribuirán al sostenimiento de los gastos públicos de acuerdo con su capacidad económica mediante un sistema tributario justo inspirado en los principios de igualdad y progresividad que, en ningún caso, tendrá alcance confiscatorio».

Recordemos que la Constitución de 1876 disponía en su artículo 3 que «todo español está obligado (...) a contribuir, en proporción de sus haberes, para los gastos del Estado, de la Provincia y del Municipio».

Son características del sistema financiero y tributario establecido por la vigente Constitución en su artículo 31:

- Generalidad: afecta a todos los españoles.
- Proporcionalidad: afecta según la capacidad económica del ciudadano afectado.
- Progresividad: a mayor riqueza del ciudadano, mayor contribución en el gasto público.
- Legalidad: solo podrán establecerse prestaciones personales o patrimoniales de carácter público con arreglo a la ley.

El artículo 133 de la Constitución de 1978 deja claro que «la potestad originaria para establecer los tributos corresponde exclusivamente al Estado, mediante ley», e igualmente será necesaria una ley para establecer cualquier beneficio fiscal que afecte a estos tributos del Estado. Ello recuerda, en algún aspecto, a lo que disponía con mayor concreción el artículo 115 de la Constitución de 1931, de la Segunda República, al decir que «nadie estará obligado a pagar contribución que no esté votada por las Cortes o por las Corporaciones legalmente autorizadas para imponerla».

No obstante, y atendiendo a las determinadas competencias de las Comunidades Autónomas y de las Corporaciones locales, se establece que estas podrán establecer y exigir tributos conforme a la Constitución y a las leyes, y así se refleja en el posterior artículo 157, al declarar que los recursos (ingresos) estarán constituidos, entre otros, por: «sus propios impuestos, tasas y contribuciones especiales».

Presupuestos Generales del Estado

El Presupuesto es una figura fundamental en el Estado moderno, conocido vulgarmente como "las cuentas del Estado". Es decir: contiene las previsiones —que deben ser cumplidas— de los ingresos y de los gastos que efectuará el Estado y la relación de las materias en que será gastado. Según la definición clásica, el Presupuesto es la expresión del plan económico de la Hacienda Pública para un año.

Mirando nuestro inmediato pasado constitucional, comprobamos que la Constitución de 1931 de la Segunda República Española, en su artículo 107, dispone que «la formación del proyecto de Presupuestos corresponde al Gobierno; su aprobación a las Cortes» y también señalaba que «la vigencia del Presupuesto será de un año».

Tal como se señaló en el comentario realizado al artículo 66, son las Cortes Generales (tanto Congreso como Senado, pues) las que deben aprobar los Presupuestos, pudiendo en tales trámites presentarse las oportunas enmiendas, correspondiendo al Gobierno, según indica el artículo 134, la elaboración de los Presupuestos Generales del Estado.

Además de lo dicho, son requisitos constitucionales de los Presupuestos Generales del Estado:

- Su carácter anual.
- Debe incluirse la totalidad de los gastos e ingresos del sector público estatal.
- Se consignará el importe de los beneficios fiscales que afecten a los tributos del Estado.

Téngase en cuenta que hablamos siempre de los gastos e ingresos y, por ende, de los Presupuestos del Estado, dado que el Estado autonómico que determina la Constitución de 1978 permite que las Comunidades Autónomas elaboren sus propios presupuestos.

En cuanto la proposición y posterior aprobación de los Presupuestos Generales del Estado, la Constitución dispone en el artículo 134 que:

- El Gobierno los deberá presentar ante el Congreso de los Diputados al menos tres meses de antelación a la expiración de los del año anterior.
- Los Presupuestos deben estar aprobados antes del primer día del período en que deben ser aplicados (o, como dice la Constitución, «antes del primer día del ejercicio económico correspondiente»). Si esto no sucede así, y debido a que es impensable que la economía del Estado quede al margen de la legalidad presupuestaria, se entenderán automáticamente prorrogados los anteriores hasta el momento en que los nuevos Presupuestos sean aprobados.

Además, continuando con el artículo 134, hay que tener en cuenta que:

- Aprobados los Presupuestos, el Gobierno podrá presentar proyectos de ley que impliquen aumento del gasto público o disminución de los ingresos presupuestarios.
- El Gobierno tiene la facultad de oponerse a cualquier proposición de ley o enmienda a las mismas que suponga aumento de los créditos o disminución de los ingresos presupuestarios, necesitándose para la tramitación de ello la conformidad del Gobierno.
- La Ley de Presupuestos no puede crear tributos, pero podrá modificarlos cuando una ley así lo prevea.

En cuanto al artículo 135, destacamos que «persigue garantizar el principio de estabilidad presupuestaria, vinculando a todas las Administraciones Públicas en su consecución, reforzar el compromiso de España con la Unión Europea y, al mismo tiempo, garantizar la sostenibilidad económica y social de nuestro país», tal y como señala la Reforma de 27 de septiembre de 2011.

Tribunal de Cuentas

Como ya se ha visto en el análisis de los títulos anteriores, la Constitución declara derechos, deberes, funciones o competencias y, en no pocos casos, reseña el modo de controlar el cumplimiento de la legalidad constitucional o los objetivos que la misma impone. Ello queda claramente expuesto en el Título IX de la Constitución, dedicado al Tribunal Constitucional, y también en este Título VII, fundamental para el funcionamiento del Estado moderno.

De esta forma, la Constitución establece el órgano que ha de velar por el cumplimiento de la legalidad en la actividad financiera del Estado, y así el artículo 136 declara: «El Tribunal de Cuentas es el supremo órgano fiscalizador de las cuentas y de la gestión económica del Estado, así como del sector público».

La definición de sector público se encuentra descrita en el artículo 4 de la Ley Orgánica 2/1982, de 12 de mayo, que regula pormenorizadamente el funcionamiento y competencias de dicho Tribunal de Cuentas, así como su régimen interno: «Integran el sector público: a) La Administración del Estado. b) Las Comunidades Autónomas. c) Las Corporaciones Locales. d) Las entidades gestoras de la Seguridad Social. e) Los Organismos autónomos. f) Las Sociedades estatales y demás empresas públicas».

Dicha Ley Orgánica determina y especifica como funciones del Tribunal de Cuentas en los artículos 2 y 4:

- La fiscalización externa, permanente y consultiva de la actividad económico-financiera del sector público.

- El enjuiciamiento de la responsabilidad contable en que incurran quienes tengan a su cargo el manejo de caudales o efectos públicos.
- La fiscalización de las subvenciones, créditos, avales u otras ayudas del sector público percibidas por personas físicas o jurídicas.

El artículo 120 de la Constitución Española de 1931 de la Segunda República establecía la existencia de este órgano, al enunciar que «el Tribunal de Cuentas de la República es el órgano fiscalizador de la gestión económica. Dependerá directamente de las Cortes y ejercerá sus funciones por delegación de ellas en el conocimiento y aprobación final de las cuentas del Estado».

Ahora, el artículo 136 de la Constitución de 1978 garantiza la independencia de los consejeros del Tribunal de Cuentas —que no está integrado en el Poder Judicial— al dotarles de las características que ostentan, en su función, los jueces y magistrados, es decir:

- Independencia.
- Inamovilidad.
- Tendrán un sistema de incompatibilidades, incapacidades y prohibiciones idéntico al que se aplica a los jueces.

Por último, señalar que el Tribunal de Cuentas, tal como indica el artículo 136 de la Constitución y el artículo 1 de la Ley Orgánica del Tribunal de Cuentas, «depende directamente de las Cortes Generales». Y ello teniendo en cuenta la organización del Estado de las Autonomías, «sin perjuicio de los órganos fiscalizadores de cuentas que para las Comunidades Autónomas puedan prever sus Estatutos».

Así, cabe concluir que las cuentas del Estado y las del sector público estatal serán fiscalizadas o censuradas por el Tribunal de Cuentas, que remitirá a las Cortes Generales su informe anual, en el que comunicará las infracciones y responsabilidades que pudieran haberse cometido. Dicho informe deberá remitirse también a las Comunidades Autónomas para el control económico y presupuestario de su actividad financiera (artículo 13 de la Ley Orgánica del Tribunal de Cuentas).

Título VIII: De la organización territorial del Estado (artículos 137 a 158)

He aquí uno de los Títulos cruciales de la vigente Constitución, cuyo desarrollo afecta, como veremos, a no pocos de los preceptos incluidos en los restantes Títulos.

Partiendo del artículo 2: «La Constitución se fundamenta en la indisoluble unidad de la nación española, patria común e indivisible de todos los españoles, y reconoce y garantiza el derecho a la autonomía de las nacionalidades y regiones que la integran y la solidaridad entre ellas», el Título VIII describe los principios generales de la Administración Local y de las Comunidades Autónomas.

Es tal la importancia de este Título, que para algunos autores la forma política del Estado español no es la Monarquía parlamentaria —pese a la literalidad del artículo 1 de la Constitución—, sino el Estado autonómico, y ello porque esta manera de entender el Estado supone una verdadera distribución del poder. Dejando a un lado estas discusiones doctrinales, diremos que España es un Estado autonómico, término que algunos autores asemejan al Estado regional (como el italiano) o al Estado federal (como el alemán).

Lo cierto es que el artículo 137, que inicia el Título VIII, realiza su correspondiente declaración de principios: «El Estado se organiza territorialmente en municipios, en provincias y en las Comunidades Autónomas que se constituyan», señalando igualmente que tanto los municipios como las provincias o las Comunidades Autónomas gozan de autonomía siempre que la utilicen para la gestión de sus respectivos intereses.

En resumen, el Título VIII de la Constitución se articula temáticamente del modo que sigue:

- Principios generales de la Organización Territorial del Estado.
- Administración Local (municipios y provincias).

- Comunidades Autónomas:
  - Principios generales y modo de constituirse las mismas.
  - Enumeración de competencias que pueden ser asumidas por las Comunidades Autónomas.
  - Reglas generales sobre el funcionamiento y organización de las Comunidades Autónomas, así como el control de las mismas.

Administración Local

Tras recordar que el artículo 140 de la Constitución, como ya se ha visto, reconoce la autonomía de los municipios, que gozarán de una personalidad jurídica plena, diremos que el gobierno de los mismos corresponde al alcalde y a los concejales. Los concejales, según la Constitución, serán elegidos por los vecinos del municipio mediante sufragio, tal como determine la ley:

- Universal.
- Igual.
- Libre.
- Directo.
- Secreto.

Sin embargo, la Constitución no señala claramente quién elegirá a los alcaldes, pues el artículo 140 dispone literalmente: «Los alcaldes serán elegidos por los concejales o por los vecinos». Este punto queda resuelto, fuera de la Constitución, por la Ley Orgánica 5/1985, de 19 de junio, del Régimen Electoral General, que en su artículo 196 dispone que pueden ser candidatos a alcalde todos los concejales que encabecen sus correspondientes listas electorales, en la sesión de constitución del nuevo Ayuntamiento. Si alguno de los candidatos obtiene el voto de la mayoría absoluta de los concejales, es proclamado alcalde electo. Ahora bien, si ninguno de ellos obtiene la mayoría, será proclamado alcalde el concejal que encabece la lista que haya obtenido el mayor número de votos populares en el correspondiente municipio. La ley citada concluye diciendo que, en caso de existir empate en el número de votos obtenido por cada lista electoral, dicho empate «se resolverá por sorteo».

Subrayemos que los Estatutos de Autonomía de Ceuta y Melilla disponen que los miembros de las respectivas Asambleas (órganos representativos de dichas ciudades) sean también concejales de las ciudades.

El artículo 140 de la Constitución también se remite a una ley posterior al «régimen del concejo abierto», que son municipios donde no hay Ayuntamiento, sino Asamblea vecinal. Para ello se remite al Real Decreto Legislativo, de 18 de abril de 1986, que aprueba el texto refundido de la Administración Local.

Las provincias son entidades locales que también poseen personalidad jurídica plena, y tienen sus antecedentes históricos en el Real Decreto de 30 de noviembre de 1833. La provincia está determinada por la agrupación de municipios y representa una división territorial «para el cumplimiento de las actividades del Estado» (artículo 141 de la Constitución de 1978), definición que recuerda a la establecida por la Constitución de la Segunda República Española de 1931 en su artículo 10: «Las provincias se constituirán por los municipios mancomunados».

Según el mismo artículo 141, cualquier alteración de los límites provinciales deberá ser aprobada mediante Ley Orgánica, por las Cortes Generales, lo que resalta la importancia que se otorga a dicha entidad local.

La Administración y el Gobierno de las provincias —que, según lo ya dicho, gozan de autonomía para la gestión de sus intereses— corresponderá a las Diputaciones u otras Corporaciones de carácter representativo (artículo 142).

Obsérvese que la Constitución no exige, a diferencia de lo que hace con los concejales, que el método de elección de los llamados diputados provinciales sea directo. En la actualidad, el método de elección de los diputados provinciales es indirecto, encontrándose regulado en los artículos 202 y siguientes de la ya citada Ley Orgánica 5/1985, de 19 de junio, de Régimen Electoral General.

También se abre la posibilidad constitucional de crear «agrupaciones de municipios diferentes de las provincias», disponiéndose, además que «en los archipiélagos, las islas tendrán además su administración propia en forma de Cabildos o Consejos» (artículo 141).

En este momento, como es sabido, existen en España 50 provincias más las ciudades de Ceuta y Melilla.

Para la consecución de los fines que les son propios, las Haciendas locales deben disponer de plena capacidad económica, obteniendo los ingresos necesarios «fundamentalmente de tributos propios y de participación en los del Estado y de las Comunidades Autónomas» (artículo 142), por lo tanto, queda reconocida constitucionalmente la posibilidad —como sucede en la realidad— de que los municipios y provincias establezcan sus propios tributos.

Comunidades Autónomas

Es el artículo 143 de la Constitución el que señala los requisitos para la creación y reconocimiento de las Comunidades Autónomas: «En el ejercicio del derecho a la autonomía reconocido en el artículo 2 de la Constitución, las provincias limítrofes con características históricas, culturales y económicas comunes, los territorios insulares y las provincias con entidad regional histórica podrán acceder a su autogobierno y constituirse en Comunidades Autónomas con arreglo a lo previsto en este Título y en los respectivos Estatutos».

Sin embargo, la Constitución dispone varias limitaciones u obligaciones sobre la materia, así:

- Se prohíbe la federación de Comunidades Autónomas (artículo 145).
- Respeto del principio constitucional «todos los españoles tienen los mismos derechos y obligaciones en cualquier parte del territorio del Estado» (artículo 139).
- Los Estatutos de Autonomía de las Comunidades Autónomas no podrán implicar privilegios económicos o sociales de una Comunidad respecto a las demás (artículo138).
- No se podrán adoptar medidas que directa o indirectamente obstaculicen la libertad de circulación y establecimiento de las personas y la libre circulación de bienes en todo el territorio español (artículo 157).
- Respeto del principio de solidaridad, por el cual le corresponde al Estado velar por «el establecimiento de un equilibrio económico, adecuado y justo entre las diversas partes del territorio español», sin perjuicio de que se atienda a las circunstancias especiales del «hecho insular» (artículo 138).

Si bien se prohíbe constitucionalmente la federación de las Comunidades Autónomas, sí se permite que los Estatutos de Autonomía prevean supuestos, requisitos y términos en los que la Comunidad Autónoma pueda celebrar convenios entre sí «para la gestión y servicios propios de las mismas, así como el carácter y efectos de la correspondiente comunicación a las Cortes Generales» (artículo 145).

En otros supuestos que no sean los referidos, las Comunidades Autónomas precisarán la autorización de las Cortes Generales para formalizar acuerdos de cooperación. La tramitación a seguir en dichos supuestos es la referida en el artículo 166 del Reglamento del Congreso y en los artículos 137, 138 y 139 del Reglamento del Senado. Por lo tanto:

- Convenios de colaboración:
  - Para la gestión y prestación de servicios propios de la Comunidad Autónoma.
  - Se comunicarán a las Cortes Generales.
  - Los efectos de la comunicación a las Cortes Generales se establecen en el propio Estatuto de Autonomía.
- Acuerdos de cooperación:
  - Para las demás materias y fines.
  - Para su validez necesitan de la autorización de las Cortes Generales.

Lógicamente, la autonomía de la que goza una Comunidad Autónoma presupone también su autonomía financiera, es decir, disponer de sus propios medios para el cumplimiento de sus fines. Por ello, el artículo 156 consagra dicha autonomía financiera «para el desarrollo y ejecución de sus competencias» conforme a dos principios:

- Coordinación de la Hacienda autonómica con la Hacienda estatal.
- Respecto al principio de solidaridad entre todos los españoles, tal como se señaló anteriormente.

La financiación de las Comunidades Autónomas se enuncia en el artículo 158: en los Presupuestos Generales del Estado se podrá establecer una asignación a las Comunidades Autónomas con las siguientes características:

- Asignación en función del volumen de los servicios y actividades estatales que hayan asumido dichas Comunidades. Es decir, actividades y servicios que antes del régimen autonómico desempeñaba el Estado y que, ahora, en virtud de dicho régimen, son competencia de las Comunidades Autónomas.
- Deberá garantizarse un nivel mínimo en la prestación de los servicios públicos fundamentales en todo el territorio español.

En virtud de todo lo dicho, se constituye un Fondo de Compensación para destinar los gastos de inversión y corregir los desequilibrios económicos interterritoriales, siendo distribuidos dichos recursos por las Cortes Generales entre las Comunidades Autónomas y provincias.

Tras esta introducción, señalaremos las cuestiones principales y más debatidas.

Territorios que pueden constituirse en Comunidad Autónoma

Estos son todos los casos posibles para lograr la transformación territorial del Estado y la creación del llamado Estado de las autonomías:

- Provincias limítrofes con características históricas, culturales y económicas comunes (artículo 143).
- Territorios insulares (artículo 143).
- Provincias con entidad regional histórica (artículo 143).
- Territorios que no alcance su ámbito el de una provincia y no reúna las condiciones expuestas en los apartados anteriores. Ello lo autorizarán las Cortes Generales mediante ley orgánica y «por motivos de interés nacional» (artículo 144).
- Territorios que no estén integrados en la llamada organización provincial. También por autorización de las Cortes Generales y «por motivos de interés nacional» (artículo 144).

Comunidades Autónomas y Estatutos de Autonomía

En este momento existen 17 Comunidades Autónomas (que no aparecen designadas en la Constitución):

- País Vasco (Álava, Guipúzcoa y Vizcaya), regulada por la Ley Orgánica 3/1979 de 18 de diciembre.
- Cataluña (Barcelona, Gerona, Lérida y Tarragona), regulada por la Ley Orgánica 4/1979 de 18 de diciembre.
- Galicia (La Coruña, Lugo, Orense y Pontevedra), regulada por la Ley Orgánica 1/1981 de 6 de abril.
- Andalucía (Granada, Málaga, Sevilla, Cádiz, Jaén, Almería, Huelva y Córdoba), regulada por la Ley Orgánica 6/1981 de 30 de diciembre.
- Asturias (Oviedo), regulada por la Ley Orgánica 7/1981 de 30 de diciembre.
- Cantabria (Santander), regulada por la Ley Orgánica 8/1981 de 30 de diciembre.
- La Rioja (La Rioja, antes de 1980 llamada Logroño), regulada por la Ley Orgánica 3/1982 de 9 de junio.
- Murcia (Murcia) regulada por la Ley Orgánica 4/1982 de 9 de junio.
- Comunidad Valenciana (Alicante, Castellón y Valencia), regulada por la Ley Orgánica 5/1982 de 1 de julio.
- Aragón (Huesca, Teruel y Zaragoza), regulada por la Ley Orgánica 8/1982 de 10 de agosto.
- Castilla-La Mancha (Albacete, Ciudad Real, Cuenca, Guadalajara y Toledo), regulada por la Ley Orgánica 9/1982, de 10 de agosto.
- Canarias (El Hierro, Fuerteventura, Gran Canaria, La Gomera, Lanzarote, La Palma, Tenerife y otras islas menores), regulada por la Ley Orgánica 10/1982 de 10 de agosto.
- Navarra (Navarra), regulada por la Ley Orgánica 13/1982 de 10 de agosto de Reintegración y Amejoramiento del Régimen Foral de Navarra.
- Extremadura (Badajoz y Cáceres), regulada por la Ley Orgánica 1/1983 de 25 de febrero.
- Baleares (Mallorca, Menorca, Ibiza, Formentera, Cabrera y otras islas menores adyacentes), regulada por la Ley Orgánica 2/1983 de 25 de febrero.
- Madrid (Madrid), regulada por la Ley Orgánica 3/1983 de 25 de febrero.
- Castilla y León (Ávila, Burgos, León, Palencia, Salamanca, Segovia, Soria, Valladolid y Zamora), regulada por la Ley Orgánica 4/1983 de 25 de febrero.
- Ciudad Autónoma de Ceuta, regulada por la Ley Orgánica 1/1995, de 13 de marzo.

• Ciudad Autónoma de Melilla, regulada por la Ley Orgánica 2/1995, de 13 de marzo.

(Las fechas de los Estatutos de Autonomía son las de su primera redacción, por más que los mismos hayan tenido una o varias modificaciones).

El único precedente de esta distribución autonómica del Estado en el constitucionalismo español es la Constitución de 1931. En su artículo 8, señalaba que «el Estado español, dentro de los límites irreductibles de su territorio actual, estará integrado por Municipios mancomunados en provincias y por las regiones que se constituyan en régimen de autonomía». Ello dio lugar a la Ley de 15 de septiembre de 1932, relativa al Estatuto de Cataluña; a la Ley de 6 de octubre de 1936, relativa al Estatuto del País Vasco; llegándose también a elaborar el Estatuto de Galicia, que fue sometido a plebiscito con resultado afirmativo, pero que no llegó a alcanzar vigencia debido al comienzo de la Guerra Civil.

Señalemos también la existencia del Proyecto de Constitución de República Federal de 1873, por el que componían la Nación española «los Estados de Andalucía Alta, Andalucía Baja, Aragón, Asturias, Baleares, Canarias, Castilla la Nueva, Castilla la Vieja, Cataluña, Cuba, Extremadura, Galicia, Murcia, Navarra, Puerto Rico, Valencia, Regiones Vascongadas» (artículo 1), señalando que «los Estados tienen completa autonomía económico administrativa y toda la autonomía política compatible con la existencia de la Nación» (artículo 92).

Procedimiento de acceso a la autonomía

En primer lugar, hay que señalar que cuando la Constitución entra en vigor ya existían los denominados "regímenes provisionales de autonomía" o "regímenes preautonómicos", compuestos por una Asamblea de Parlamentarios de la Comunidad Autónoma (los diputados y senadores elegidos en esas últimas elecciones), que, a su vez, eligen un Gobierno o Consejo Autonómico. Todo ello queda recogido en el artículo 151 y en la Disposición transitoria segunda.

La Constitución de 1978 no determina un único camino para la obtención de la autonomía, ya que tiene en cuenta si algunas Comunidades Autónomas, en épocas anteriores, al amparo de la Constitución de 1931, habían obtenido o refrendado positivamente su correspondiente Estatuto de Autonomía, criterio al que hay que añadir el modo en cómo y por quién se ha pedido la autonomía.

Según estos dos criterios, la Constitución señala diversos grados de autonomía y distinto contenido del Estatuto correspondiente y las competencias de la Comunidad Autónoma.

Veamos, pues, los artículos de la Constitución que responden a nuestro epígrafe:

- Artículo 143: podríamos llamarlo "vía general a la autonomía" y fue empleado en los casos de autonomía de las Comunidades de Asturias, Cantabria, Castilla y León, La Rioja, Aragón, Comunidad Valenciana (si bien con determinadas peculiaridades), Extremadura, Castilla-La Mancha, Murcia, Baleares y Canarias.

  Establece que la iniciativa del proceso autonómico corresponde a todas las Diputaciones interesadas (o al órgano interinsular correspondiente) y a las dos terceras partes de los municipios, siempre que estos municipios representen, como mínimo, la mayoría del censo electoral de cada provincia o isla. Por lo tanto, no necesita referéndum previo ni posterior.

  Se determina un plazo para cumplir estos requisitos, para evitar que el proceso quede abierto indefinidamente, siendo de seis meses a contar desde que la primera de las corporaciones locales antes dichas haya tomado el acuerdo de iniciar la vía autonómica. Y, con el mismo motivo de dar plazo a su terminación, se penaliza el fracaso de la iniciativa de no lograrse las mayorías transcritas, pues de no prosperar la iniciativa no podrá reiterarse la petición de autonomía hasta pasados cinco años.
- Artículo 144: se establece por «motivos de interés nacional», exigiendo la aprobación del mismo por ley orgánica. Es aplicable para:
  - Autorizar la constitución de una Comunidad Autónoma cuando su ámbito territorial no supere el de una provincia y no reúna las condiciones del artículo 143, cuyo contenido ha sido descrito anteriormente.
  - Autorizar o acordar un Estatuto de Autonomía para territorios no integrados en la organización provincial.
  - Sustituir la iniciativa de las Corporaciones locales a que se refiere el apartado 2 del artículo 143, reseñado en el párrafo anterior.

  En virtud del artículo 144 de la Constitución, se han tramitado y aprobado los Estatutos de Autonomía de las ciudades autónomas de Ceuta y de Melilla.
- Artículo 151: se ha llamado "vía de la autonomía plena", cuyas reglas son las que siguen:
  - La iniciativa del proceso autonómico deberá ser tomada dentro del plazo de los seis meses del primer acuerdo tomado por alguna de las Corporaciones locales interesadas.
  - Dicha iniciativa deberá ser tomada por las Diputaciones o por los órganos individuales correspondientes.

- También deberán tomar la iniciativa de esta vía las tres cuartas partes de los municipios de cada una de las provincias afectadas que, además, representen al menos la mayoría del censo electoral de cada una de ellas.
- La iniciativa deberá ser ratificada mediante referéndum por el voto afirmativo de la mayoría absoluta de los electores (y no de los votos efectivamente emitidos) de cada provincia en los términos que establezca una ley orgánica.

Además, fuera de este Título, la Constitución señala más procesos autonómicos:

- Disposición transitoria primera: en los territorios dotados de régimen provisional de autonomía, sus órganos colegiados superiores, mediante acuerdo adoptado por la mayoría absoluta de sus miembros, tienen capacidad de poder sustituir la iniciativa que el artículo 143.2 atribuye a las Diputaciones Provinciales o a los órganos interinsulares correspondientes.
- Disposición transitoria segunda: son sujetos de la misma los territorios que en el pasado hubieran plebiscitado (refrendado) afirmativamente los correspondientes proyectos de Estatuto de Autonomía y al aprobarse la vigente Constitución contaran con regímenes provisionales de autonomía.

  Se están refiriendo a las llamadas "nacionalidades históricas", los casos de Euskadi, Cataluña y Galicia, que en la Segunda República llegaron a tener cierta suerte de autonomía.

  Estos territorios podrán proseguir su camino a la redacción del Estatuto de Autonomía, acordándolo sus órganos preautonómicos colegiados superiores por mayoría absoluta, comunicándolo al Gobierno y dando lugar así a un Estatuto de Autonomía con las máximas competencias.

  El proyecto de Estatuto será elaborado conforme a lo establecido en el artículo 151.2, que posteriormente se reseñará, a convocatoria del órgano colegiado preautonómico.
- Disposición transitoria cuarta: se refiere al caso especial de Navarra y a su posible y futura incorporación al País Vasco.
  - Se evita el camino del artículo 143 a efecto de su incorporación en el Consejo General Vasco y al régimen autonómico vasco que se instituye.
  - Corresponde la iniciativa al órgano foral competente que adoptará su decisión por mayoría de sus miembros.
  - Deberá someterse la decisión a referéndum y aprobarse por la mayoría de los votos válidos emitidos.
  - Si la iniciativa no prospera, solamente se podrá volver a intentar en un periodo de mandato distinto del órgano foral competente que lo intentó y transcurrido el plazo mínimo que marca el artículo 143: cinco años.

- Disposición transitoria quinta: se refiere a los casos especiales de Ceuta y Melilla, y lo hace remitiéndose a la autorización de las Cortes Generales mediante ley orgánica descrita en el artículo 144 ya referido.

  La iniciativa del proceso autonómico, en este caso, corresponde a los Ayuntamientos respectivos mediante acuerdo de la mayoría de sus miembros.

Organización institucional autonómica

El artículo 152 de la Constitución refiere que las Comunidades Autónomas que hayan accedido a la autonomía según el artículo 151 tendrán una organización institucional autonómica compuesta de:

- Asamblea Legislativa:
  - Elegida mediante sufragio universal.
  - Sistema de representación proporcional. Es decir, debe asegurar la representación de las diversas zonas de su territorio.
  - Funciones: dictar leyes dentro del ámbito de competencia de la Comunidad Autónoma, y elegir, de entre sus miembros, al presidente del Consejo de Gobierno (por lo que no puede ser elegida una persona que no sea parlamentario de dicha Asamblea o, como suelen ser llamados, parlamentario autonómico).
- Consejo de Gobierno (órgano colegiado de Gobierno), cuya función es ejecutiva y administrativa, a semejanza del Poder Ejecutivo que ostenta el Gobierno de la Nación dentro del esquema de la división de poderes.
  - El presidente y los miembros del consejo son políticamente responsables ante la Asamblea Legislativa.
  - El presidente ostenta la máxima representación (suprema) de la Comunidad Autónoma y la ordinaria del Estado en la Comunidad Autónoma.
  - El presidente dirige el Consejo de Gobierno.
- Tribunal Superior de Justicia:
  - Sin perjuicio de la jurisdicción y competencia que tiene el Tribunal Supremo.
  - Culmina la organización judicial en el territorio de la Comunidad Autónoma.
  - El artículo 72 de la Ley Orgánica del Poder Judicial determina que el «Tribunal Superior de Justicia estará integrado por las siguientes Salas: de lo Civil y Penal, de lo Contencioso Administrativo y de lo Social».
  - Al margen de los recursos que quepan ante el Tribunal Supremo, conforme a su competencia y jurisdicción (artículo 123 de la Constitución), los recursos judiciales concluirán ante los Juzgados y Tribunales que

estén en el mismo territorio de la Comunidad Autónoma donde esté el órgano judicial que conoció del asunto en primera instancia (es decir, por primera vez). Así, si el órgano judicial ante el que se presentó la petición está en Castilla y León, los recursos que se planteen por el mismo asunto judicial terminarán en órganos judiciales de dicha Comunidad Autónoma, ello respetando siempre, como dijimos, la competencia y jurisdicción que la Constitución y las leyes otorguen al Tribunal Supremo.

A tal efecto, el artículo 34 de la Ley Orgánica del Poder Judicial señala que «la Comunidad Autónoma será el ámbito territorial de los Tribunales Superiores de Justicia».

Al respecto de la organización judicial cabe decir que estas Comunidades Autónomas podrán participar en la organización de las demarcaciones judiciales de su territorio, siempre conforme a lo que disponga la Ley Orgánica del Poder Judicial y respetando la unidad y la independencia del Poder Judicial.

Analizada esta cuestión, debemos hacernos la siguiente pregunta: ¿hay alguna diferencia en el contenido de los Estatutos de Autonomía según las diferentes vías de acceso a la misma que hayan adoptado las Comunidades Autónomas?

El desarrollo legislativo posterior del Título VIII de la Constitución determina que, independientemente del procedimiento que se haya seguido para alcanzar la autonomía, todas las Comunidades Autónomas tienen los mismos órganos institucionales antes reseñados. Es decir, las instituciones previstas para las Comunidades Autónomas que hayan optado por la vía del artículo 151 de la Constitución, se han generalizado para las Comunidades que llegaron a la autonomía en virtud de otras disposiciones o preceptos constitucionales (ya que constitucionalmente no está prohibida esta posibilidad).

Por todo ello, la diferencia práctica entre las Comunidades Autónomas según la tramitación de su régimen autonómico está en el contenido de competencias a distribuir entre el Estado y la propia Comunidad Autónoma (a ello nos referiremos posteriormente).

Elaboración y aprobación de los Estatutos

Existen dos procedimientos constitucionales para la elaboración y la aprobación de los Estatutos de Autonomía:

- Procedimiento general, aplicable a los supuestos del artículo 143 de la Constitución. El proyecto de Estatuto de Autonomía será elaborado por una asamblea compuesta por los miembros de la Diputación u órgano interinsular de las provincias afectadas y por los diputados y senadores elegidos en ellas, y será elevado a las Cortes para su tramitación como ley (artículo 146).

En caso de ser aprobado por las Cortes Generales, lo será con rango de ley orgánica, como prescribe el artículo 81 de la Constitución: «son leyes orgánicas (...) las que aprueben los Estatutos de Autonomía».

- Procedimiento aplicable al supuesto del artículo 151. Convocatoria por parte del Gobierno de todos los diputados y senadores de la Comunidad Autónoma para que se constituyan en Asamblea de Parlamentarios, cuya única misión es hacer un proyecto de Estatuto de Autonomía que deberá ser aprobado por la mayoría absoluta de sus miembros. Una vez aprobado, se remite a la Comisión Constitucional del Congreso, que tendrá dos meses para su estudio, y con participación de una Delegación de la Asamblea de Parlamentarios deberá llegar a un acuerdo para su formulación definitiva.

  Caso de lograr el acuerdo, el texto será sometido a referéndum en las provincias comprendidas en el ámbito territorial del proyectado Estatuto. Si el acuerdo no se logra, el proyecto de Estatuto se tramita como proposición de ley ante las Cortes Generales.

  El texto que las Cortes aprueben en los dos supuestos anteriores se someterá a referéndum en las provincias comprendidas en el territorio del referido Estatuto. Dos casos pueden darse como resultado de dicho referéndum:

  - Que se apruebe por la mayoría de los votos válidamente emitidos, en cada una de las provincias. En este caso, se elevará a las Cortes Generales para que los plenos de ambas Cámaras lo ratifiquen, y ratificado el Rey lo sancionará y promulgará como ley.
  - Que no se apruebe el texto en cada provincia por la mayoría de los votos válidamente emitidos. En este caso particular, no se impide la constitución en Comunidad Autónoma de las restantes provincias en las que el resultado del referéndum haya sido afirmativo, mediante ley orgánica que se formalizará de la forma ya indicada respecto a la iniciativa del artículo 151.

  Para la tramitación de varios proyectos de Estatuto de Autonomía, en el caso de que coincidan, se tiene en cuenta lo dispuesto en la Disposición transitoria sexta: «Cuando se remitieren a la Comisión de Constitución del Congreso varios proyectos de Estatuto, se dictaminarán por el orden de entrada en aquella, y el plazo de dos meses a que se refiere el artículo 151».

Características de los Estatutos de Autonomía

Las características de los Estatutos de Autonomía vienen indicadas en el artículo 147 de la Constitución:

- Valor jurídico del Estatuto: es la norma institucional básica de cada Comunidad Autónoma y el Estado lo amparará como parte integrante de su ordenamiento jurídico. Es decir, el Estatuto de Autonomía de una Comunidad Autónoma es parte del ordenamiento jurídico del Estado.
- Reforma de los Estatutos: se regirá por el procedimiento que el mismo Estatuto disponga y requerirá siempre la aprobación de las Cortes mediante ley orgánica, ley de la misma categoría que la ley que aprobó el Estatuto.
- Contenido del Estatuto de Autonomía: obliga a todas las Comunidades Autónomas, con independencia del trámite seguido para alcanzar la autonomía. Los Estatutos de Autonomía deberán (repetimos: obligatorio y no potestativo) contener:
  - Denominación de la Comunidad que mejor responda a su identidad histórica.
  - Delimitación de su territorio.
  - Denominación, organización y sede de las instituciones autonómicas propias.
  - Competencias asumidas dentro del marco de la Constitución y las bases para el traspaso de servicios correspondientes a las mismas. Es decir, servicios antes estatales y que ahora serán de titularidad autonómica, para poder cumplir así con las competencias que le han sido asignadas a dicha Comunidad Autónoma.

  Naturalmente, todo lo anterior no obsta para que los Estatutos de Autonomía contengan normas sobre otras cuestiones, pero, su contenido esencial y mínimo, será lo reseñado anteriormente.

Competencias del Estado y de las Comunidades Autónomas

A continuación analizaremos la distribución de competencias entre el Estado y las Comunidades Autónomas. La base de esta cuestión se encuentra en el artículo 137 de la Constitución, al señalar que las Comunidades Autónomas «gozan de autonomía para la gestión de sus respectivos intereses», siempre teniendo en cuenta las limitaciones que ya se reseñaron anteriormente.

Competencias de las Comunidades Autónomas

La Constitución determina expresamente en su artículo 148 qué competencias pueden ser asumidas por las Comunidades Autónomas y cuáles no, tanto si han asumido la autonomía por la vía del artículo 142 como por el artículo 151. Como precedente cabe volver a citar la Constitución de 1931.

No todas las Comunidades Autónomas necesariamente tienen que asumir las competencias referidas a continuación, pero pueden hacerlo si así consta en sus Estatutos.

«Las Comunidades Autónomas podrán asumir competencias en las siguientes materias:

1.ª Organización de sus instituciones de autogobierno.

2.ª Las alteraciones de los términos municipales comprendidos en su territorio y, en general, las funciones que correspondan a la Administración del Estado sobre las Corporaciones locales y cuya transferencia autorice la legislación sobre Régimen Local.

3.ª Ordenación del territorio, urbanismo y vivienda.

4.ª Las obras públicas de interés de la Comunidad Autónoma en su propio territorio.

5.ª Los ferrocarriles y carreteras cuyo itinerario se desarrolle íntegramente en el territorio de la Comunidad Autónoma y, en los mismos términos, el transporte desarrollado por estos medios o por cable.

6.ª Los puertos de refugio, los puertos y aeropuertos deportivos y, en general, los que no desarrollen actividades comerciales.

7.ª La agricultura y ganadería, de acuerdo con la ordenación general de la economía.

8.ª Los montes y aprovechamientos forestales.

9.ª La gestión en materia de protección del medio ambiente.

10.ª Los proyectos, construcción y explotación de los aprovechamientos hidráulicos, canales y regadíos de interés de la Comunidad Autónoma, las aguas minerales y termales.

11.ª La pesca en aguas interiores, el marisqueo y la agricultura, la caza y la pesca fluvial.

12.ª Ferias interiores.

13.ª El fomento del desarrollo económico de la Comunidad dentro de los objetivos marcados por la política económica nacional.

14.ª La artesanía.

15.ª Museos, bibliotecas y conservatorios de música de interés para la Comunidad Autónoma.

16.ª Patrimonio monumental de interés de la Comunidad Autónoma.

17.ª El fomento de la cultura, de la investigación y, en su caso, de la enseñanza de la lengua de la Comunidad Autónoma.

18.ª Promoción y ordenación del turismo en su ámbito territorial.

19.ª Promoción del deporte y la adecuada utilización del ocio.

20.ª Asistencia social.

21.ª Sanidad e higiene.

22.ª La vigilancia y protección de sus edificios e instalaciones. La coordinación y demás facultades en relación con las policías locales en los términos que establezca una ley orgánica».

Competencias exclusivas del Estado

Quedan enumeradas en el artículo 149:

«1. El Estado tiene competencia exclusiva sobre las siguientes materias:

1.ª La regulación de las condiciones básicas que garanticen la igualdad de todos los españoles en el ejercicio de los derechos y en el cumplimiento de sus deberes constitucionales.

2.ª Nacionalidad, inmigración, emigración, extranjería y derecho de asilo.

3.ª Relaciones internacionales.

4.ª Defensa y Fuerzas Armadas.

5.ª Administración de Justicia.

6.ª Legislación mercantil, penal y penitenciaria, legislación procesal, sin perjuicio de las necesarias especialidades que en este orden se deriven de las particularidades del derecho sustantivo de las Comunidades Autónomas.

7.ª Legislación laboral, sin perjuicio de su ejecución por los órganos de las Comunidades Autónomas.

8.ª Legislación civil, sin perjuicio de la conservación, modificación y desarrollo por las Comunidades Autónomas de los derechos civiles forales o especiales, allí donde existan. En todo caso, las reglas relativas a la aplicación y eficacia de las normas jurídicas, relaciones jurídico-civiles relativas a las formas de matrimonio, ordenación de los registros e instrumentos públicos, bases de las obligaciones contractuales, normas para resolver los conflictos de leyes y determinación de las fuentes del Derecho, con respeto, en este último caso, a las normas de derecho foral o especial.

9.ª Legislación sobre propiedad intelectual e industrial.

10.ª Régimen aduanero y arancelario; comercio exterior.

11.ª Sistema monetario: divisas, cambio y convertibilidad; bases de la ordenación del crédito, banca y seguros.

12.ª Legislación sobre pesas y medidas, determinación de la hora oficial.

13.ª Bases y coordinación de la planificación general de la actividad económica.

14.ª Hacienda general y Deuda del Estado.

15.ª Fomento y coordinación general de la investigación científica y técnica.

16.ª Sanidad exterior. Bases y coordinación general de la sanidad. Legislación sobre productos farmacéuticos.

17.ª Legislación básica y régimen económico de la Seguridad Social, sin perjuicio de la ejecución de sus servicios por las Comunidades Autónomas.

18.ª Las bases del régimen jurídico de las Administraciones públicas y del régimen estatutario de sus funcionarios que, en todo caso, garantizarán a los administrados un tratamiento común ante ellas; el procedimiento administrativo común, sin perjuicio de las especialidades derivadas de la organización propia de las Comunidades Autónomas; legislación sobre expropiación forzosa; legislación básica sobre contratos y concesiones administrativas y el sistema de responsabilidad de todas las Administraciones públicas.

19.ª Pesca marítima, sin perjuicio de las competencias que en la ordenación del sector se atribuyan a las Comunidades Autónomas.

20.ª Marina mercante y abanderamiento de buques; iluminación de costas y señales marítimas; puertos de interés general; aeropuertos de interés general; control del espacio aéreo, tránsito y transporte aéreo, servicio meteorológico y matriculación de aeronaves.

21.ª Ferrocarriles y demás transportes terrestres que transcurran por el territorio de más de una Comunidad Autónoma; régimen general de comunicaciones; tráfico y circulación de vehículos a motor; correos y telecomunicaciones; cables aéreos, submarinos y radiocomunicación.

22.ª La legislación, ordenación y concesión de recursos y aprovechamientos hidráulicos cuando las aguas discurran por más de una Comunidad Autónoma, y la autorización de las instalaciones eléctricas cuando su aprovechamiento afecte a otra comunidad o el trasporte de energía salga de su ámbito territorial.

23.ª Legislación básica sobre protección de medio ambiente, sin perjuicio de las facultades de las Comunidades Autónomas de establecer normas adicionales de protección. La legislación básica sobre montes, aprovechamientos forestales y vías pecuarias.

24.ª Obras públicas de interés general o cuya realización afecte a más de una Comunidad Autónoma.

25.ª Bases del régimen minero y energético.

26.ª Régimen de producción, comercio, tenencia y uso de armas y explosivos.

27.ª Normas básicas del régimen de prensa, radio y televisión y, en general, de todos los medios de comunicación social, sin perjuicio de las facultades que en su desarrollo y ejecución correspondan a las Comunidades Autónomas.

28.ª Defensa del patrimonio cultural, artístico y monumental español contra la exportación y expoliación; museos, bibliotecas y archivos de titularidad estatal, sin perjuicio de su gestión por parte de las Comunidades Autónomas.

29.ª Seguridad pública, sin perjuicio de la posibilidad de creación de policías por las Comunidades Autónomas en la forma que se establezca en los respectivos Estatutos en el marco de lo que disponga una ley orgánica.

30.ª Regulación de las condiciones de obtención, expedición y homologación de títulos académicos y profesionales y normas básicas para el desarrollo del artículo 27 de la Constitución, a fin de garantizar el cumplimiento de las obligaciones de los poderes públicos en esta materia.

31.ª Estadística para fines estatales.

32.ª Autorización para la convocatoria de consultas populares por vía de referéndum.

2. Sin perjuicio de las competencias que podrán asumir las Comunidades Autónomas, el Estado considerará el servicio a la cultura como deber y atribución esencial y facilitará la comunicación cultural entre las Comunidades Autónomas, de acuerdo con ellas».

Competencias que pueden ser asumidas posteriormente por las Comunidades Autónomas

Transcurridos cinco años, mediante la reforma de los Estatutos de Autonomía, las Comunidades Autónomas podrán ampliar sucesivamente sus competencias dentro del marco establecido en el artículo 149.

He aquí donde se encuentra otra diferencia entre las Comunidades Autónomas del artículo 143 y las del 151: las primeras tendrán que esperar un plazo de cinco años para ampliar competencias, pero las segundas podrán sumir dichas competencias sin dicho plazo y de inmediato, figurando en la reforma de su Estatuto de Autonomía las nuevas competencias como asumidas por la Comunidad Autónoma.

Las Comunidades Autónomas del artículo 143, al redactar su Estatuto, solo pueden asumir las competencias que figuran enumeradas en el artículo 148. Para asumir las del artículo 149, tendrán que reformar su Estatuto transcurridos cinco años desde la entrada en vigor del mismo.

Las Comunidades Autónomas del artículo 151 podrán, en su Estatuto y de inicio, asumir las competencias tanto del artículo 148 como del artículo 149.

Además, téngase en cuenta que el artículo 149 habla de "competencias residuales" (aunque no se denominan así en la Constitución), que son las competencias no atribuidas expresamente por la Constitución al Estado y que podrán corresponder a las Comunidades Autónomas en virtud de sus respectivos Estatutos.

De igual manera, el artículo 149 resuelve el conflicto que pudiera existir entre la aplicación de determinadas leyes autonómicas y estatales, indicando que, en caso de conflicto en una materia que no se haya asumido por los Estatutos de Autonomía, prevalecerán las normas estatales sobre las de la Comunidad Autónoma «en todo lo que no esté atribuido a la exclusiva competencia de estas». Y, además, «el derecho estatal será, en todo caso, supletorio del derecho de las Comunidades Autónomas».

Este fue el criterio establecido por la Constitución de 1931, al señalar que «el derecho del Estado español prevalece sobre el de las regiones autónomas en todo lo que no esté atribuido a la exclusiva competencia de éstas en sus respectivos Estatutos» (artículo 21).

Posibilidades especiales con respecto a las competencias

La Constitución, además, señala posibilidades especiales respecto a las competencias que referimos a continuación:

- En cuanto a las materias de competencia estatal: las Cortes Generales podrán atribuir a las Comunidades Autónomas, a todas o a alguna en particular, la facultad de dictar para sí mismas normas legislativas sobre materias de competencia estatal conforme a una ley estatal que marque «los principios, bases y directrices». Esta ley marco establecerá la forma de control por las Cortes Generales sobre las normas legislativas que en virtud de esta autorización dicten las Comunidades Autónomas, dicho control lo será, por supuesto, «sin perjuicio de la competencia de los tribunales» (artículo 150).
- Respecto a las materias de titularidad estatal que por su propia naturaleza sean susceptibles de transferencia o delegación: el Estado puede transferirlas o delegarlas en las diferentes Comunidades Autónomas mediante una ley orgánica, que establecerá además la correspondiente transferencia de medios financieros —pues toda transferencia es evaluable económicamente— para que la Comunidad Autónoma pueda ejercer dicha competencia, disponiendo igualmente la forma de control que se reserve el Estado (artículo 151).
- Armonización estatal de las normativas de las Comunidades Autónomas: el Estado, con aprobación de las Cortes Generales por mayoría absoluta de cada Cámara, podrá dictar leyes que establezcan principios necesarios para armonizar las disposiciones normativas de las Comunidades Autónomas, aunque estas sean materias atribuidas a la competencia de dichas Comunidades, siempre que lo exija el interés general, que será apreciado por las Cortes Generales mediante dicha mayoría. La finalidad es que los principios, en asuntos de interés nacional establecidos por el Estado y por las Comunidades Autónomas, no sean contradictorios entre sí (artículo 150).

Resolución de conflictos entre el Estado y las Comunidades Autónomas

La Constitución también ha reflexionado sobre el modo de actuar cuando las relaciones entre las Comunidades Autónomas y el Estado, en relación de competencias, no son pacíficas.

La solución normal es recurrir al Tribunal Constitucional para que determine si es el Estado o una Comunidad Autónoma la competente en una determinada materia.

Por el contrario, si una Comunidad Autónoma no cumple las obligaciones que la Constitución y las leyes le imponen o actúa atentando gravemente al interés general de España, el artículo 155 establece el siguiente trámite:

- El Gobierno de la Nación requerirá al presidente de la Comunidad Autónoma para que actúe según sus obligaciones y dentro de los límites de la Constitución y del ordenamiento legal.
- Si la Comunidad Autónoma persistiera en su actitud y desoyera el requerimiento anterior, el Presidente del Gobierno solicitará al Senado —que aquí ejerce como verdadera Cámara de representación territorial— aprobación para adoptar las medidas que se estimen procedentes para obligar a la Comunidad al «cumplimiento forzoso de dichas obligaciones o para la protección del mencionado interés general». He aquí una de las contadas ocasiones en que el Senado actúa solo y sin participación alguna del Congreso de los Diputados. La aprobación de estas medidas precisa de mayoría absoluta del Senado.
- En caso de haberse aprobado por el Senado, el Gobierno podrá dar instrucciones a todas las autoridades de la Comunidad Autónoma.

En una sola ocasión ha sido aplicado el contenido del artículo 155 de la Constitución, y se realizó en el territorio de la Comunidad Autónoma de Cataluña.

Por acuerdo del Consejo de Ministros, de fecha 21 de octubre de 2017, se acordó la aplicación, al amparo del artículo 155 de la Constitución, de determinadas medidas, tras el requerimiento previo que efectuó el Presidente de Gobierno de la Nación al Presidente de la Generalitat de Cataluña por cartas de fecha 16 y 19 de octubre, no realizándose ante dicho requerimiento respuesta afirmativa o negativa. Dicho acuerdo fue elevado al Senado para que concediera la autorización a la aplicación de las medidas que constaban en el mismo. El Senado aprobó estas medias por mayoría absoluta. Posteriormente, se dictaron por el Tribunal Constitucional dos sentencias, las dos de fecha 2 de julio de 2019 (con los números 89/2019 y 90/2019), declarando ambas la constitucionalidad de la declaración y aplicación del artículo 155 de la Constitución respecto a la Comunidad Autónoma de Cataluña.

El artículo 155 no especifica las medidas en las que puede materializarse la coerción estatal, pues elude tasar las «medidas necesarias» que el Gobierno puede proponer y el Senado autorizar. Las que se adopten en cada caso dependerán de la gravedad del incumplimiento o del atentado al interés general.

Dicho artículo no impone al Gobierno la obligación de anunciar en el requerimiento cuáles serán las medidas propuestas en el caso de que finalmente decida recurrir a este procedimiento y solicitar la correspondiente autorización del Senado.

Control de las Comunidades Autónomas

A continuación reseñamos otros modos de control de los órganos de las Comunidades Autónomas, según se establecen en la Constitución y las leyes conforme al sistema judicial español, y que se realizarán por:

- Tribunal Constitucional. Controlará lo relativo a la constitucionalidad de las disposiciones normativas con fuerza de ley dictadas por las Comunidades Autónomas, según lo dispuesto en el artículo 27 de la Ley Orgánica del Tribunal Constitucional: «Son susceptibles de declaración de inconstitucionalidad: (...) las leyes, actos y disposiciones normativas con fuerza de ley de las Comunidades Autónomas».
- Gobierno de la Nación. Con dictamen previo del Consejo de Estado, respecto al control del ejercicio de las funciones delegadas a las que se refiere el artículo 150; ya que dicha transferencia de materias de titularidad estatal lleva anejo, como se dijo, la correspondiente transferencia de medios financieros.
- Tribunales de Justicia. En este caso, la jurisdicción contencioso-administrativa ejercerá el control respecto de las normas reglamentarias (es decir, sin fuerza de ley) que dicten las Comunidades Autónomas. Recordemos que la jurisdicción contencioso-administrativa es una especialización de la jurisdicción única y ordinaria que prevé la Constitución en su artículo 117, recogida de igual modo en el artículo 3 de la Ley Orgánica del Poder Judicial, de 1 de julio de 1985. Esta Ley Orgánica determina y concreta en su artículo 9: «Los del orden contencioso -administrativo conocerán de las pretensiones que se deduzcan en relación con la actuación de las Administraciones públicas sujeta al derecho administrativo, con las disposiciones generales de rango inferior a la ley y con los decretos legislativos en los términos previstos en el artículo 82.6 de la Constitución, de conformidad con lo que establezca la Ley de esa jurisdicción. También conocerán de los recursos contra la inactividad de la Administración y contra sus actuaciones materiales que constituyan vía de hecho». La Ley de la Jurisdicción Contencioso-Administrativa, de 13 de julio de 1998, señala en su artículo 1 que, a los efectos anteriores, se entiende por Administración Pública, entre otras, la Administración General del Estado, las administraciones de las Comunidades Autónomas y las entidades de derecho público que sean dependientes o estén vinculadas al Estado, las Comunidades Autónomas o las entidades locales.

  Por último, respecto a este apartado, recordemos que son órganos judiciales de la jurisdicción contencioso-administrativa, según la Ley Orgánica del Poder Judicial:

- El Tribunal Supremo, en su Sala 3.ª (artículos 55 y 58).
- La Audiencia Nacional, en su Sala de lo Contencioso-Administrativo (artículos 64 y 66).
- Tribunales Superiores de Justicia, en su Sala de lo Contencioso-administrativo (artículos 72 y 74).
- Juzgados Centrales de lo Contencioso-Administrativo (artículo 90).
- Juzgados de lo Contencioso-Administrativo (artículo 90).

• Tribunal de Cuentas. Aunque no pertenezca al Poder Judicial, debido al control económico y presupuestario que dicho organismo ejerce.

Título IX: Del Tribunal Constitucional (artículos 159 a 165)

Si recordamos la tajante afirmación del artículo 9: «Los ciudadanos y los poderes públicos están sujetos a la Constitución y al resto del ordenamiento jurídico», comprenderemos que las normas que establece la Constitución vinculan y obligan, bien directamente, o bien, como señalan algunos autores, mediante sus normas posteriores de desarrollo.

La Constitución es, pues, la norma máxima y de más alta jerarquía, tal como se ha dicho anteriormente, del ordenamiento jurídico español.

Naturalmente, esta norma jurídica puede ser atacada por acciones o por otras normas jurídicas de inferior rango. Para velar que ninguna acción o norma jurídica viole lo dispuesto en la Constitución, se crea el Tribunal Constitucional, cuya precisa misión es asegurar la preeminencia de los principios constitucionales en la vida cotidiana y en la legislación que se dicte, tanto por el Estado como por las Comunidades Autónomas.

Así, el artículo 1 de la Ley Orgánica del Tribunal Constitucional, de 3 de octubre de 1979, señala: «El Tribunal Constitucional, como intérprete supremo de la Constitución, es independiente de los demás órganos constitucionales y está sometido solo a la Constitución y a la presente Ley Orgánica», determinando el artículo 87 de dicha Ley Orgánica que «todos los poderes públicos están obligados al cumplimiento de lo que el Tribunal Constitucional resuelva».

La vigilancia de la constitucionalidad puede atribuirse a cualquier órgano judicial integrado en el Poder Judicial o bien crearse un órgano específico para tal fin, pudiendo quedar el mismo fuera del Poder Judicial. Por lo tanto, es muy importante recalcar que el Tribunal Constitucional no forma parte del Poder Judicial, de hecho, tiene un Título constitucional distinto.

El antecedente del Tribunal Constitucional es el Tribunal de Garantía Constitucionales que estableció la Constitución de 1931, entre cuyas competencias estaban las de conocer «los recursos de inconstitucionalidad de las leyes» y «el recurso de amparo de garantías individuales, cuando hubiere sido ineficaz la reclamación ante otras autoridades» (artículo 121), no existiendo antes ningún otro precedente en la historia constitucional española.

La vigente Constitución desarrolla el Tribunal Constitucional desde su artículo 159 a 165, en los que no encontramos definición alguna del mismo, debiéndonos remitir de manera continuada a la Ley Orgánica del Tribunal Constitucional, que en su artículo 1 indica: «Es único en su orden y extiende su jurisdicción a todo el territorio nacional», que también se señala en el artículo 161 de la Constitución.

Competencias del Tribunal Constitucional

El Tribunal Constitucional «garantiza la primacía de la Constitución y enjuicia la conformidad o disconformidad con ella de las Leyes, disposiciones o actos impugnados», tal como determina el artículo 27 de la Ley Orgánica del Tribunal Constitucional, que además especifica qué normas pueden ser declaradas inconstitucionales por dicho Tribunal:

- Los Estatutos de Autonomía y las demás leyes orgánicas.
- Las demás leyes, disposiciones normativas y actos del Estado, con fuerza de ley. En el caso de los decretos legislativos, la competencia del Tribunal lo es sin perjuicio de lo prevenido en el artículo 82.6 de la Constitución (formas de control específico que pueden establecer las leyes que otorgan la delegación legislativa).
- Tratados internacionales.
- Reglamentos de las Cámaras y de las Cortes Generales.
- Las leyes, actos y disposiciones normativas con fuerza de ley de las Comunidades Autónomas, con la misma salvedad respecto a la delegación legislativa.
- Los Reglamentos de las diferentes Asambleas Legislativas de las Comunidades Autónomas.
- Los recursos interpuestos contra las Normas Forales Fiscales de los Territorios de Álava, Guipúzcoa y Vizcaya, dictadas en el ejercicio de sus competencias exclusivas garantizadas por la Disposición adicional primera de la Constitución y reconocidas en el artículo 41.2.a) del Estatuto de Autonomía del País Vasco (Ley Orgánica 3/1979, de 18 de diciembre), tal como determina la Disposición adicional quinta de esta Ley Orgánica.

Composición del Tribunal Constitucional

La composición del Tribunal Constitucional está determinada en los artículos 159 y 160 de la Constitución y en el artículo 9 de la Ley Orgánica del Tribunal Constitucional, y es la que sigue:

- Doce miembros con el título de Magistrados del Tribunal Constitucional:
  - Cuatro a propuesta del Congreso (por mayoría de tres quintas partes de sus miembros), cuatro a propuesta del Senado (por idéntica mayoría), dos a propuesta del Gobierno, dos a propuesta del Consejo General del Poder Judicial.
  - Nombrados por el Rey.
  - Son designados por un período de nueve años, renovándose el Tribunal por terceras partes cada tres años.
- El Presidente del Tribunal Constitucional:
  - Es uno de sus doce miembros.
  - Nombrado por el Rey.
  - A propuesta del pleno de dicho Tribunal (es decir, de la reunión de todos los magistrados que lo componen) en votación secreta.
  - En primera votación se requiere la mayoría absoluta a favor. Si no se obtiene, se procederá a segunda votación y será elegido el que obtenga la mayoría simple de votos. En caso de empate en la segunda votación, se repetirá, y, si persistiera este empate, será propuesto el de mayor antigüedad en el cargo, y, si en esto también hubiera igualdad, el de mayor edad.
  - La duración del mandato es de tres años y únicamente podrá ser reelegido una vez.
- El Vicepresidente del Tribunal Constitucional:
  - También el pleno del Tribunal elegirá entre sus miembros, y por el procedimiento antes señalado, a un Vicepresidente por el mismo período de tiempo de tres años.

Magistrados del Tribunal Constitucional

En cuanto a los miembros del Tribunal Constitucional, los magistrados deben ser nombrados entre ciudadanos españoles: magistrados, fiscales, profesores de universidad, funcionarios públicos y abogados (artículo 159).

Todos ellos deben ser juristas de reconocida competencia y con más de quince años de ejercicio profesional o en activo en la respectiva función (artículo 159 de la Constitución y artículo 18 de la Ley Orgánica del Tribunal Constitucional).

Se dispone en el artículo 20 de la referida Ley Orgánica que los miembros de la carrera judicial y fiscal y, en general, los funcionarios públicos nombrados magistrados del Tribunal Constitucional, pasarán a la situación de excedencia especial en su carrera de origen.

Según el artículo 159 de la Constitución, la condición de miembro del Tribunal Constitucional es incompatible con:

- Todo mandato representativo.
- Cargos políticos.
- Cargos administrativos.
- Desempeño de funciones directivas en un partido político.
- Desempeño de funciones directivas en un sindicato.
- Empleo al servicio de partidos políticos o sindicato.
- Ejercicio de la carrera judicial.
- Ejercicio de la carrera fiscal.
- Cualquier otra actividad profesional o mercantil.

Al amparo de esto, la Ley Orgánica del Tribunal Constitucional, en su artículo 19, especifica más las causas de incompatibilidad:

- Ser Defensor del Pueblo.
- Ser diputado o senador.
- Cualquier cargo político o administrativo del Estado, las Comunidades Autónomas, las provincias u otras entidades locales.
- Ejercicio de cualquier jurisdicción o actividad propia de la carrera judicial o fiscal.
- Empleo de toda clase en los tribunales y juzgados de cualquier orden jurisdiccional.
- Desempeño de funciones directivas en los partidos políticos, sindicatos, asociaciones, fundaciones y colegios profesionales, y con toda clase de empleos al servicio de los mismos.
- Desempeño de actividades profesionales o mercantiles.

En todo lo demás, los miembros del Tribunal Constitucional tendrán las incompatibilidades propias de los miembros del Poder Judicial (reguladas en la Ley Orgánica del Poder Judicial).

Por lo tanto, si alguien va a ser designado magistrado, y se encuentra en las situaciones antes reseñadas, deberá renunciar a la misma si pretende ser efectivamente elegido como integrante del Tribunal Constitucional.

Los miembros del Tribunal Constitucional son independientes e inamovibles en el ejercicio de su mandato, según cita el artículo 159 de la Constitución. El artículo 22 de la Ley Orgánica del Tribunal Constitucional añade que ejercerán su función:

- De acuerdo a los conocidos principios tanto de imparcialidad como de dignidad inherentes a la misma.
- Serán inamovibles.
- No podrán ser suspendidos ni destituidos si no es por causa legal.

- No podrán ser perseguidos por las opiniones expresadas en el ejercicio de sus funciones.

En cuanto al conocimiento de la responsabilidad criminal (penal) de un magistrado del Tribunal Constitucional, la competencia corresponderá a la Sala de lo Penal del Tribunal Supremo (artículo 26 de la Ley Orgánica del Tribunal Constitucional).

Procedimientos propios del Tribunal Constitucional

Las competencias que ejerce el Tribunal Constitucional y los procedimientos que se tramitan respecto a las misas, se determinan en el artículo 161 de la Constitución y en el artículo 2 de la Ley Orgánica 2/1979, de 3 de octubre, del Tribunal Constitucional.

- Recurso de inconstitucionalidad contra leyes, y disposiciones normativas con fuerza de ley. Es decir, supuestos en que leyes (tanto del Estado como de las Comunidades Autónomas que tengan poder legislativo, conforme a lo dispuesto en el ya comentado artículo 152) ataquen algún precepto o principio constitucional.
- Recurso de amparo por violación de los derechos y libertades de los derechos indicados en el artículo 53 de la Constitución:

  «1. Los derechos y libertades reconocidos en los artículos 14 a 29 de la Constitución serán susceptibles de amparo constitucional, en los casos y formas que esta Ley establece, sin perjuicio de su tutela general encomendada a los Tribunales de Justicia. Igual protección será aplicable a la objeción de conciencia reconocida en el artículo 30 de la Constitución.

  2. El recurso de amparo constitucional protege, en los términos que la presente Ley establece, frente a las violaciones de los derechos y libertades a que se refiere el apartado anterior, originadas por disposiciones, actos jurídicos, omisiones o simple vía de hecho de los poderes públicos del Estado, las Comunidades Autónomas y demás entes públicos de carácter territorial, corporativo o institucional, así como de sus funcionarios o agentes» (artículo 41 de la Ley Orgánica del Tribunal Constitucional).

  «Las decisiones o actos sin valor de ley, emanados de las Cortes o de cualquiera de sus órganos, o de las Asambleas Legislativas de las Comunidades Autónomas, o de sus órganos, que violen los derechos y libertades susceptibles de amparo constitucional podrán ser recurridos dentro del plazo de tres meses desde que, con arreglo a las normas internas de las Cámaras o Asambleas, sean firmes» (artículo 42 de la Ley Orgánica del Tribunal Constitucional).

«1. Las violaciones de los derechos y libertades antes referidos originados por disposición, actos jurídicos, omisiones o simple vía de hecho del Gobierno o de sus autoridades o funcionarios, o de los órganos ejecutivos colegiados de las Comunidades Autónomas o de sus autoridades o funcionarios o agentes, podrán dar lugar al recurso de amparo una vez se haya agotado la vía judicial procedente» (artículo 43 de la Ley Orgánica del Tribunal Constitucional).

Son derechos susceptibles de ser invocados en vía de amparo constitucional los regulados en los artículos 14 a 30 de la Constitución, es decir:

- Igualdad ante la ley.
- Derecho a la vida, integridad física y moral.
- Libertad ideológica y religiosa.
- Derecho a la libertad personal, incluyendo *habeas corpus*, información de los derechos al detenido y de las razones de su detención.
- Derecho la intimidad, honor, intimidad personal y familiar y propia imagen, inviolabilidad del domicilio y secreto de las comunicaciones telegráficas y telefónicas.
- Libertad de residencia y circulación.
- Libertad de expresión (libertad de cátedra, prohibición de la censura previa, etc.).
- Reunión pacífica y sin armas.
- Derecho de asociación.
- Derecho de participación.
- Tutela efectiva de los jueces y tribunales.
- Principio de legalidad penal.
- Prohibición de los tribunales de honor.
- Libertad de enseñanza.
- Derecho a la educación.
- Libertad de sindicación
- Derecho a la huelga.
- Derecho de petición.
- Objeción de conciencia.

En resumen, el amparo procede cuando se produce la vulneración de alguno de los derechos fundamentales antes reseñados, teniendo en cuenta que dicha vulneración puede haberse producido por disposiciones, actos jurídicos o hechos, provenientes del Estado, las Comunidades Autónomas o demás entes públicos de carácter territorial, corporativo o institucional.

- Conflictos de competencia entre el Estado y las Comunidades Autónomas o de las Comunidades Autónomas entre sí, y de los conflictos entre los órganos constitucionales del Estado (es decir, aquellos órganos estatales que configura la Constitución). A tal respecto, el artículo 59 de la Ley Orgánica del Tribunal Constitucional señala:

«1. El Tribunal Constitucional entenderá de los conflictos que se susciten sobre las competencias o atribuciones asignadas directamente por la Constitución, los Estatutos de Autonomía o las leyes orgánicas u ordinarias dictadas para delimitar los ámbitos propios del Estado y la Comunidades Autónomas y que opongan:

a) Al Estado con una o más Comunidades Autónomas.

b) A dos o más Comunidades Autónomas entre sí.

c) Al Gobierno con el Congreso de los Diputados, el Senado o el Consejo General del Poder Judicial; o a cualquiera de estos órganos constitucionales entre sí.

2. El Tribunal Constitucional entenderá también de los conflictos en defensa de la autonomía local que planteen los municipios y provincias frente al Estado o a una Comunidad Autónoma».

- Declaración de constitucionalidad de los tratados internacionales. Recordemos que el artículo 95 de la Constitución dispone que la celebración de un tratado internacional que contenga estipulaciones contrarias a la Constitución exige la previa revisión constitucional y que el Gobierno o las Cámaras pueden requerir al Tribunal Constitucional para que declare si se da dicha contradicción.

  El artículo 78 de la Ley Orgánica del Tribunal Constitucional determina que el tratado puede estar definitivamente fijado, pero no se puede haber prestado aún el consentimiento del Estado.
- Verificación de los nombramientos de los magistrados del Constitucional, para juzgar si reúnen los requisitos requeridos por la Constitución y la Ley Orgánica del Tribunal Constitucional, como se indica en su artículo 2.
- Impugnación por el Gobierno de las disposiciones y resoluciones de los órganos de las Comunidades Autónomas. Tal como determina el artículo 161 de la Constitución: «El Gobierno podrá impugnar ante el Tribunal Constitucional las disposiciones y resoluciones adoptadas por los órganos de las Comunidades Autónomas. La impugnación producirá la suspensión de la disposición o resolución recurrida, pero el Tribunal, en su caso, deberá ratificarla o levantarla en un plazo no superior a cinco meses». Ello queda recogido también en el artículo 2 de la Ley Orgánica del Tribunal Constitucional.
- Cuestión de inconstitucionalidad. La Constitución, en su artículo 163, crea dicho procedimiento para los casos en que «un órgano judicial considere, en algún proceso, que una norma con rango de ley, aplicable al caso, de cuya validez depende el fallo, puede ser contraria a la Constitución, planteará

la cuestión ante el Tribunal Constitucional en los supuestos, en la forma y con los efectos que establezca la ley, que en ningún caso serán suspensivos».

Este procedimiento, como no podía ser de otro modo, es regulado pormenorizadamente en el artículo 35 de la Ley Orgánica del Tribunal Constitucional, denominándola "cuestión de inconstitucionalidad promovida por Jueces o Tribunales", repitiendo como requisitos:

- El juez o tribunal es el que inicia la cuestión de inconstitucionalidad.
- La podrá iniciar de oficio (sin que nadie lo solicite) o a instancia de parte (la parte interesada) solicita del juez que promueva la cuestión de inconstitucionalidad. Pero el juez es libre de promoverla o no, es decir, la petición de la parte no vincula al juez o tribunal.
- Procede durante el planteamiento de un procedimiento judicial, tanto si este procedimiento es civil, penal, contencioso administrativo o laboral.
- Procede en los casos en que una norma con rango de ley sea aplicable al caso que está tramitando el juez o tribunal.
- La aplicación de la norma de cuya constitucionalidad se duda no debe de resultar accesoria, sino, por el contrario, de la aplicación de esa norma debe depender el fallo a dictar en el procedimiento judicial.

Al margen de la petición de las partes, el juez o tribunal únicamente podrá plantear al Tribunal Constitucional la cuestión de inconstitucionalidad una vez que el procedimiento judicial esté concluso y dentro del plazo legal marcado para dictar sentencia. La decisión de plantear o no esta cuestión de inconstitucionalidad es adoptada por el órgano judicial en forma de auto.

- Recurso previo de inconstitucionalidad contra proyectos de Estatutos de Autonomía y contra propuestas de reforma de Estatutos de Autonomía. Aunque este recurso no está mencionado expresamente en la Constitución, sí aparece en la Ley Orgánica del Tribunal Constitucional, en su artículo 79, donde literalmente expresa:

«1. Son susceptibles de recurso de inconstitucionalidad, con carácter previo, los Proyectos de Estatutos de Autonomía y las propuestas de reforma de los mismos.

2. El recurso tendrá por objeto la impugnación del texto definitivo del Proyecto de Estatuto o de la Propuesta de Reforma de un Estatuto, una vez aprobado por las Cortes Generales».

- De «las demás materias que le atribuya la Constitución o las leyes orgánicas».

Legitimación para presentar recursos

En cuanto a la legitimación para iniciar los recursos ante el Tribunal Constitucional, es decir, quién está jurídicamente capacitado (reconocido por la ley) para iniciar los procedimientos que correspondan ante el Tribunal Constitucional, dependiendo de la clase de procedimiento de que se trate, según el artículo 162 de la Constitución:

- Para presentar el recurso de inconstitucionalidad:
  - El Presidente de Gobierno.
  - El Defensor del Pueblo.
  - 50 diputados.
  - 50 senadores.
  - Órganos colegiados ejecutivos de las Comunidades Autónomas.
  - Asambleas de las Comunidades Autónomas, en su caso.
- Para presentar el recurso de amparo:
  - Toda persona natural o persona jurídica (asociaciones, entidades, sociedades, etc.) que invoque un interés legítimo.
  - Defensor del Pueblo.
  - Ministerio Fiscal.

En los demás casos es la Ley Orgánica del Tribunal Constitucional la que determina las personas y los órganos legitimados (artículo 162). Por ello, el artículo 60 de la Ley Orgánica del Tribunal Constitucional señala: «Los conflictos de competencia que oponga al Estado con una Comunidad Autónoma o estas entre sí, podrán ser suscitados por el Gobierno o por los órganos colegiados ejecutivos de las Comunidades Autónomas, en la forma que determinan los artículos siguientes. Los conflictos negativos podrán ser instados también por las personas físicas o jurídicas interesadas».

Y el siguiente artículo de dicha Ley Orgánica señala que «pueden dar lugar al planteamiento de los conflictos de competencia las disposiciones, resoluciones y actos emanados de los órganos del Estado o de los órganos de las Comunidades Autónomas o la omisión de tales disposiciones, resoluciones o actos».

Valor de las sentencias del Tribunal Constitucional

El artículo 164 de la Constitución indica el valor que tienen las sentencias del Tribunal Constitucional: valor de cosa juzgada (lo que impide volver a plantear un tema igual, ya que el tema ha sido resuelto por sentencia) a partir del día siguiente de la publicación de la sentencia en el Boletín Oficial del Estado. La publicación es, constitucionalmente, obligada para todas las sentencias del Tribunal Constitucional.

El artículo 38 de la Ley Orgánica del Tribunal Constitucional concreta que estas sentencias:

- Vinculan a todos los poderes públicos.
- Tienen el valor de cosa juzgada.

- Producen sus efectos generales desde la fecha de su publicación en el Boletín Oficial del Estado.
- Contra las sentencias del Tribunal Constitucional no cabe recurso.
- El procedimiento ante el Tribunal Constitucional es gratuito.

Título X: De la reforma constitucional (artículos 166 a 169)

Recordemos que la Constitución Española es una constitución rígida, por ello, cualquier reforma de la misma precisa de un trámite especial y diferente de la tramitación de cualquier ley ordinaria.

En el artículo 166, se indica que la iniciativa de la reforma constitucional corresponde a los órganos citados en los apartados 2 y 3 del artículo 87:

- El Gobierno.
- El Congreso de los Diputados.
- El Senado.
- Las Asambleas Legislativas de las Comunidades Autónomas.

Es decir, aquellos órganos a los que la Constitución reconoce la iniciativa legislativa. Pero deja fuera el apartado 3: la iniciativa legislativa popular. Por lo tanto, no puede iniciarse la reforma constitucional:

- Por iniciativa legislativa popular.
- Por iniciativa de los Gobiernos autonómicos.

No podrá iniciarse la reforma constitucional en tiempo de guerra o de vigencia de los estados de alarma, excepción o sitio por ser todas ellas situaciones anormales y que, previsiblemente, impedirían el claro razonamiento y decisión sobre una cuestión tan fundamental (artículo 169).

La Constitución determina dos sistemas de reforma constitucional en razón del contenido de la materia a reformar: procedimiento ordinario y procedimiento agravado.

Procedimiento ordinario

Según el artículo 167, el procedimiento ordinario para la reforma constitucional es el que sigue:

- El proyecto de reforma tiene que ser aprobado por mayoría de tres quintos de cada una de las Cámaras.

- Se creará una Comisión de composición paritaria de diputados y senadores si no hay acuerdo entre lo votado en el Congreso y lo votado en el Senado.
- Elaborado el nuevo texto por dicha Comisión, volverá a ser votado por el Congreso y por el Senado.
- No obstante, si no se pudiese aprobar la reforma mediante el sistema anterior, podrá aprobarse la misma siempre que:
  - El Senado haya emitido voto favorable a la reforma por mayoría absoluta.
  - El Congreso apruebe dicha reforma por mayoría de dos tercios.

Hay que subrayar que la Constitución, en este procedimiento ordinario, no establece obligación alguna de celebrar referéndum, salvo que lo solicite una décima parte de los miembros de cualquiera de las Cámaras, teniendo los miembros de las mismas el plazo de 15 días para solicitarlo a contar desde el momento de aprobación del proyecto.

Procedimiento agravado

Es un procedimiento más severo y deberá emplearse obligadamente cuando la reforma constitucional tenga por objeto, tal y como señala el artículo 168:

- La revisión total de la Constitución.
- La revisión parcial que afecte al Título preliminar.
- La revisión del Capítulo segundo, Sección 1.ª del Título I «De los derechos fundamentales y de las libertades públicas».
- La revisión del Título III «De la Corona».

En este supuesto, el procedimiento a seguir es:

- Aprobación por mayoría de dos tercios de cada Cámara.
- Disolución inmediata de las Cortes.
- Las nuevas Cortes deben ratificar la decisión anterior y proceder al estudio del nuevo texto constitucional, que deberá ser aprobado por mayoría de dos tercios de ambas Cámaras.
- A continuación, y obligatoriamente, referéndum para su ratificación.

La razón de este procedimiento especial, que exige incluso la disolución de las Cortes Generales y posterior referéndum, es la importancia vital y fundamental de los preceptos constitucionales a modificar o la extensión de dicha reforma, pues no olvidemos que este es el sistema aplicable a «la revisión total de la Constitución».

Disposiciones

En las Disposiciones adicionales la Constitución recoge puntualizaciones o cuestiones que no han tenido su redacción en los artículos precedentes.

En las Disposiciones transitorias se determinan soluciones para situaciones que, cuando entró en vigor la Constitución, aún no han sucedido, pero se darán en el futuro (como en el caso de la 7, 8 o 9) o pudieran darse (como en el caso de la 4 o 5).

En las Disposiciones derogatorias se determinan qué normas legales anteriores en el tiempo se derogan, desapareciendo del panorama jurídico vigente y aplicable.

Resulta importante incidir en que todas las Disposiciones son parte de la Constitución, siendo su fuerza vinculante y contenido obligatorio idéntico al de los demás preceptos del texto constitucional.

Disposiciones adicionales

Las Disposiciones adicionales son cuatro y señalan:

- Amparo y respeto a los derechos históricos de los territorios forales. La actualización del régimen foral se hará en el marco de la Constitución, no pudiendo ser contrario a la misma, y de los Estatutos de Autonomía.
- La declaración de la mayoría de edad a los 18 años no perjudica las situaciones amparadas por los derechos forales en el campo del Derecho Privado, donde pueden existir otras normas sobre la mayoría de edad a determinados efectos.
- La modificación del régimen económico y fiscal de Canarias exige informe previo de la Comunidad Autónoma, o bien del órgano provisional autonómico en caso de que la autonomía aún sea provisional o preautonómica.
- En las Comunidades Autónomas donde haya más de una Audiencia Territorial, los Estatutos de Autonomía podrán mantenerlas distribuyendo la competencia entre ellas, conforme a la Ley Orgánica del Poder Judicial.

Recordemos que esta Ley Orgánica suprime las Audiencias Territoriales creando los Tribunales Superiores de Justicia.

Disposiciones transitorias

Las Disposiciones transitorias son nueve:

- En cuanto a las seis primeras remitimos a lo ya indicado en el Título VII, dedicado a las Comunidades Autónomas, con referencia a:
  - Iniciativa de elaborar los Estatutos de Autonomía por los órganos preautonómicos.
  - Caso de Navarra y su posible incorporación al régimen autonómico vasco.
  - Caso de las ciudades de Ceuta y Melilla y su posible constitución en Comunidades Autónomas.
  - Remisión y estudio de los Estatutos de Autonomía al Congreso y plazos.
- La Disposición transitoria 7.ª señala que los organismos provisionales autonómicos se considerarán disueltos:
  - Una vez se constituyan los órganos que dispongan los Estatutos de Autonomía aprobados en la Constitución.
  - En el supuesto de que la iniciativa del proceso autonómico no llegara a prosperar por no cumplir los requisitos del artículo 143.
  - Si el organismo no hubiere ejercitado el derecho a iniciar el proceso autonómico en el plazo de tres años.
- La Disposición transitoria 8.ª señala el derecho transitorio aplicable después de ser aprobada la Constitución:
  - El máximo plazo para ejercer las Cámaras las funciones que les atribuye la Constitución, desde la fecha de aprobación de la misma, es hasta el 15 de junio de 1981.
  - La promulgación de la Constitución se considera como un caso en que es necesario proceder a un nuevo nombramiento de Presidente de Gobierno. A partir de la promulgación habrá un plazo de 30 días para dar cumplimiento a lo referido en el artículo 99 de la Constitución: la presentación del candidato a la presidencia del Gobierno. Durante ese período el actual Presidente de Gobierno asumirá las funciones de su cargo y podrá optar por:
    - Proceder a la disolución de las Cámaras (artículo 115).
    - Dimitir y dar paso al trámite de voto de investidura (artículo 99), quedando en tanto el Gobierno cesante en funciones hasta la toma de posesión del nuevo Gobierno.

- En el caso de disolución de las Cámaras, se aplicarán a las elecciones las normas vigentes con anterioridad, según lo dispuesto en el artículo 70 sobre las causas de inelegibilidad e incompatibilidad, lo dispuesto respecto a la edad para poder votar y el régimen de representación territorial de las provincias insulares (artículo 69). Todo ello si no se han dictado las normas que desarrollen el sistema electoral correspondiente tanto a las elecciones al Congreso como al Senado (artículos 68 y 69).

• La Disposición transitoria 9.ª diseña la primera renovación del Tribunal Constitucional:
  - Esta se realizará a los tres años de la primera elección de los miembros de dicho Tribunal, procediéndose por sorteo para lograr la designación de un grupo de cuatro miembros de la misma procedencia electiva que haya de cesar y renovarse. Se consideran, a estos efectos, de la misma procedencia, a los dos miembros propuestos por el Gobierno y los dos propuestos por el Consejo General del Poder Judicial.
  - Del mismo modo, es decir, por sorteo, se procederá transcurrido otros tres años entre los grupos no afectados por el sorteo anterior. A partir de entonces se dará cumplimiento al sistema previsto en el apartado 3 del artículo 159.

Las disposiciones transitorias 7, 8 y 9 ya se cumplieron en su momento.

Disposición derogatoria

Al margen de lo reseñado en sus apartados 1 y 2, esta Disposición no deja lugar a dudas en cuanto al alcance derogatorio de la Constitución española del año 1978 en su apartado 3: «Quedan derogadas cuantas disposiciones se opongan a lo establecido en esta Constitución». Cláusula general amplia y, a la vez, lo suficientemente clarificadora como para evitar mayores comentarios.

Expresamente en los números 1 y 2 señala que quedan derogados los siguientes textos legales:

• Ley para la Reforma Política, de 4 de enero de 1997, que fue, como se dijo al comienzo de este libro, la que inició verdaderamente el camino de la Constitución.
• Ley de Principios Fundamentales del Movimiento, de 17 de mayo de 1958.
• Fuero de los Españoles, de 17 de julio de 1945.
• Fuero del Trabajo, de 9 de marzo de 1938.
• Ley de constitución de las Cortes, de 17 de julio de 1942.
• Ley de Sucesión en la Jefatura del Estado, de 26 de julio de 1947.

- Ley Orgánica del Estado, de 10 de enero de 1967, que modificó las cinco anteriores.
- Ley de Referéndum Nacional, de 22 de octubre de 1945.
- Ley de Confirmación de Fueros, de 25 de octubre de 1839, en lo que pudiera afectar a las provincias de Álava, Guipúzcoa y Vizcaya.
- Ley Abolitoria de Fueros, de 21 de julio de 1876.

Disposición final

«Esta Constitución entrará en vigor el mismo día de la publicación de su texto en el Boletín Oficial del Estado». Y, como cumplimiento a lo dispuesto en su artículo 3, «se publicará también en las demás lenguas de España».

MATERIALES
PARA EL ESTUDIO
DE LA CONSTITUCIÓN

Glosario de términos jurídicos y constitucionales

Abdicación: en el contexto de la Corona, acto por el cual la persona que, a título de rey o reina, esté desempeñando la Jefatura del Estado, renuncia a dicho cargo.

Abstención: acto por el que una persona elude dar su voto positivo o negativo en la toma de una decisión. También, hecho por el que un ciudadano con derecho a voto decide no votar.

Actos debidos del Rey: aquellos que está obligado constitucionalmente a realizar, tales como sanción y promulgación de leyes, o nombramiento de Presidente de Gobierno estatal o autonómico y otros altos cargos.

Actos personalísimos del Rey: aquellos que no precisan refrendo de otra autoridad, señalando la Constitución como ejemplo el nombramiento y cese de los miembros civiles y militares de su casa, y la distribución de la cantidad global que recibe para el sostenimiento de su familia y casa.

Aforados: personas que por razón de su cargo quedan sujetas a la jurisdicción de tribunales ordinarios distintos a los que les corresponderían de no ostentar tal cargo.

Aforamiento: norma que reconoce la cualidad de aforado de un alto cargo.

A petición de parte: se dice que, cuando un órgano administrativo o judicial no actúa a iniciativa propia, sino que lo hace porque algún ciudadano interesado lo ha reclamado, dicha actuación es a petición de parte.

Apátrida: persona que carece de reconocimiento de nacionalidad legal.

Arbitrariedad: cuando un órgano administrativo o judicial actúa sin razón que lo fundamente.

Asignación de escaños: mecanismo matemático por el cual los votos obtenidos en las elecciones por un partido político, coalición electoral, federación de partidos o agrupación de electores, quedan traducidos en un determinado número de representantes.

Bicameralismo: existencia de dos cámaras de representantes en un sistema político parlamentario.

Bicameralismo imperfecto: sistema parlamentario en el que, siendo bicameral, una de las cámaras es predominante sobre la otra.

Bloque de constitucionalidad: conjunto de leyes que determinan y delimitan las competencias del Estado y de las Comunidades Autónomas.

Boletín Oficial del Estado: publicación estatal oficial que recoge y da publicidad a las disposiciones normativas generales y las leyes que se dictan.

Boletín Oficial de la Provincia: diario oficial que recoge las normas y disposiciones que afectan al ámbito provincial.

Cabildos: entidades locales que se ocupan en el archipiélago canario de la administración propia de las islas.

Cámara Alta: en los sistemas parlamentarios bicamerales, se trata del Senado que, o bien históricamente representaba a determinados estamentos de la población, o actualmente pueden ser el órgano representativo de regiones, estados federados o Comunidades Autónomas, siendo entonces una cámara de representación territorial.

Cámara Baja: en los sistemas parlamentarios bicamerales, se trata del órgano de representación popular. En el caso español, recibe el nombre de Congreso de los Diputados.

Censo electoral: documento público listado por orden alfabético en el que están inscritos los ciudadanos con derecho a voto. Es necesario figurar en el mismo para poder ejercer dicho derecho.

Censura previa: acto por el cual se examina previamente a hacerse pública cualquier obra literaria, visual, periodística, etc. Esta censura previa está prohibida por la Constitución.

Circunscripción electoral: división territorial solo válida a efectos electorales.

Ciudad Autónoma: en el Estado español solamente se reconocen como Ciudades Autónomas, distintas a las Provincias y a las Comunidades Autónomas, las ciudades de Ceuta y Melilla, rigiendo en las dos respectivos Estatutos de Autonomía.

Comicios: elecciones.

Comisión bilateral de cooperación: órgano de colaboración entre la Administración General del Estado y una Comunidad Autónoma, formado por representantes del Estado y de una Comunidad Autónoma para resolver una determinada cuestión.

Comisión de investigación: órgano que puede crearse tanto en el Congreso como en el Senado con determinados integrantes de las Cámaras respectivas para el estudio de cualquier asunto de interés público.

Comisión legislativa: órgano interno tanto del Congreso como del Senado encargado de la tramitación legislativa que le haya delegado el Pleno de la Cámara respectiva.

Concejo abierto: régimen de funcionamiento de determinados municipios por las razones que legalmente se han determinado, y en el que el gobierno municipal corresponde al Alcalde y a una asamblea vecinal, no existiendo concejales. Por tanto, el Alcalde es elegido siempre directamente por los vecinos.

Confianza parlamentaria: la obtenida por el Presidente de Gobierno al haberlo solicitado al Congreso de los Diputados, siendo necesaria para la concesión de la confianza la mayoría simple de los diputados.

Consejos insulares: entidades locales que se ocupan en las Islas Baleares de su administración propia.

Consenso: acuerdo por consentimiento al que se llega entre todos los participantes en la discusión de un tema.

Constitucionalización de temas: se da cuando aparece un tema mencionado y regulado en la Constitución, por lo que queda sujeto a sus garantías.

Convalidación: acto por el que se da plena validez a uno anterior. Por ejemplo, la aprobación de un Decreto-Ley del Gobierno por parte del Congreso de los Diputados.

Cortes Constituyentes: aquellas convocadas con el mandato especial de redactar una constitución.

Cortes Generales: en el Estado español, es el órgano parlamentario y legislativo, compuesto de dos Cámaras (Congreso y Senado).

Cosa juzgada: valor y protección que tiene una cuestión cuando ha sido objeto de sentencia judicial contra la que ya no cabe recurso.

Debate del estado de la Nación: se celebra en el Congreso anualmente y se considera un debate de política general.

Debate del estado de las Autonomías: debe celebrarse en el Senado anualmente y se considera, primordialmente, un debate sobre las competencias autonómicas y las Comunidades Autónomas.

Debate parlamentario: discusión en cualquiera de las Cámaras sobre asuntos de su competencia, que pueden acabar en votación o no.

Declaración del Tribunal Constitucional: la emite dicho Tribunal cuando se le solicita dictamen sobre la constitucionalidad de un tratado internacional que va a ser objeto de firma; lo que decidirá a petición del Gobierno o de cualquiera de las Cámaras.

Defensor del Pueblo: institución reconocida constitucionalmente cuya función es velar por la defensa de los derechos comprendidos en el Título I de la Constitución.

Delito del Presidente del Gobierno: la Constitución solo lo dispone como trámite especial cuando la acusación fuera por traición o contra la seguridad del Estado, cometido en el ejercicio de sus funciones. El Presidente del Gobierno es un cargo aforado.

Delitos políticos: dispone la Constitución que estos delitos, también llamados delitos de opinión, no podrán dar lugar a extradición, no considerándose delitos políticos los delitos terroristas.

Democracia directa: participación de los ciudadanos en los asuntos y decisiones públicas, por sí y sin intermediarios. Por ejemplo, un referéndum.

Democracia representativa: participación de los ciudadanos en los asuntos y decisiones públicas no directamente, sino a través de sus representantes, libremente elegidos, como los parlamentarios.

Denuncia de un tratado internacional: acto por el cual un estado anuncia que se retira del tratado que ha firmado anteriormente, no considerándose sujeto a las disposiciones del mismo.

De oficio: se dice que cuando un órgano administrativo o judicial actúa a iniciativa propia, y no a petición previa de parte interesada, que dicha actuación es de oficio.

Derecho de asilo: derecho que asiste a una persona perseguida por motivos políticos, para que otro estado le brinde protección y acogida ante dicha persecución.

Derecho de petición: cualquier ciudadano puede solicitar ante los poderes públicos aquello que crea tener derecho. Solo quedan excluidos de este derecho los miembros de las Fuerzas Armadas o Institutos Armados, si no lo solicitan individualmente.

Derecho de sufragio activo: el que se tiene a efectos de poder votar en las elecciones o consultas electorales. Es decir, el que ostentan los electores.

Derecho de sufragio pasivo: el que se tiene a efectos de poder ser elegido para un cargo público mediante elecciones o consultas electorales en las que se participe como candidato.

Diario de sesiones: documento existente en cada Cámara, en el que se recogen literalmente las intervenciones y todo lo sucedido en cada sesión parlamentaria.

Diputación permanente: órgano interno existente en cada Cámara, cuya función es la de ejercer las competencias de las mismas cuando no estén reunidas, debiendo dar cuenta a las Cámaras de lo que se ha tratado cuando estas vuelvan a reunirse.

Discrecionalidad: actuación de un organismo público eligiendo entre varias posibilidades dentro de los límites que le marque la normativa que regule su actuación.

Disolución de las Cámaras: se producirá tanto por decisión libre del Presidente del Gobierno como de manera automática cuando ningún candidato a la Presidencia del Gobierno sea investido dentro del plazo fijado por la Constitución.

Doble nacionalidad: condición legal de una persona en virtud de tratados internacionales o del principio de reciprocidad que se lo permita.

Economía de mercado: sistema económico que permite la libre iniciativa privada, que queda regulada por las normas del mercado y la libre competencia.

Elecciones: acto político por el que se convoca a los ciudadanos a participar expresando su opinión en las urnas para la gestión de los asuntos públicos. La Constitución determina que, si es para la elección de representantes, tienen que ser periódicas y celebradas mediante sufragio universal.

Embajadas autonómicas: mal llamadas así, dado que las competencias en materia de Asuntos Exteriores son exclusivas del Estado, realmente se trata de oficinas de representación de las Comunidades Autónomas en el extranjero, primordialmente a efectos comerciales.

Enmiendas: en la tramitación de una proposición o un proyecto de ley, son el sistema por el cual algún interviniente en el trámite propone la redacción alternativa del texto. Pueden ser a la totalidad, es decir, sustitución completa de todo el texto legal, o parciales.

Escaño: literalmente, se refiere al asiento que ocupa el parlamentario en cualquiera de las Cámaras.

Estado de alarma: declaración realizada por el Gobierno dando cuenta al Congreso de los Diputados a la vista de una situación grave, tal como regula la Ley Orgánica correspondiente.

Estado de derecho: en los sistemas democráticos y constitucionales, supone que el Estado se somete al imperio de la Ley, no teniendo preeminencia sobre ella.

Estado de excepción: declaración realizada por el Gobierno, con autorización previa del Congreso de los Diputados, ante una situación de especial gravedad. Puede suponer la suspensión de determinados derechos y libertades.

Estado de sitio: declaración efectuada por el Congreso de los Diputados, a propuesta del Gobierno, ante situaciones excepcionalmente graves, y que puede suponer la suspensión de derechos y libertades.

Estado social: en los sistemas democráticos modernos, supone que el Estado tendrá como uno de sus objetivos la defensa de los intereses sociales, no limitándose a ser un mero espectador de la vida económica y las necesidades de sus ciudadanos.

Expropiación: acto por el cual los poderes públicos privan a un particular de alguna de sus propiedades o de sus derechos sobre ellas, siempre de conformidad con la ley. Debe mediar indemnización.

Extradición: procedimiento por el que un país reclama a otro un particular, o lo entrega a petición de otro, por la existencia de un delito que se le imputa. Se denomina extradición activa la que solicita el estado, y extradición pasiva la que recibe como petición.

Facultad de policía del Presidente del Congreso o del Senado: poder del que dispone el Presidente de cada Cámara para hacer guardar el orden en su seno, acordando medidas tales como la retirada de la palabra de un parlamentario o la expulsión del mismo de la sede de la Cámara.

Federación de Comunidades Autónomas: la Constitución prohíbe expresamente esta posibilidad, permitiendo, no obstante, que las Comunidades Autónomas firmen acuerdos de cooperación o convenios de colaboración.

Fiscal General del Estado: institución que, sin formar parte del Poder Judicial, colabora con el mismo, y es el órgano máximo que dirige el Ministerio Fiscal.

Función arbitral del Rey: en la Constitución no existe definido el contenido de la misma, por lo que comúnmente se entiende que consistiría en acercar posiciones enfrentadas que pudieran existir en los órganos del Estado.

Función jurisdiccional: exclusivamente corresponde a los Tribunales, y queda definida como juzgar y hacer ejecutar lo juzgado.

Función moderadora del Rey: al no estar su contenido determinado en la Constitución, pudiera asemejarse a la función arbitral, es decir, toda aquella actuación del Jefe del Estado que evite la existencia de conflictos entre los órganos constitucionales.

Función simbólica del Rey: por la que el Rey es la representación del Estado, de su unidad y de su permanencia.

Gobierno en funciones: situación constitucional en la que se encuentra el Gobierno cuando este ha dimitido, o ante la convocatoria de elecciones. Seguirá en esta situación hasta la toma de posesión del nuevo Gobierno. Por ley, tiene limitadas sus competencias.

Grupos parlamentarios: están constituidos en cada Cámara por los integrantes de la misma candidatura política. Se regulan por el Reglamento de cada Cámara.

Heredero de la Corona: se refiere a quien corresponda la sucesión en la Jefatura del Estado, conforme a las normas determinadas en la Constitución.

Incompatibilidades: situaciones que impiden simultanear dos o más funciones públicas, debiendo el interesado elegir alguna de ellas.

Indemnización por parte de la Administración: se producirá a consecuencia del principio de responsabilidad patrimonial de la Administración, procediendo cuando esta ocasione un daño en bienes o derechos de los ciudadanos, salvo que haya sucedido por fuerza mayor.

Indulto: medida de gracia aplicada a la condena impuesta a una persona, por la que no se le aplica total o parcialmente la pena recaída.

Inelegibilidad: situación que da lugar a que la persona en quien recae no pueda optar a determinado cargo público.

Inhabilitación del Rey: será declarada exclusivamente por las Cortes Generales, no determinando la Constitución los motivos concretos que la fundamenten.

Inhabilitación del sucesor a la Corona: solo aparece en la Constitución referida a la situación por la que las Cortes manifiestan su oposición al matrimonio que vayan a contraer, en los supuestos en que el Rey haya expresado la prohibición de dicho matrimonio.

Iniciativa legislativa popular: trámite legislativo que es iniciado mediante la participación popular, para lo que se requiere la recogida y presentación de al menos 500.000 firmas.

Inmunidad: derecho de algunos cargos, en virtud del cual no pueden ser detenidos ni procesados si no lo autoriza el órgano del que forman parte. El ejemplo más claro es el de los diputados y senadores.

Interdicción: literalmente significa prohibición. En la Constitución aparece al decretarse la «interdicción de la arbitrariedad de los poderes públicos».

Investidura: sesión celebrada en el Congreso de los Diputados en la cual dicha Cámara elige o no –después de haber sido oído– al candidato a la Presidencia del Gobierno.

Inviolabilidad: derecho de algunos cargos por el que se protege las manifestaciones y opiniones que hayan efectuado en el ejercicio de sus competencias, no habiendo incurrido por las mismas en responsabilidad.

Irresponsabilidad: la Constitución la señala respecto a la figura del Jefe del Estado, dado que la responsabilidad de cualquier acto político corresponderá a las personas que lo refrenden.

Junta electoral central: órgano público no jurisdiccional encargado de la supervisión de los procesos electorales, así como de realizar determinadas declaraciones.

Jurar: fórmula por la que solemnemente la persona que presta el juramento se compromete a cumplir con las obligaciones de su cargo. En la Constitución aparece tanto con referencia al Rey como al heredero de la Corona.

Jurisdicción militar: su ejercicio lo será únicamente en el ámbito estrictamente castrense o militar, y en los supuestos de estado de sitio. En ningún caso significa que sea una jurisdicción de excepción.

Jurisprudencia: conjunto de sentencias dictadas por los Tribunales que sirven para la interpretación y aplicación del Derecho en casos semejantes.

Justicia gratuita: derecho reconocido en la Constitución, a fin de que nadie por falta de recursos económicos se vea privado de su derecho de acceso a la tutela judicial efectiva.

Legislación: conjunto de leyes que rigen la vida de un Estado. Estrictamente, se aplica sólo a las leyes y a las normas jurídicas con rango de ley.

Legislación delegada: facultad que ejerce el Gobierno, delegada por las Cortes Generales, para dictar decretos legislativos, que son normas jurídicas con rango de ley.

Legislatura: periodo de tiempo durante el cual funcionan los órganos parlamentarios –Congreso y Senado–. En principio, la Constitución fija dicho periodo en cuatro años.

Legitimación: situación jurídica que habilita a una persona para reclamar o ejercer un derecho o un interés, reconocidos por el ordenamiento jurídico.

Ley para la Reforma Política: ley que, con rango de "ley fundamental del Reino", supuso, con su aplicación, el inicio de la transición política en nuestro país.

Listas electorales abiertas: cuando el orden de preferencia de los candidatos que se presentan a unas elecciones es determinado libremente por el propio elector.

Listas electorales cerradas: cuando el orden de preferencia de los candidatos que se presentan a unas elecciones viene predeterminado por el partido, coalición, federación de partidos o agrupación de electores que los presenta, sin que pueda ser alterada dicha lista por el elector.

Mandato imperativo: contrato por el que el parlamentario quedaba obligado a cumplir las instrucciones de sus electores. Queda prohibido en la Constitución, ya que los parlamentarios son libres e independientes.

Mayoría absoluta: se alcanza en una votación con la mitad más uno del total de miembros del órgano que está realizando la votación.

Mayoría cualificada: se alcanza en una consulta al obtener los votos que se determinen especialmente para dicho caso. Por ejemplo, en la Constitución, se requieren inicialmente tres quintas partes para la aprobación de un proyecto de reforma constitucional ordinaria.

Mayoría simple: se alcanza en una votación al obtener en el recuento de votos la mitad más uno de los miembros presentes en el momento de la consulta.

Mesa del Congreso: órgano de dirección de dicha Cámara, compuesta por los miembros del Congreso que son elegidos a tal fin.

Mesa del Senado: órgano de dirección de la Cámara Alta, compuesta por los miembros del Senado que son elegidos a tal fin.

Ministro sin cartera: el que participa de la responsabilidad política del Gobierno, pero no tiene a su cargo ningún departamento ministerial.

Moción de censura: acto de fiscalización política que realiza el Congreso de los Diputados respecto a la acción del Gobierno y que exige que en dicha moción conste un candidato a la Presidencia, razón por la cual, a semejanza de otros estados, es denominada "constructiva".

Modelos difusos de jurisdicción constitucional: consiste en la posibilidad de que cualquier Tribunal ordinario de justicia declare no aplicable por inconstitucional una ley, o parte de ella, al caso concreto que está juzgando. Dicha declaración no afectará a la ley en cuestión fuera de este caso. Este sistema no existe en nuestro país, al existir el Tribunal Constitucional como único órgano con competencia para declarar la inconstitucionalidad de actos y leyes. Recordamos que el Tribunal Constitucional no forma parte del Poder Judicial.

Monarquía constitucional: sistema político en el que la Jefatura del Estado corresponde a un rey o reina que se encuentra limitado en sus atribuciones por lo que disponga la Constitución.

Monarquía parlamentaria: sistema político en el que la Jefatura del Estado está desempeñada por un rey o reina que, en virtud de la Constitución, tiene sus atribuciones limitadas por las del Parlamento. En ocasiones se utiliza este término como sinónimo de "monarquía constitucional".

Motivación: razón que determina la decisión de un órgano administrativo o judicial, y que en la mayoría de los casos tiene que ser expresada en la resolución que se dicte.

Nacionalidades: término muy debatido que aparece en el texto constitucional únicamente en su artículo 2, y cuyo contenido no está determinado por la propia Constitución.

Orden del día de los órganos colegiados: relación de los asuntos que se tratarán en la sesión convocada por el órgano colegiado. En algunos casos podrá tener adiciones de temas a tratar, estando prohibido en casos tales como las sesiones extraordinarias a celebrar por el Congreso o por el Senado.

Órgano colegiado: órgano administrativo o judicial compuestos por tres o más miembros.

Órgano consultivo: órgano administrativo o judicial cuya función es el asesoramiento de las altas instituciones del Estado. El ejemplo constitucional más claro es el Consejo de Estado, si bien las Comunidades Autónomas suelen tener también un órgano con idéntico cometido. Sus informes, según los casos y la normativa aplicable, podrán ser vinculantes o no, y a la vez dicha consulta podrá ser obligatoria o voluntaria.

Órgano decisorio: órgano administrativo o judicial que tiene la misión de decidir sobre una cuestión determinada. Por ejemplo, el Consejo de Ministros.

Órgano unipersonal: órgano no colegiado.

Parlamentarismo "racionalizado": sistema político en el que el Parlamento ha ido perdiendo poderes a favor del Gobierno.

Participación ciudadana: se realiza, según la Constitución, de manera directa (participando en las elecciones como elector o como candidato), o bien de manera indirecta a través de organizaciones, tales como sindicatos, colegios profesionales, asociaciones empresariales, partidos políticos y cualquier otro colectivo con interés cívico.

Partido político: organización que, según determina la Constitución, «expresa el pluralismo político», siendo el instrumento fundamental –que no único– para la participación política.

Periodo ordinario de sesiones: lapso de tiempo en que se divide cada legislatura respecto a las funciones de las Cámaras. Son dos los periodos respecto a cada Cámara: el primero, de septiembre a diciembre, y el segundo, de febrero a junio.

Planificación económica: la Constitución determina que, aunque se esté en un sistema de economía de mercado, cabe realizar previsión y programación de la actividad económica general, por parte del Estado mediante ley.

Pleno del órgano colegiado: convocatoria que se realiza a efectos de que todos los miembros del órgano colegiado asistan a una sesión, y no solo los integrantes de alguna de sus secciones.

Pluralismo político: principio político básico establecido en la Constitución española, en su artículo 1, cuyo instrumento fundamental es el partido político.

Plusvalía: incremento del valor patrimonial de un objeto, que se produce por la revalorización del mismo.

Ponencia: propuesta realizada sobre un tema concreto y sometida a deliberación o aprobación del órgano competente. Se utiliza en la tramitación legislativa.

Presidente de Comunidad Autónoma: institución reconocida por la Constitución española como representante de la Comunidad Autónoma y presidente de la misma, debiendo ser elegido por la asamblea legislativa de dicha Comunidad, con el requisito de ser miembro de dicha asamblea.

Presidente del Gobierno: cargo institucional que dirige la acción del Gobierno, elegido por el Congreso de los Diputados y para el que no se exige el requisito de ser diputado.

Presupuestos Generales del Estado: ley que contiene y diseña la totalidad de los gastos e ingresos del sector público estatal, y que tiene carácter anual.

Primogenitura: orden de sucesión en una herencia, por el que se atribuye el derecho a heredar al hijo nacido primero.

Principio de coordinación: las Administraciones públicas tienen que servir a los intereses generales actuando de manera organizada entre ellas.

Principio de descentralización: supone que una Administración puede traspasar sus competencias a otra, al efecto de acercar al ciudadano la acción del Estado.

Principio de desconcentración: supone que una Administración puede traspasar las competencias de un órgano a otro, ambos integrantes de la misma, con la finalidad de facilitar el acceso al ciudadano.

Principio de eficacia: supone que la Administración no debe realizar acciones y trámites innecesarios.

Principio de jerarquía: supone que la Administración es un cuerpo ordenado jerárquicamente, por lo que los órganos inferiores deben cumplir las instrucciones y las órdenes de los órganos superiores.

Principio de legalidad: supone que la Administración, como cualquier ciudadano, está sujeta al ordenamiento jurídico vigente.

Principio de reciprocidad: la Constitución se refiere al mismo al tratar la cuestión de la extradición y del reconocimiento de derechos de extranjeros.

Prometer: fórmula por la que solemnemente la persona que hace la promesa se compromete a cumplir con las obligaciones de su cargo. Actualmente, se utiliza como alternativa a la fórmula del juramento, por entender que tiene connotaciones religiosas y no civiles.

Promulgación de leyes: proclamación solemne de una ley, utilizada por el órgano o persona competente para dar a conocer su existencia y obligatoriedad, en su caso. Según la Constitución española, es función del Rey, al igual que la sanción de las leyes.

Proposición de ley: trámite legislativo que se inicia por el Congreso, el Senado, las Asambleas legislativas de las Comunidades Autónomas o por vía de Iniciativa Legislativa Popular.

Proyecto de ley: trámite legislativo que se inicia por el Gobierno.

Quórum: número necesario de asistentes a la sesión de un órgano para que sea válida.

Referéndum: consulta que se realiza a todos los ciudadanos sobre una determinada cuestión política. La Constitución reconoce la existencia de referéndums consultivos, así como de referéndums de convocatoria obligada, tal como sucede en la elaboración de los Estatutos de Autonomía regidos por el artículo 151, y su posterior reforma. O para la reforma esencial de la Constitución.

Reforma constitucional esencial: también llamada "agravada", se trata de un trámite dispuesto en la Constitución para las reformas que afecten tanto a la revisión total de la misma, como al Título Preliminar, al Capítulo Segundo de la Sección 1.ª del Título I o al Título II. Esta reforma es distinta al trámite legislativo de aprobación de leyes.

Reforma constitucional ordinaria: trámite dispuesto en la Constitución para la reforma que no afecte a la revisión total de la misma, al Título Preliminar o al Capítulo Segundo de la Sección 1.ª del Título I o al Título II. Esta reforma es distinta al trámite legislativo de aprobación de leyes.

Reforma constitucional rígida: existe en cualquier Constitución cuando se ha dispuesto que su reforma se realice de manera distinta al trámite legislativo ordinario.

Refrendo: acto por el que el cargo público competente valida un acto del Rey, haciéndose responsable del mismo. El refrendo, en el sistema español, lo realiza el Presidente del Gobierno, los ministros o, incluso, en determinados supuestos, el Presidente del Congreso.

Regencia: institución creada para ejercer las funciones de la Jefatura del Estado cuando el rey o reina es menor de edad, está incapacitado o no existe heredero al trono.

Reglamentos: disposiciones administrativas de rango inferior a ley.

Reglamentos parlamentarios: normas dictadas respectivamente por el Congreso y por el Senado para regular su actividad parlamentaria. Tienen valor de ley, por lo que resultan impugnables ante el Tribunal Constitucional.

Representación directa: sistema por el cual una persona otorga, sin intervención de intermediarios, su representación a un tercero. Por ejemplo, la elección de senadores.

Representación indirecta: sistema por el cual una persona otorga su representación a un tercero, que a la vez elige a otra persona. Por ejemplo, el Presidente del Gobierno es elegido por los diputados, que a su vez fueron elegidos por sufragio directo de los ciudadanos.

Reserva de ley: situación que se produce cuando la Constitución declara que determinado tema tendrá que ser regulado por ley, y no por norma jurídica de rango inferior. Existe la reserva de ley orgánica para las cuestiones que solo puedan ser reguladas por dicha clase de ley.

Responsabilidad: deber jurídico aplicable a quien esté obligado a responder por un hecho determinado y sus consecuencias.

Responsabilidad patrimonial de la Administración: consecuencia del funcionamiento anormal de la Administración Pública y que, al causar daño en los bienes o derechos de los ciudadanos, dará lugar a indemnización.

Responsabilidad política: en la Constitución este término aparece referido al Gobierno. Su máxima expresión será ante el Congreso de los Diputados con la presentación de una moción de censura.

Reprobación parlamentaria: acción parlamentaria por la que una Cámara decide rechazar determinada decisión o acción de un miembro del Gobierno. Si es aprobada, no supone el cese de dicho cargo de forma automática. No figura reconocida en la Constitución, pero sí en los reglamentos parlamentarios.

Sanción de leyes: autorización por el Rey de las leyes que se dicten.

Secuestro de publicaciones: medida consistente en la retirada de publicaciones, grabaciones y otros medios de información que solo podrá acordarse por orden judicial, no bastando una decisión administrativa.

Senadores de designación real: cargos que determinó la Ley para la Reforma Política y que ya no aparecen en la Constitución española.

Sesión conjunta de las Cámaras: la norma general constitucional es que las Cámaras se reúnan independientemente, sin embargo, la Constitución determina la excepción a esta norma, por lo que se reunirán conjuntamente para ejercer las competencias no legislativas del Título II. Por ejemplo, en el caso del acto de juramento del heredero a la Corona.

Sistema electoral: procedimiento legal por el que se articula la realización y los resultados de una consulta ciudadana.

Sindicatos: organizaciones reconocidas en la Constitución cuyo fin es la defensa y promoción de los intereses económicos y sociales de los trabajadores.

Sufragio universal: derecho de todos los ciudadanos, sin distinción discriminatoria alguna, salvo por mayoría de edad o por incapacidad reconocida judicialmente, a participar en las consultas electorales, cumpliendo los requisitos constitucionales que a tal efecto determine la ley electoral vigente.

Suplicatorio: acto por el que un órgano judicial solicita autorización al Congreso o al Senado para acusar o enjuiciar a alguno de sus miembros. La decisión de conceder este suplicatorio compete únicamente a la Cámara respectiva, si bien últimamente se han dictado sentencias del Tribunal Constitucional por las cuales el mismo "revisaba" la decisión de la Cámara.

Territorios forales: aquellos que históricamente han tenido ordenamientos jurídicos propios, que la Constitución ampara y respeta (Disposición adicional primera).

Transición política: proceso histórico de transformación del régimen político anterior al vigente, que se inicia, desde el punto de vista legislativo, con la Ley para la Reforma Política, continuando con la celebración de elecciones democráticas y la aprobación de la Constitución de 1978.

Tribunales especiales: quedan prohibidos en la Constitución, ya que la única jurisdicción, salvo la militar en su propio ámbito, es la ordinaria.

Tribunales especializados: Tribunales de la jurisdicción ordinaria que tienen encomendada la competencia para determinados asuntos. Por ejemplo, los Juzgados de lo Mercantil o los Juzgados de Violencia de Género.

Tributos propios de las Comunidades Autónomas: tributos creados por las propias Comunidades Autónomas, de acuerdo con lo previsto en la Constitución española. En todo caso, el texto constitucional prohíbe que las Autonomías adopten medidas tributarias sobre bienes fuera de sus territorios o que supongan obstáculo para la libre circulación de mercancías o servicios.

Tutela del Rey: situación jurídica que se produce cuando el rey o reina es menor de edad o está incapacitado. No es un cargo político, sino "familiar", y la elección de la persona para ejercer dicha tutela corresponde a quien el Jefe de Estado difunto haya nombrado en su testamento. De no haber sido así, elegirán las Cortes.

Unanimidad: en el contexto de la votación, se produce cuando todos los miembros de un órgano votan en el mismo sentido.

Veto del Rey: en la Constitución española no existe la posibilidad de que el Rey se niegue a firmar, promulgar y sancionar una ley que haya sido aprobada por las Cortes.

Veto del Senado: en la tramitación legislativa, el Senado puede imponer por mayoría absoluta un veto al proyecto de ley que le haya remitido el Congreso de los Diputados, siempre dentro del plazo de dos meses desde su recepción. No obstante, en este supuesto, la decisión final corresponderá al Congreso.

Vicepresidente del Gobierno: la Constitución no determina la existencia obligatoria del mismo, por lo que este cargo existirá o no en el Gobierno dependiendo de la voluntad del Presidente. La Constitución tampoco limita el número de posibles vicepresidentes.

Votación de la totalidad: en la convalidación de un decreto-ley por parte del Congreso y en la votación final sobre el proyecto de una ley orgánica, supone que no se votará cada artículo separadamente, sino el conjunto del texto.

Voto de calidad: en los órganos colegiados, cuando existe empate, el voto del Presidente del órgano, caso de haberse previsto así legal o reglamentariamente, será el que decida la votación.

Voto particular: cuando el integrante de un órgano colegiado quiere hacer constar su opinión, teniendo en cuenta que no necesariamente votará en sentido contrario a la mayoría, sino que puede redactar este voto para exponer razones distintas a los demás, aunque su voto final sea idéntico.

Voto secreto: la Constitución no recoge esta figura expresamente, si bien los reglamentos de las Cámaras lo permiten para la concesión o no de un suplicatorio.

Diccionario de abreviaturas y siglas

AGE: Administración General del Estado.
AN: Audiencia Nacional.
BOE: Boletín Oficial del Estado.
BOP: Boletín Oficial de la Provincia.
CC: Código Civil.
CCAA: Comunidades Autónomas.
CE: Constitución Española.
CGPJ: Consejo General del Poder Judicial.
CP: Código Penal.
DL: Decreto Ley.
FGE: Fiscal General del Estado.
ILP: Iniciativa legislativa popular.
LG: Ley de Gobierno.
LJCA: Ley de la Jurisdicción Contencioso-Administrativa.
LO: Ley Orgánica.
LODP: Ley Orgánica del Defensor del Pueblo.
LOFCA: Ley Orgánica de Financiación de las Comunidades Autónomas.
LOFyCS: Ley Orgánica de las Fuerzas y Cuerpos de Seguridad.
LOPJ: Ley Orgánica del Poder Judicial.
LOREG: Ley Orgánica del Régimen Electoral General.
LOTC: Ley Orgánica del Tribunal Constitucional.
LOTJ: Ley Orgánica del Tribunal del Jurado.
LPGE: Ley de los Presupuestos Generales del Estado.
LRL: Ley de Régimen Local.
MF: Ministerio Fiscal.
PGE: Presupuestos Generales del Estado.
RDL: Real Decreto Ley.

RGTO: Reglamento.
STC: Sentencia del Tribunal Constitucional.
STS: Sentencia del Tribunal Supremo.
TC: Tribunal Constitucional.
TS: Tribunal Supremo.
TSJ: Tribunal Superior de Justicia.
TREBEP: Texto refundido del Estatuto Básico del Empleado Público.
TRRDL: Texto refundido Real Decreto Legislativo.

Esquemas explicativos

Sistemática de la Constitución

Preámbulo

Título preliminar

Título I: De los derechos y deberes fundamentales

- Capítulo primero: De los españoles y los extranjeros
- Capítulo segundo: Derechos y libertades
  - **Sección 1.ª** De los derechos fundamentales y de las libertades públicas
  - **Sección 2.ª** De los derechos y deberes de los españoles
- Capítulo tercero: De los principios rectores de la política social y económica
- Capítulo cuarto: De las garantías de las libertades y derechos fundamentales
- Capítulo quinto: De la suspensión de los derechos y libertades

Título II: De la Corona

Título III: De las Cortes Generales

- Capítulo primero: De las Cámaras
- Capítulo segundo: De la elaboración de las leyes
- Capítulo tercero: De los Tratados Internacionales

Título IV: Del Gobierno y de la Administración

Título V: De las relaciones entre el Gobierno y las Cortes Generales

Título VI: Del Poder Judicial

Título VII: Economía y Hacienda

Título VIII: De la Organización Territorial del Estado

- Capítulo primero: Principios generales
- Capítulo segundo: De la Administración Local
- Capítulo tercero: De las Comunidades Autónomas

Título IX: Del Tribunal Constitucional

Título X: De la reforma constitucional

Disposiciones adicionales

Disposiciones transitorias

Disposición derogatoria

Disposición final

La sucesión al trono

Orden regular de primogenitura y representación

- Antes la línea anterior a la posterior.
- En la misma línea, antes el grado más próximo al más lejano.
- En el mismo grado, el varón antes que la mujer.
- En el mismo sexo, antes la persona mayor que la más joven.
- Si no hay herederos, las Cortes Generales decidirán la sucesión de la Corona.

Supuestos especiales

El Rey es menor

Regencia

- Durará mientras el Rey sea menor de edad.
- La ejercerá el padre o madre del Rey.
- Si no pueden, el pariente de mayor edad con más derecho según el orden de primogenitura y representación.

Tutor del Rey

- Nombrado por el difunto Rey en su testamento.
- Si no se ha nombrado, será el padre o madre del Rey menor de edad mientras continúen viudos.
- De no cumplirse, lo será la persona que nombren las Cortes Generales.

El Rey está imposibilitado

Regencia

- La ejercerá el príncipe heredero mayor de edad.
- Si no lo es, se aplicará el orden de primogenitura y representación hasta que el heredero sea mayor de edad.

Regente y tutor del Rey

Semejanza

Posibilidad de desempeñar los dos cargos a la vez solo por los siguientes familiares: padre, madre y ascendientes directos.

Diferencias

Regente

- Una, tres o cinco personas.
- Puede tener cargo o representación política.
- Prestará juramento.
- Se ejerce por mandato constitucional.
- Tiene que ser español.

Tutor

- Una sola persona.
- No puede tener cargo o representación política.
- No prestará juramento.
- Es un cargo familiar.
- Si lo elige el Rey difunto, tiene que ser español, si no, no es obligatorio.

Funciones de las Cortes en relación con la Corona

- Proclamación del Rey.
- Juramento del príncipe heredero.
- Juramento del regente o regentes.
- En caso de no existir herederos a la Corona, acordar sobre la sucesión a la misma.
- Posibilidad de prohibir matrimonios de las personas con derecho de sucesión a la Corona.
- Reconocer la imposibilidad del Rey para el ejercicio de sus funciones.
- Nombramiento, en su caso, del regente o regentes.
- Nombramiento, en su caso, del tutor del Rey.

Estado de alarma, estado de excepción y estado de sitio

Artículos 55 y 116	Estado de alarma	Estado de excepción	Estado de sitio
Declaración	El Gobierno de la Nación.		El Congreso por mayoría absoluta.
Participación de las Cortes	Deber de informar al Congreso	Autorización previa del Congreso.	Proposición del Gobierno al Congreso
Duración	Máximo 15 días	Máximo 30 días	Lo que determine el Congreso.
Prórroga	Con autorización previa del Congreso	Con autorización previa del Congreso. Máximo 30 días.	No se establece prórroga para esta situación.
Forma de declaración	Por decreto del Gobierno de la Nación (Consejo de Ministros).		Por mayoría absoluta del Congreso
Derechos y libertades que pueden suspenderse	Ninguno	• Inviolabilidad del domicilio. • Secreto de las comunicaciones. • Libertad de circulación. • Libertad de reunión y manifestación. • Derecho a huelga. • Libertad de expresión y comunicación, salvo producción literaria, artística, científica, técnica y libertad de cátedra. • Derecho de libertad y seguridad, y tiempo máximo de detención preventiva (salvo los derechos a ser informado del motivo de la detención, a ser informado de sus derechos y a ser asistido por un abogado). *En el estado de sitio sí pueden suprimirse los derechos a ser informado del motivo, de sus derechos y a ser asistido por un abogado.	
Notas comunes	• No podrá disolverse el Congreso mientras esté declarado y en vigencia. • Si las Cámaras no estuvieran en periodo de sesiones quedarán automáticamente convocadas. • Si el Congreso ha sido disuelto con anterioridad o ha expirado su mandato (por transcurso del tiempo), ejercerá sus funciones la Diputación Permanente.		

Congreso y Senado

Semejanzas

- Periodo de mandato de 4 años.
- Ejercen potestad legislativa.
- Aprueban los presupuestos del Estado.
- Controlan la acción del Gobierno.
- Tienen iniciativa legislativa.
- Sus componentes tienen los mismos derechos: inviolabilidad e inmunidad.
- Pueden conceder al Gobierno la Delegación Legislativa.
- Idénticas incompatibilidades (salvo para los Parlamentos de las CCAA).
- Mismo fuero judicial penal: Sala Segunda del Tribunal Supremo.
- No se puede ser diputado y senador a la vez.
- Sueldo fijado por la respectiva Cámara.

Diferencias

Congreso

- Límite mínimo y máximo de sus componentes.
- Enteramente elegido por sufragio universal directo.
- Única Cámara competente para moción de censura y cuestión de confianza.
- Ser diputado no es compatible con ser parlamentario de una Asamblea Legislativa de CCAA.

Senado

- No tiene limitación máxima de componentes.
- Una parte elegida por designación indirecta (senadores designados por las CCAA).
- Es Cámara de representación territorial.
- Ser senador es compatible con ser parlamentario de una Asamblea Legislativa de CCAA, salvo que su Estatuto de Autonomía no lo permita.

Cuestión de confianza y moción de censura

Semejanzas

- Son supuestos constitucionales de la relación del Gobierno con las Cortes Generales.
- Son medidas de control de las Cortes Generales respecto del Gobierno.
- Representan la primacía del Poder Legislativo (Cortes Generales) sobre el Poder Ejecutivo (Gobierno).
- Son consecuencia del régimen democrático parlamentario.
- Exclusión del Senado de cualquier intervención en estas dos cuestiones.

Diferencias

Cuestión de confianza

- La solicita el Gobierno, previo Consejo de Ministros.
- No tiene candidato alternativo como Presidente del Gobierno.
- Es superada y favorable al Gobierno por mayoría simple.
- Si la cuestión es desestimada (votación contraria al Gobierno), habrá nombramiento de nuevo Presidente, en principio sin convocar elecciones, como en el procedimiento de investidura del artículo 99.
- No hay límite en el número de cuestiones de confianza que puede pedir el Gobierno en una legislatura o periodo de sesiones.

Moción de censura

- La interpone y la exige el Congreso.
- Tiene candidato alternativo como Presidente del Gobierno (es "constructiva").
- Es adoptada (vence la censura y es derrotado el Gobierno) por mayoría absoluta.
- Si la moción triunfa, es nombrado directamente Presidente el candidato de la misma.
- Los diputados que hayan firmado una moción de censura que haya sido derrotada no pueden presentar otra en el mismo periodo de sesiones.
- Mientras se tramita, el Gobierno no puede disolver las Cortes, el Congreso o el Senado.
- Pueden presentarse mociones alternativas en los 2 días siguientes de la primera.
- En las mociones alternativas figurará un candidato distinto al de la primera.
- Limitación respecto al número mínimo de diputados que pueden firmarla.

Tramitación legislativa del proyecto de ley y de la proposición de ley

Proyecto de ley

Se realiza por el Gobierno

1. Aprobación por el Consejo de Ministros

2. Remisión al Congreso con exposición de motivos.

3. Discusión y votación del proyecto en el Congreso.

4. Remisión al Senado.

5. Discusión y votación del proyecto en el Senado, de lo que puede resultar:
   a) Veto del Senado por mayoría absoluta:
      - Antes de 2 meses desde el veto, el Congreso puede ratificar su decisión por mayoría absoluta (el plazo se reduce a 20 días naturales si el proyecto ha sido declarado urgente).
      - Después de 2 meses desde el veto, el Congreso puede ratificar el proyecto por mayoría simple.
   b) El Senado introduce enmiendas.
      - El Congreso las acepta o deniega por mayoría simple.

6. Queda aprobado el proyecto de ley y pasa a sanción del Rey.

Proposición de ley

Se realiza por el Congreso o por el Senado

1. Adopción por el Senado (si se realiza por el Senado).

2. Remisión al Congreso.

3. Tramitación según los reglamentos de las Cámaras.

*Son posibles las proposiciones de ley remitidas por la Asamblea de una CCAA, que delegará ante el Congreso a tres miembros de la misma.

Reforma constitucional

Objeto de la reforma

Reforma total

- Todo el texto.

Reforma esencial

- Título preliminar.
- Título I, Capítulo segundo, sección 1.ª: De los derechos fundamentales y de las libertades públicas.
- Título II: De la Corona.

Reforma parcial no esencial

- El resto del texto.

Iniciativa para la tramitación de ambas reformas

- Gobierno, Congreso y Senado.
- Asambleas Legislativas de las CCAA.
- No procede la iniciativa popular.
- No puede iniciarse la reforma en tiempo de guerra, estado de alarma, sitio o excepción.

Tramitación de la reforma

Reforma total o esencial

1. Aprobación del proyecto por mayoría de 2/3 del Congreso y del Senado.
2. Disolución inmediata de las Cortes.
3. Aprobación de las nuevas Cortes de la reforma por mayoría de 2/3 del Congreso y el Senado.
4. Referéndum para su gratificación.

Reforma parcial no esencial

1. Aprobación del proyecto por mayoría de 3/5 del Congreso y del Senado.
2. Si hay acuerdo entre Congreso y Senado:
   - Queda aprobada la reforma.
   - No hay disolución de las Cortes.
3. Si no hay acuerdo entre el Congreso y el Senado:
   - Si fue votada favorablemente por la mayoría absoluta del Senado, el Congreso puede aprobar la reforma con la mayoría de 2/3.
4. Referéndum: si lo pide 1/10 de los parlamentarios de cualquiera de las Cámaras.

Guía para aprobar un examen test sobre la Constitución

A la hora de preparar un examen, además de estudiar, hay que saber a qué tipo de prueba nos enfrentamos, tanto si es un tema de desarrollo, como si son preguntas concisas a responder más brevemente o un examen tipo test.

El test es una de las modalidades más empleadas en las pruebas sobre la Constitución. Por ello, apuntamos unos consejos prácticos para facilitar el estudio y la resolución de un test constitucional.

Estas notas deberán ser completadas por el propio lector, estudiante u opositor, ya que el primero en quien ha de confiar es en sí mismo y en su afán de éxito. No en vano, involucrarse es aprender.

Consejos previos

✔ No pensar en pruebas anteriores, la de ahora es la única que importa

Cuando la convocatoria de examen, ya sea universitario o de oposición a cuerpos de la Administración, contemple que una de las pruebas consistirá en responder un test de respuestas alternativas, es preciso eliminar todo pensamiento negativo previo, del tipo "es el tipo de examen que peor se me da". La prueba a la que el estudiante se enfrenta ahora es otra, como nuevas son las aspiraciones, circunstancias y empeño en el resultado final.

✔ El examen tipo test no es más sencillo que el de desarrollo

Su formato aparentemente simple y concreto no se ha de subestimar frente a las pruebas que implican redacción y desarrollo. Por otro lado, si es la primera vez que se aborda un examen de estas características, hay que desechar los clásicos pensamientos de que "aprobar un test es cuestión de suerte", "para superar un test no es necesario estudiar mucho" o "para sacar nota basta con tener unas pocas ideas importantes muy claras y no dejarse engañar por las repuestas raras". Todo ello es falso. Muy al contrario, el requisito para aprobar un test es estudiar, y mucho, al igual que ante cualquier otro tipo de examen, ya sea de desarrollo, de respuestas breves, de redacción de un tema o de exposición oral.

Aunque parezca evidente, es necesario insistir en que lo difícil no es el formato de examen. El trabajo implica en todos los casos estudiar la materia y no el formato en que se evalúe el conocimiento adquirido.

✔ Un test sobre la Constitución es asunto de memoria

Es importante señalar que la memoria no queda descartada en ningún tipo de examen. Por supuesto, hay que comprender lo que se está estudiando, y casi en el mismo instante del aprendizaje de la lectura. Estudiar es comprender, aunque solo comprender no es estudiar, donde se precisa el apoyo de la memoria. Por ello, un examen tipo test también conlleva un esfuerzo memorístico, igual que con los demás exámenes.

Pautas para el estudio

Ahora que se ha recalcado lo imprescindible de estudiar mucho y bien, es pertinente ver de qué modo hacerlo.

✔ Memorizar frases cortas

No es necesario memorizar frases largas y complejas, las oraciones o discursos se pueden descomponer, fragmentar en tamaños más pequeños y estilo más directo, pero siempre que conserven la idea completa. En vez de una frase extensa y complicada, pueden memorizarse algunas más cortas que será más fácil de interiorizar y de repetir mentalmente, incluso ayudándonos de recursos nemotécnicos, pequeños trucos de asociación mental, que cada estudiante adaptará de manera personal. Puede ayudar anotar varias de esas frases en una hoja que nos acompañe en el estudio para recalcar las nociones que cada uno considera importantes.

Ejemplo: el artículo 41 «Los poderes públicos mantendrán un régimen público de Seguridad Social para todos los ciudadanos, que garantice la asistencia y prestaciones sociales suficientes ante situaciones de necesidad, especialmente en caso de desempleo. La asistencia y prestaciones complementarias serán libres» podría estudiarse así:

- Mantenimiento de un régimen público de Seguridad Social.
- Beneficiarios del sistema: todos los ciudadanos.
- Garantizará la asistencia y prestaciones sociales suficientes ante situaciones de necesidad.
- Especial consideración del desempleo.
- Pueden existir otras asistencias y prestaciones.

– Las demás serán complementarias (no suprimen el régimen obligatorio público)
– La asistencia y prestaciones complementarias serán libres (no pueden ser obligatorias).

✔ Fechas

En un test sobre la Constitución es un error creer que la mayoría de las preguntas versarán sobre plazos o fechas. Lógicamente, puede haberlas, pero no es el objeto principal del examen, aunque esto no significa que no se estudien adecuadamente.

Para estudiar las fechas resulta acertado elaborar listas, siempre ordenadas cronológicamente, porque ayuda a fijarlas en la memoria, así como los hechos a que responden. Por ejemplo:

– 4 de enero de 1977: Ley para la Reforma Política.
– 6 de diciembre de 1978: Referéndum para la aprobación de la Constitución.
– 27 de diciembre de 1978: El Rey sanciona la Constitución.

Hay que señalar que no basta estudiar solamente el año, y no el día o el mes, pensando equivocadamente que las fechas propuestas en el examen se distinguirán únicamente en el año y que memorizando dicho dato se contestará correctamente. Por la misma razón hay que memorizar la numeración de las leyes orgánicas.

Ejemplo: Fecha de la Ley Orgánica que regula la actividad del Tribunal Constitucional:

a) 3 de octubre de 1979
b) 5 de abril de 1979
c) 22 de junio de 1979
d) 17 de mayo de 1979

La respuesta correcta es la a).

Ejemplo: La norma que regula la actuación del Tribunal Constitucional es:

a) Ley Orgánica 5/1979, de 3 de octubre, del Tribunal Constitucional.
b) Ley Orgánica 9/1979, de 3 de octubre, del Tribunal Constitucional.
c) Ley Orgánica 2/1979, de 3 de octubre, del Tribunal Constitucional.
d) Ley Orgánica 8/1979, de 3 de octubre, del Tribunal Constitucional.

La respuesta correcta es la c).

✔ Plazos

Respecto a los plazos, insistimos en que deben estudiarse junto al momento en que se inicia la cuenta, ya que no es igual "cinco días desde la publicación de la ley" que "cinco días desde la firma de la ley" o "cinco días desde la remisión del proyecto de ley". Tampoco es lo mismo "cinco meses" que "un plazo inferior a cinco meses" o que "un plazo no superior a cinco meses". Lo mismo para las cantidades monetarias.

Ejemplo: para el artículo 90.2 «El Senado en el plazo de dos meses, a partir del día de la recepción del texto, puede, mediante mensaje motivado, oponer su veto o introducir enmiendas al mismo. El veto deberá ser aprobado por mayoría absoluta. El proyecto no podrá ser sometido al Rey para sanción sin que el Congreso ratifique por mayoría absoluta, en caso de veto, el texto inicial, o por mayoría simple, una vez transcurridos dos meses desde la interposición del mismo, o se pronuncie sobre las enmiendas, aceptándolas o no por mayoría simple», la pregunta test puede ser:

En la tramitación de un proyecto de ley, el Senado puede oponer su veto mediante mensaje motivado, y el plazo del que dispone para ello es de:
a) Dos meses desde el momento en que se inicia en el Congreso la tramitación del proyecto.
b) Dos meses desde el momento que sea fijado por el Congreso al remitir el proyecto al Senado.
c) Dos meses desde que el Senado comienza la discusión del proyecto de ley.
d) Dos meses, a partir del día de la recepción del texto.
La respuesta correcta es la d).

Ejemplo: para el artículo 116.2 «El estado de alarma será declarado por el Gobierno mediante decreto acordado en Consejo de Ministros por un plazo máximo de quince días, dando cuenta al Congreso de los Diputados, reunido inmediatamente al efecto y sin cuya autorización no podrá ser prorrogado dicho plazo. El decreto determinará el ámbito territorial a que se extienden los efectos de la declaración», la pregunta test puede quedar redactada así:

El plazo inicial de duración del estado de alarma declarado por el Gobierno:
a) Es de quince días.
b) Es de un mínimo de quince días.
c) Excepcionalmente puede ser superior a quince días.
d) Es de un máximo de quince días.
La respuesta correcta es la d).

✔ Cuidado con las palabras

En un test sobre la Constitución no hay sinónimos. Si la Constitución dice "convalidar", no es válido pensar que en el examen será lo mismo escribir "ratificar" o "aprobar", aunque en el lenguaje común pudiera significar lo mismo. Los términos tienen que ser exactos.

Por ejemplo: «Los Estatutos podrán prever los supuestos, requisitos y términos en que las Comunidades Autónomas podrán celebrar convenios entre sí para la gestión y prestación de servicios propios de las mismas, así como el carácter y efectos de la correspondiente comunicación a las Cortes Generales. En los demás supuestos, los acuerdos de cooperación entre las Comunidades Autónomas necesitarán la autorización de las Cortes Generales» (artículo 145).

Los convenios para la gestión y prestación de los servicios propios de las Comunidades Autónomas tienen que comunicarse a las Cortes Generales. Basta con cumplir con dicha "comunicación". Pero cuando la materia del convenio sea distinta a esa gestión y prestación de servicios propios de las Comunidades Autónomas, se necesitará "autorización" de las Cortes Generales (en este caso no basta con la comunicación).

Ejemplo: para el artículo 160 «El Presidente del Tribunal Constitucional será nombrado entre sus miembros por el Rey, a propuesta del mismo Tribunal en pleno y por un período de tres años», la pregunta test puede redactarse del modo siguiente:

El Presidente del Tribunal Constitucional será:
a) Elegido por el Rey.
b) Propuesto por el Rey.
c) Nombrado por el Rey.
d) Refrendado por el Rey.
La respuesta correcta es la c).

✔ Adverbios y adjetivos

La precisión en el estudio de las palabras va más allá. Hay que cuidar también los adjetivos y los adverbios.

En el caso de los adverbios, por ejemplo, cuando se dice "únicamente en el supuesto" significa que no hay otro supuesto. En cambio, "generalmente" quiere decir que sí puede haber otros casos, aunque sean excepcionales.

Remarcamos que al encontrar términos como "salvo" o "excepto", la frase que venga a continuación deberá ser estudiada como una excepción a la norma general, que no la invalida, pero la complementa.

En el caso de los adjetivos, por ejemplo, cuando se dice que "los poderes públicos facilitarán la *adecuada* utilización del ocio", nunca hay que desdeñar un adjetivo por inocuo que sea, ya que puede aparecer en las respuestas alternativas del test, y habrá que distinguirlo de otros que puedan parecerse, como "facilitarán la *proporcionada* utilización del ocio", "la *directa* utilización del ocio" o "la *sencilla* utilización del ocio".

Ejemplo: para el artículo 162.1 «Están legitimados: a) Para interponer el recurso de inconstitucionalidad, el Presidente del Gobierno, el Defensor del Pueblo, 50 Diputados, 50 Senadores, los órganos colegiados ejecutivos de las Comunidades Autónomas y, en su caso, las Asambleas de las mismas", podemos encontrar la siguiente pregunta test:

Las Asambleas Legislativas de la Comunidades Autónomas:
a) Están legitimadas, en todo caso, para interponer el recurso de inconstitucionalidad.
b) En ningún caso están legitimadas para interponer el recurso de inconstitucionalidad.
c) Están legitimadas, en su caso, para interponer el recurso de inconstitucionalidad.
d) Excepcionalmente, están legitimadas en todo caso para interponer el recurso de inconstitucionalidad.
La respuesta correcta es la c).

✔ Términos de significado desconocido o difíciles de estudiar

Será necesario hacer una lista de estas palabras y su significado, y repasarla de forma periódica. Es recomendable realizar la lista en dos columnas si se trata de palabras de significado opuesto, por ejemplo:

Preceptivo: obligatorio.	Facultativo: voluntario.
Órgano Consultivo: que da su parecer, no vinculante.	Órgano Decisorio: emite su informe y decide.

Ejemplo: para el artículo 76.1 «El Congreso y el Senado, y, en su caso, ambas Cámaras conjuntamente, podrán nombrar Comisiones de investigación sobre cualquier asunto de interés público. Sus conclusiones no serán vinculantes para los Tribunales, ni afectarán a las resoluciones judiciales, sin perjuicio de que el resultado de la investigación sea comunicado al Ministerio Fiscal para el ejercicio, cuando proceda, de las acciones oportunas», la pregunta test podría ser:

Las conclusiones de las Comisiones de investigación que se nombren en cualquiera de las Cámaras:
a) Son vinculantes para los Tribunales.
b) Son preceptivas para los Tribunales.
c) Son consultivas para los Tribunales.
d) No son vinculantes para los Tribunales.
La respuesta correcta es la d).

Recomendaciones para el examen

✔ Método de corrección del examen

Lo primero que el estudiante debe conocer es si, en la corrección del test, penalizará o no los errores que se hayan cometido, ya que, evidentemente, no se contesta de igual manera si un error resta de la puntuación del final o si su cómputo es cero.

Si el error resta puntuación, el examinando deberá calcular en qué proporción le resulta beneficioso arriesgarse a contestar una pregunta cuya respuesta no tiene segura. Si la penalización es baja, le resultará "rentable" arriesgarse en algunas preguntas, ya que de acertar una saldrá ganando, porque debería fallar bastantes más para dejar la cuenta a cero.

Últimamente en algunos exámenes la falta de respuesta también está penalizada, aunque en menor grado que el error, por lo que el examinando deberá sopesar esta circunstancia a la vista de las preguntas que, ya leídas en el examen, pensaba dejar sin contestación.

✔ Rectificación de errores

En el momento del examen, como indicaciones previas al mismo, se comunicará por los miembros del tribunal o por los que desempeñen tareas tanto de vigilancia como de asesoramiento y colaboración, si es posible rectificar una respuesta ya señalada en la hoja de respuestas. Es posible que se comunique que toda rectificación será considerada como error por el sistema corrector (la mayoría de las veces un lector óptico), otra cuestión que incidirá en la seguridad con la que hay que contestar.

✔ Señalar las repuestas en la hoja de respuesta

Supongamos que el opositor ha decidido dejar algunas de las preguntas sin respuesta, por lo que en la hoja de respuestas estas no tendrán señal o signo alguno. Este vacío es muy peligroso porque, sujeto a los nervios, el examinando puede señalar en ese hueco la respuesta de la pregunta siguiente. Podría producirse incluso un corrimiento en todas las respuestas, así, la respuesta 5 que debiera estar en blanco es ocupada por la respuesta a la pregunta 6, y la respuesta 6 es ocupada por la respuesta a la pregunta 7... Recordemos que es muy posible que no sea posible rectificar en la hoja de respuestas.

Test constitucional

1. Es obligación de los poderes públicos respecto a las pensiones garantizar su actualización:
a) Progresista.
b) Sectorial.
c) Periódica.
d) Anual.

2. En cuanto a los principios rectores de la política social y económica:
a) Su alegación ante la jurisdicción ordinaria se hará conforme a las leyes que los desarrollen.
b) Podrán ser alegados ante la jurisdicción ordinaria según las normas que los desarrollen.
c) Podrán ser alegados ante la jurisdicción ordinaria, aunque no hayan sido desarrollados por ley.
d) Solo podrán ser alegados ante el Tribunal Constitucional y siempre conforme a las leyes que los desarrollen.

3. Para que la reunión de parlamentarios vincule a la respectiva Cámara, la convocatoria debe haberse realizado:
a) Legalmente.
b) Ordinariamente.
c) Convencionalmente.
d) Reglamentariamente.

4. Las Cámaras no podrán reunirse en sesión extraordinaria:
a) A iniciativa de la Diputación Permanente.
b) Por iniciativa legislativa popular.
c) A instancia del Gobierno.
d) A iniciativa de la mayoría absoluta de la respectiva Cámara.

5. El pleno de una Cámara podrá recabar el debate y la votación de un proyecto de ley cuya tramitación haya sido delegada en la Comisión Legislativa Permanente:
a) En cualquier momento.
b) Hasta el momento que se haya fijado en la delegación.
c) Hasta el momento en que se fije por la propia Comisión Legislativa Permanente.
d) Hasta el momento en que se haya fijado por el Gobierno.

6. La celebración de un tratado internacional que contenga estipulaciones contrarias a la Constitución:
a) Puede exigir la previa revisión constitucional.
b) Exigirá referéndum previo.
c) Exigirá la previa revisión constitucional.
d) Exigirá sentencia del Tribunal Constitucional al respecto.

7. El Gobierno cesante continuará en funciones hasta:
a) La ratificación efectuada por el nuevo Gobierno.
b) La elección del nuevo Gobierno.
c) La celebración del primer Consejo de Ministros del nuevo Gobierno.
d) La toma de posesión del nuevo Gobierno.

8. Si el Congreso niega la confianza solicitada por el Gobierno:
a) Se convocan automáticamente nuevas elecciones.
b) El Rey puede libremente decidir si convoca nuevas elecciones.
c) No hay convocatoria de nuevas elecciones.
d) El Gobierno que ha perdido la confianza puede convocar nuevas elecciones.

9. La regulación que la ley hará de la audiencia a los ciudadanos, en el procedimiento de elaboración de las disposiciones administrativas que les afecten, determinará que dicha audiencia:
a) Podrá realizarse por medio de las organizaciones y asociaciones reconocidas en la ley.
b) Siempre se efectuará directamente con los ciudadanos.
c) No podrá realizarse directamente con los ciudadanos.
d) Salvo en casos expresamente previstos en la ley, se realizará a través de las organizaciones y asociaciones reconocidas en la ley.

10. La planificación económica reconocida en la Constitución tiene por objeto:
a) Estimular el crecimiento de la renta y la riqueza.
b) Establecer una fiscalidad justa y progresiva.
c) Reducir la propiedad privada.
d) Establecer una fiscalidad justa y proporcional.

11. La ley establecerá para jueces y magistrados el sistema de:
a) Colegiación profesional.
b) Sindicación.
c) Asociación profesional.
d) Colectividad funcionarial.

12. En qué supuestos los Estatutos de Autonomía de las distintas Comunidades Autónomas pueden implicar privilegios económicos o sociales a favor de las mismas?
a) En ninguno.
b) En supuestos de suspensión de derechos fundamentales y libertades públicas.
c) Cuando así se prevea en la ley orgánica sobre armonización de competencias de las Comunidades Autónomas.
d) Solo durante el estado de sitio.

13. La Comisión Constitucional del Congreso, recibido el proyecto de Estatuto de Autonomía aprobado por la asamblea de parlamentarios, lo examinará dentro del plazo de:
a) Tres meses.
b) Que fije la propia Comisión Constitucional.
c) Un máximo de seis meses.
d) Dos meses.

14. En los estatutos tramitados tal como determina el artículo 151 de la Constitución, el presidente del Consejo de Gobierno de la Comunidad Autónoma:
a) Tendrá que ser miembro de la Asamblea Legislativa de la Comunidad Autónoma, igual que el Presidente del Gobierno estatal tiene que ser diputado.
b) No tiene que ser miembro de la Asamblea Legislativa de la Comunidad Autónoma, que es la que lo elegirá.

c) Tendrá que ser miembro de la Asamblea Legislativa de la Comunidad Autónoma, a diferencia del Presidente del Gobierno estatal que no es necesario que sea diputado.
d) Tendrá que ser miembro de la Asamblea Legislativa de la Comunidad Autónoma, a diferencia del Presidente del Gobierno estatal que no puede ser diputado.

15. Cuando un órgano judicial considere que la validez del fallo de su sentencia depende de una norma con rango de ley que puede ser contraria a la Constitución:
a) Planteará cuestión de inconstitucionalidad ante el Tribunal Constitucional.
b) No la aplicará.
c) Lo hará constar así en la sentencia que resuelva el proceso que está conociendo.
d) Decidirá sobre la constitucionalidad de dicha norma con rango de ley.

16. En la revisión total de la Constitución, una vez aprobada por mayoría de dos tercios de las Cortes y producida la disolución de las mismas, las nuevas Cortes, tras las elecciones, deben aprobar la reforma por:
a) Mayoría absoluta de cada Cámara.
b) Mayoría de dos tercios de cada Cámara.
c) Mayoría de tres quintos de ambas Cámaras.
d) Mayoría de dos tercios de cada Cámara y de no lograrse se precisará mayoría simple del Senado y mayoría absoluta del Congreso.

17. La Constitución determina que el Ministerio Fiscal ejerce sus funciones:
a) Conforme al principio de independencia jerárquica.
b) Conforme al principio de unidad de actuación.
c) Conforme al principio de eficiencia procesal.
d) Conforme al principio de proporcionalidad jurídica.

18. Las sociedades cooperativas, tal como determina la Constitución:
a) Serán fomentadas por los poderes públicos.
b) Sustituirán progresivamente a las restantes sociedades económicas.
c) Tendrán que ser de titularidad pública.
d) Serán establecidas por los poderes públicos.

19. La institución del Jurado:
a) Se aplicará en todos los procesos judiciales que determine la ley.
b) Se aplicará únicamente en los procesos civiles que determine la ley.
c) Se aplicará únicamente en los procesos penales que determine la ley.
d) Se aplicará en todos los procesos civiles y penales que determine la ley.

20. La Constitución considera a los Tribunales consuetudinarios y tradicionales como:
a) Forma de participación de los ciudadanos en la Administración de Justicia.
b) Tribunales de Honor.
c) Manifestación de la institución del Jurado.
d) Manifestación de la soberanía nacional.

21. En la tramitación de los proyectos de ley y de las proposiciones de ley, la Constitución establece:
a) Que no existe prioridad en la tramitación de ninguno de los dos.
b) Que la tramitación del proyecto de ley es preferente.
c) Que la tramitación de la proposición de ley es preferente cuando así lo ha dispuesto el Congreso.
d) Que la prioridad en la tramitación de los proyectos de ley impide otras iniciativas legislativas.

22. La designación de un senador por una Comunidad Autónoma por cada millón de habitantes, según la Constitución, corresponde:
a) Al órgano colegiado superior de la Comunidad Autónoma o a su Asamblea Legislativa, según se disponga en su Estatuto de Autonomía.
b) A la Asamblea Legislativa de la Comunidad Autónoma.
c) Al órgano colegiado superior de la Comunidad Autónoma o a su Asamblea Legislativa, según se disponga en la Ley Orgánica Electoral General.
d) Corresponde al censo electoral, de no disponer nada su Estatuto de Autonomía.

23. El Rey nombra y separa a los miembros del Gobierno a propuesta:
a) Del Presidente del Congreso.
b) Del Consejo de Ministros.
c) Del Presidente del Gobierno.
d) Del pleno del Congreso.

24. El juramento a prestar por el Rey y por el heredero a la Corona ante las Cortes Generales:
a) Es idéntico, pero el heredero jurará además respeto a los derechos de las Comunidades Autónomas.
b) Es idéntico, pero el heredero jurará además fidelidad al Rey.
c) Es idéntico.
d) Es idéntico, pero el heredero jurará además respeto a la Constitución.

25. El Estatuto de los Trabajadores:
a) Será regulado por ley.
b) Se regulará mediante convenio colectivo.
c) Se regulará por decreto.
d) Se establecerá por los poderes públicos conjuntamente con los sindicatos y las asociaciones empresariales.

26. La Constitución determina respecto a la federación de Comunidades Autónomas:
a) Que únicamente está permitida para las Comunidades Autónomas que accedieron a la autonomía por la vía del artículo 151.
b) Está permitida cuando una Ley Orgánica dictada al efecto la autorice y esta posibilidad esté reconocida en los Estatutos de Autonomía de las Comunidades que pretendan la federación.
c) Que podrá realizarse siempre que se tenga la autorización de las Cortes Generales y de la Asamblea Legislativa de las Comunidades que pretendan la federación.
d) En ningún caso está permitida.

27. Respecto a los municipios, la Constitución enuncia:
a) La posibilidad de creación de agrupaciones de municipios distintos a la provincia.
b) La posibilidad de creación de agrupaciones de municipios distintos a la provincia solo respecto a las provincias insulares.
c) La obligatoriedad de la existencia de agrupaciones de municipios distintos a la provincia.
d) La prohibición de la existencia de agrupaciones de municipios distintos a la provincia.

28. Respecto a la actuación de los Jueces y Tribunales, la Constitución indica que es obligado cumplir con lo dispuesto:
a) Únicamente en las sentencias firmes de los mismos.
b) En las sentencias y demás resoluciones administrativas de estos.
c) Únicamente en las sentencias de los mismos.
d) En las sentencias y demás resoluciones firmes de estos.

29. Los efectos de la declaración del estado de excepción se determinan:
a) En la ley que lo declara.
b) En el decreto del Gobierno que lo declara.
c) En las disposiciones que se dicten en desarrollo del decreto declarándolo.
d) En la ley orgánica que lo declara.

30. Las Comisiones de investigación, según lo dispuesto en la Constitución:
a) Se nombrarán y constituirán exclusivamente en el Congreso
b) Se nombrarán y constituirán preferentemente en el Congreso.
c) Podrán ser nombradas conjuntamente por ambas Cámaras.
d) Se nombrarán en el Senado únicamente respecto a materias y competencias autonómicas.

Solucionario

1. c) Periódica. Artículo 50.
2. a) Su alegación ante la jurisdicción ordinaria se hará conforme a las leyes que los desarrollen. Artículo 53.3.
3. d) Reglamentariamente. Artículo 67.3.
4. b) Por iniciativa legislativa popular. Artículo 73.2
5. a) En cualquier momento. Artículo 75.2.
6. c) Exigirá la previa revisión constitucional. Artículo 95.1.
7. d) La toma de posesión del nuevo Gobierno. Artículo 101.2.
8. c) No hay convocatoria de nuevas elecciones. Artículo 114.1.
9. a) Podrá realizarse por medio de las organizaciones y asociaciones reconocidas en la ley. Artículo 105.a)
10. a) Estimular el crecimiento de la renta y la riqueza. Artículo 131.1.
11. c) Asociación profesional. Artículo 127.1.
12. a) En ninguno. Artículo 138.2.

13. d) Dos meses. Artículo 151.2.2.º.
14. c) Tendrá que ser miembro de la Asamblea Legislativa de la Comunidad Autónoma, a diferencia del Presidente del Gobierno estatal que no es necesario que sea diputado. Artículos 99 y 152.1.
15. a) Planteará cuestión de inconstitucionalidad ante el Tribunal Constitucional. Artículo 163.
16. b) Mayoría de dos tercios de cada Cámara. Artículo 168.2.
17. b) Conforme al principio de unidad de actuación. Artículo 124.2.
18. a) Serán fomentadas por los poderes públicos. Artículo 129.2.
19. c) Se aplicará únicamente en los procesos penales que determine la ley. Artículo 125.
20. a) Forma de participación de los ciudadanos en la Administración de Justicia. Artículo 125.
21. b) Que la tramitación del proyecto de ley es preferente. Artículo 89.1.
22. a) Al órgano colegiado superior de la Comunidad Autónoma o a su Asamblea Legislativa, según se disponga en su Estatuto de Autonomía. Artículo 69.5.
23. c) Del Presidente del Gobierno. Artículo 62.e).
24. b) Es idéntico, pero el heredero jurará además fidelidad al Rey. Artículo 61.1 y 2.
25. a) Será regulado por ley. Artículo 35.2.
26. d) En ningún caso está permitida. Artículo 145.1.
27. a) La posibilidad de creación de agrupaciones de municipios distintos a la provincia. Artículo 141.3.
28. d) En las sentencias y demás resoluciones firmes de estos. Artículo 118.
29. b) En el decreto del Gobierno que lo declara. Artículo 116.3.
30. c) Podrán ser nombradas conjuntamente por ambas Cámaras. Artículo 76.1.

CONSTITUCIÓN ESPAÑOLA

(TEXTO ÍNTEGRO)

Constitución española

Cortes Generales
«BOE» núm. 311, de 29 de diciembre de 1978
Referencia: BOE-A-1978-31229

TEXTO CONSOLIDADO
Última modificación: 27 de septiembre de 2011

DON JUAN CARLOS I, REY DE ESPAÑA, A TODOS LOS QUE LA PRESENTE VIEREN Y ENTENDIEREN,

SABED: QUE LAS CORTES HAN APROBADO Y EL PUEBLO ESPAÑOL RATIFICADO LA SIGUIENTE CONSTITUCIÓN:

PREÁMBULO

La Nación española, deseando establecer la justicia, la libertad y la seguridad y promover el bien de cuantos la integran, en uso de su soberanía, proclama su voluntad de:

Garantizar la convivencia democrática dentro de la Constitución y de las leyes conforme a un orden económico y social justo.

Consolidar un Estado de Derecho que asegure el imperio de la ley como expresión de la voluntad popular.

Proteger a todos los españoles y pueblos de España en el ejercicio de los derechos humanos, sus culturas y tradiciones, lenguas e instituciones.

Promover el progreso de la cultura y de la economía para asegurar a todos una digna calidad de vida.

Establecer una sociedad democrática avanzada, y

Colaborar en el fortalecimiento de unas relaciones pacíficas y de eficaz cooperación entre todos los pueblos de la Tierra.

En consecuencia, las Cortes aprueban y el pueblo español ratifica la siguiente

CONSTITUCIÓN

TÍTULO PRELIMINAR

Artículo 1

1. España se constituye en un Estado social y democrático de Derecho, que propugna como valores superiores de su ordenamiento jurídico la libertad, la justicia, la igualdad y el pluralismo político.

2. La soberanía nacional reside en el pueblo español, del que emanan los poderes del Estado.

3. La forma política del Estado español es la Monarquía parlamentaria.

Artículo 2

La Constitución se fundamenta en la indisoluble unidad de la Nación española, patria común e indivisible de todos los españoles, y reconoce y garantiza el derecho a la autonomía de las nacionalidades y regiones que la integran y la solidaridad entre todas ellas.

Artículo 3

1. El castellano es la lengua española oficial del Estado. Todos los españoles tienen el deber de conocerla y el derecho a usarla.

2. Las demás lenguas españolas serán también oficiales en las respectivas Comunidades Autónomas de acuerdo con sus Estatutos.

3. La riqueza de las distintas modalidades lingüísticas de España es un patrimonio cultural que será objeto de especial respeto y protección.

Artículo 4

1. La bandera de España está formada por tres franjas horizontales, roja, amarilla y roja, siendo la amarilla de doble anchura que cada una de las rojas.

2. Los Estatutos podrán reconocer banderas y enseñas propias de las Comunidades Autónomas. Estas se utilizarán junto a la bandera de España en sus edificios públicos y en sus actos oficiales.

Artículo 5

La capital del Estado es la villa de Madrid.

Artículo 6

Los partidos políticos expresan el pluralismo político, concurren a la formación y manifestación de la voluntad popular y son instrumento fundamental para la participación política. Su creación y el ejercicio de su actividad son libres dentro del respeto a la Constitución y a la ley. Su estructura interna y funcionamiento deberán ser democráticos.

Artículo 7

Los sindicatos de trabajadores y las asociaciones empresariales contribuyen a la defensa y promoción de los intereses económicos y sociales que les son propios. Su creación y el ejercicio de su actividad son libres dentro del respeto a la Constitución y a la ley. Su estructura interna y funcionamiento deberán ser democráticos.

Artículo 8

1. Las Fuerzas Armadas, constituidas por el Ejército de Tierra, la Armada y el Ejército del Aire, tienen como misión garantizar la soberanía e independencia de España, defender su integridad territorial y el ordenamiento constitucional.

2. Una ley orgánica regulará las bases de la organización militar conforme a los principios de la presente Constitución.

Artículo 9

1. Los ciudadanos y los poderes públicos están sujetos a la Constitución y al resto del ordenamiento jurídico.

2. Corresponde a los poderes públicos promover las condiciones para que la libertad y la igualdad del individuo y de los grupos en que se integra sean reales y efectivas; remover los obstáculos que impidan o dificulten su plenitud y facilitar la participación de todos los ciudadanos en la vida política, económica, cultural y social.

3. La Constitución garantiza el principio de legalidad, la jerarquía normativa, la publicidad de las normas, la irretroactividad de las disposiciones sancionadoras no favorables o restrictivas de derechos individuales, la seguridad jurídica, la responsabilidad y la interdicción de la arbitrariedad de los poderes públicos.

TÍTULO I

De los derechos y deberes fundamentales

Artículo 10

1. La dignidad de la persona, los derechos inviolables que le son inherentes, el libre desarrollo de la personalidad, el respeto a la ley y a los derechos de los demás son fundamento del orden político y de la paz social.

2. Las normas relativas a los derechos fundamentales y a las libertades que la Constitución reconoce se interpretarán de conformidad con la Declaración Universal de Derechos Humanos y los tratados y acuerdos internacionales sobre las mismas materias ratificados por España.

CAPÍTULO PRIMERO

De los españoles y los extranjeros

Artículo 11

1. La nacionalidad española se adquiere, se conserva y se pierde de acuerdo con lo establecido por la ley.

2. Ningún español de origen podrá ser privado de su nacionalidad.

3. El Estado podrá concertar tratados de doble nacionalidad con los países iberoamericanos o con aquellos que hayan tenido o tengan una particular vinculación con España. En estos mismos países, aun cuando no reconozcan a sus ciudadanos un derecho recíproco, podrán naturalizarse los españoles sin perder su nacionalidad de origen.

Artículo 12

Los españoles son mayores de edad a los dieciocho años.

Artículo 13

1. Los extranjeros gozarán en España de las libertades públicas que garantiza el presente Título en los términos que establezcan los tratados y la ley.

2. Solamente los españoles serán titulares de los derechos reconocidos en el artículo 23, salvo lo que, atendiendo a criterios de reciprocidad, pueda establecerse por tratado o ley para el derecho de sufragio activo y pasivo en las elecciones municipales.

3. La extradición sólo se concederá en cumplimiento de un tratado o de la ley, atendiendo al principio de reciprocidad. Quedan excluidos de la extradición los delitos políticos, no considerándose como tales los actos de terrorismo.

4. La ley establecerá los términos en que los ciudadanos de otros países y los apátridas podrán gozar del derecho de asilo en España.

CAPÍTULO SEGUNDO
Derechos y libertades

Artículo 14

Los españoles son iguales ante la ley, sin que pueda prevalecer discriminación alguna por razón de nacimiento, raza, sexo, religión, opinión o cualquier otra condición o circunstancia personal o social.

Sección 1.ª
De los derechos fundamentales y de las libertades públicas

Artículo 15

Todos tienen derecho a la vida y a la integridad física y moral, sin que, en ningún caso, puedan ser sometidos a tortura ni a penas o tratos inhumanos o degradantes. Queda abolida la pena de muerte, salvo lo que puedan disponer las leyes penales militares para tiempos de guerra.

Artículo 16

1. Se garantiza la libertad ideológica, religiosa y de culto de los individuos y las comunidades sin más limitación, en sus manifestaciones, que la necesaria para el mantenimiento del orden público protegido por la ley.

2. Nadie podrá ser obligado a declarar sobre su ideología, religión o creencias.

3. Ninguna confesión tendrá carácter estatal. Los poderes públicos tendrán en cuenta las creencias religiosas de la sociedad española y mantendrán las consiguientes relaciones de cooperación con la Iglesia Católica y las demás confesiones.

Artículo 17

1. Toda persona tiene derecho a la libertad y a la seguridad. Nadie puede ser privado de su libertad, sino con la observancia de lo establecido en este artículo y en los casos y en la forma previstos en la ley.

2. La detención preventiva no podrá durar más del tiempo estrictamente necesario para la realización de las averiguaciones tendentes al esclarecimiento de los hechos, y, en todo caso, en el plazo máximo de setenta y dos horas, el detenido deberá ser puesto en libertad o a disposición de la autoridad judicial.

3. Toda persona detenida debe ser informada de forma inmediata, y de modo que le sea comprensible, de sus derechos y de las razones de su detención, no pudiendo ser obligada a declarar. Se garantiza la asistencia de abogado al detenido en las diligencias policiales y judiciales, en los términos que la ley establezca.

4. La ley regulará un procedimiento de «habeas corpus» para producir la inmediata puesta a disposición judicial de toda persona detenida ilegalmente. Asimismo, por ley se determinará el plazo máximo de duración de la prisión provisional.

Artículo 18

1. Se garantiza el derecho al honor, a la intimidad personal y familiar y a la propia imagen.

2. El domicilio es inviolable. Ninguna entrada o registro podrá hacerse en él sin consentimiento del titular o resolución judicial, salvo en caso de flagrante delito.

3. Se garantiza el secreto de las comunicaciones y, en especial, de las postales, telegráficas y telefónicas, salvo resolución judicial.

4. La ley limitará el uso de la informática para garantizar el honor y la intimidad personal y familiar de los ciudadanos y el pleno ejercicio de sus derechos.

Artículo 19

Los españoles tienen derecho a elegir libremente su residencia y a circular por el territorio nacional.

Asimismo, tienen derecho a entrar y salir libremente de España en los términos que la ley establezca. Este derecho no podrá ser limitado por motivos políticos o ideológicos.

Artículo 20

1. Se reconocen y protegen los derechos:

a) A expresar y difundir libremente los pensamientos, ideas y opiniones mediante la palabra, el escrito o cualquier otro medio de reproducción.

b) A la producción y creación literaria, artística, científica y técnica.

c) A la libertad de cátedra.

d) A comunicar o recibir libremente información veraz por cualquier medio de difusión. La ley regulará el derecho a la cláusula de conciencia y al secreto profesional en el ejercicio de estas libertades.

2. El ejercicio de estos derechos no puede restringirse mediante ningún tipo de censura previa.

3. La ley regulará la organización y el control parlamentario de los medios de comunicación social dependientes del Estado o de cualquier ente público y garantizará el acceso a dichos medios de los grupos sociales y políticos significativos, respetando el pluralismo de la sociedad y de las diversas lenguas de España.

4. Estas libertades tienen su límite en el respeto a los derechos reconocidos en este Título, en los preceptos de las leyes que lo desarrollen y, especialmente, en el derecho al honor, a la intimidad, a la propia imagen y a la protección de la juventud y de la infancia.

5. Sólo podrá acordarse el secuestro de publicaciones, grabaciones y otros medios de información en virtud de resolución judicial.

Artículo 21

1. Se reconoce el derecho de reunión pacífica y sin armas. El ejercicio de este derecho no necesitará autorización previa.

2. En los casos de reuniones en lugares de tránsito público y manifestaciones se dará comunicación previa a la autoridad, que sólo podrá prohibirlas cuando existan razones fundadas de alteración del orden público, con peligro para personas o bienes.

Artículo 22

1. Se reconoce el derecho de asociación.

2. Las asociaciones que persigan fines o utilicen medios tipificados como delito son ilegales.

3. Las asociaciones constituidas al amparo de este artículo deberán inscribirse en un registro a los solos efectos de publicidad.

4. Las asociaciones sólo podrán ser disueltas o suspendidas en sus actividades en virtud de resolución judicial motivada.

5. Se prohíben las asociaciones secretas y las de carácter paramilitar.

Artículo 23

1. Los ciudadanos tienen el derecho a participar en los asuntos públicos, directamente o por medio de representantes, libremente elegidos en elecciones periódicas por sufragio universal.

2. Asimismo, tienen derecho a acceder en condiciones de igualdad a las funciones y cargos públicos, con los requisitos que señalen las leyes.

Artículo 24

1. Todas las personas tienen derecho a obtener la tutela efectiva de los jueces y tribunales en el ejercicio de sus derechos e intereses legítimos, sin que, en ningún caso, pueda producirse indefensión.

2. Asimismo, todos tienen derecho al Juez ordinario predeterminado por la ley, a la defensa y a la asistencia de letrado, a ser informados de la acusación formulada contra ellos, a un proceso público sin dilaciones indebidas y con todas las garantías, a utilizar los medios de prueba pertinentes para su defensa, a no declarar contra sí mismos, a no confesarse culpables y a la presunción de inocencia.

La ley regulará los casos en que, por razón de parentesco o de secreto profesional, no se estará obligado a declarar sobre hechos presuntamente delictivos.

Artículo 25

1. Nadie puede ser condenado o sancionado por acciones u omisiones que en el momento de producirse no constituyan delito, falta o infracción administrativa, según la legislación vigente en aquel momento.

2. Las penas privativas de libertad y las medidas de seguridad estarán orientadas hacia la reeducación y reinserción social y no podrán consistir en trabajos forzados. El condenado a pena de prisión que estuviere cumpliendo la misma gozará de los derechos fundamentales de este Capítulo, a excepción de los que se vean expresamente limitados por el contenido del fallo condenatorio, el sentido de la pena y la ley penitenciaria. En todo caso, tendrá derecho a un trabajo remunerado y a los beneficios correspondientes de la Seguridad Social, así como al acceso a la cultura y al desarrollo integral de su personalidad.

3. La Administración civil no podrá imponer sanciones que, directa o subsidiariamente, impliquen privación de libertad.

Artículo 26

Se prohíben los Tribunales de Honor en el ámbito de la Administración civil y de las organizaciones profesionales.

Artículo 27

1. Todos tienen el derecho a la educación. Se reconoce la libertad de enseñanza.

2. La educación tendrá por objeto el pleno desarrollo de la personalidad humana en el respeto a los principios democráticos de convivencia y a los derechos y libertades fundamentales.

3. Los poderes públicos garantizan el derecho que asiste a los padres para que sus hijos reciban la formación religiosa y moral que esté de acuerdo con sus propias convicciones.

4. La enseñanza básica es obligatoria y gratuita.

5. Los poderes públicos garantizan el derecho de todos a la educación, mediante una programación general de la enseñanza, con participación efectiva de todos los sectores afectados y la creación de centros docentes.

6. Se reconoce a las personas físicas y jurídicas la libertad de creación de centros docentes, dentro del respeto a los principios constitucionales.

7. Los profesores, los padres y, en su caso, los alumnos intervendrán en el control y gestión de todos los centros sostenidos por la Administración con fondos públicos, en los términos que la ley establezca.

8. Los poderes públicos inspeccionarán y homologarán el sistema educativo para garantizar el cumplimiento de las leyes.

9. Los poderes públicos ayudarán a los centros docentes que reúnan los requisitos que la ley establezca.

10. Se reconoce la autonomía de las Universidades, en los términos que la ley establezca.

Artículo 28

1. Todos tienen derecho a sindicarse libremente. La ley podrá limitar o exceptuar el ejercicio de este derecho a las Fuerzas o Institutos armados o a los demás Cuerpos sometidos a disciplina militar y regulará las peculiaridades de su ejercicio para los funcionarios públicos. La libertad sindical comprende el derecho a fundar sindicatos y a afiliarse al de su elección, así como el derecho de los sindicatos a formar confederaciones y a fundar organizaciones sindicales internacionales o a afiliarse a las mismas. Nadie podrá ser obligado a afiliarse a un sindicato.

2. Se reconoce el derecho a la huelga de los trabajadores para la defensa de sus intereses. La ley que regule el ejercicio de este derecho establecerá las garantías precisas para asegurar el mantenimiento de los servicios esenciales de la comunidad.

Artículo 29

1. Todos los españoles tendrán el derecho de petición individual y colectiva, por escrito, en la forma y con los efectos que determine la ley.

2. Los miembros de las Fuerzas o Institutos armados o de los Cuerpos sometidos a disciplina militar podrán ejercer este derecho sólo individualmente y con arreglo a lo dispuesto en su legislación específica.

Sección 2.ª
De los derechos y deberes de los ciudadanos

Artículo 30

1. Los españoles tienen el derecho y el deber de defender a España.

2. La ley fijará las obligaciones militares de los españoles y regulará, con las debidas garantías, la objeción de conciencia, así como las demás causas de exención del servicio militar obligatorio, pudiendo imponer, en su caso, una prestación social sustitutoria.

3. Podrá establecerse un servicio civil para el cumplimiento de fines de interés general.

4. Mediante ley podrán regularse los deberes de los ciudadanos en los casos de grave riesgo, catástrofe o calamidad pública.

Artículo 31

1. Todos contribuirán al sostenimiento de los gastos públicos de acuerdo con su capacidad económica mediante un sistema tributario justo inspirado en los principios de igualdad y progresividad que, en ningún caso, tendrá alcance confiscatorio.

2. El gasto público realizará una asignación equitativa de los recursos públicos, y su programación y ejecución responderán a los criterios de eficiencia y economía.

3. Sólo podrán establecerse prestaciones personales o patrimoniales de carácter público con arreglo a la ley.

Artículo 32

1. El hombre y la mujer tienen derecho a contraer matrimonio con plena igualdad jurídica.

2. La ley regulará las formas de matrimonio, la edad y capacidad para contraerlo, los derechos y deberes de los cónyuges, las causas de separación y disolución y sus efectos.

Artículo 33

1. Se reconoce el derecho a la propiedad privada y a la herencia.

2. La función social de estos derechos delimitará su contenido, de acuerdo con las leyes.

3. Nadie podrá ser privado de sus bienes y derechos sino por causa justificada de utilidad pública o interés social, mediante la correspondiente indemnización y de conformidad con lo dispuesto por las leyes.

Artículo 34

1. Se reconoce el derecho de fundación para fines de interés general, con arreglo a la ley.

2. Regirá también para las fundaciones lo dispuesto en los apartados 2 y 4 del artículo 22.

Artículo 35

1. Todos los españoles tienen el deber de trabajar y el derecho al trabajo, a la libre elección de profesión u oficio, a la promoción a través del trabajo y a una remuneración suficiente para satisfacer sus necesidades y las de su familia, sin que en ningún caso pueda hacerse discriminación por razón de sexo.

2. La ley regulará un estatuto de los trabajadores.

Artículo 36

La ley regulará las peculiaridades propias del régimen jurídico de los Colegios Profesionales y el ejercicio de las profesiones tituladas. La estructura interna y el funcionamiento de los Colegios deberán ser democráticos.

Artículo 37

1. La ley garantizará el derecho a la negociación colectiva laboral entre los representantes de los trabajadores y empresarios, así como la fuerza vinculante de los convenios.

2. Se reconoce el derecho de los trabajadores y empresarios a adoptar medidas de conflicto colectivo. La ley que regule el ejercicio de este derecho, sin perjuicio de las limitaciones que puedan establecer, incluirá las garantías precisas para asegurar el funcionamiento de los servicios esenciales de la comunidad.

Artículo 38

Se reconoce la libertad de empresa en el marco de la economía de mercado. Los poderes públicos garantizan y protegen su ejercicio y la defensa de la productividad, de acuerdo con las exigencias de la economía general y, en su caso, de la planificación.

CAPÍTULO TERCERO
De los principios rectores de la política social y económica

Artículo 39

1. Los poderes públicos aseguran la protección social, económica y jurídica de la familia.

2. Los poderes públicos aseguran, asimismo, la protección integral de los hijos, iguales éstos ante la ley con independencia de su filiación, y de las madres, cualquiera que sea su estado civil. La ley posibilitará la investigación de la paternidad.

3. Los padres deben prestar asistencia de todo orden a los hijos habidos dentro o fuera del matrimonio, durante su minoría de edad y en los demás casos en que legalmente proceda.

4. Los niños gozarán de la protección prevista en los acuerdos internacionales que velan por sus derechos.

Artículo 40

1. Los poderes públicos promoverán las condiciones favorables para el progreso social y económico y para una distribución de la renta regional y personal más equitativa, en el marco de una política de estabilidad económica. De manera especial realizarán una política orientada al pleno empleo.

2. Asimismo, los poderes públicos fomentarán una política que garantice la formación y readaptación profesionales; velarán por la seguridad e higiene en el trabajo y garantizarán el descanso necesario, mediante la limitación de la jornada laboral, las vacaciones periódicas retribuidas y la promoción de centros adecuados.

Artículo 41

Los poderes públicos mantendrán un régimen público de Seguridad Social para todos los ciudadanos, que garantice la asistencia y prestaciones sociales suficientes ante situaciones de necesidad, especialmente en caso de desempleo. La asistencia y prestaciones complementarias serán libres.

Artículo 42

El Estado velará especialmente por la salvaguardia de los derechos económicos y sociales de los trabajadores españoles en el extranjero y orientará su política hacia su retorno.

Artículo 43

1. Se reconoce el derecho a la protección de la salud.

2. Compete a los poderes públicos organizar y tutelar la salud pública a través de medidas preventivas y de las prestaciones y servicios necesarios. La ley establecerá los derechos y deberes de todos al respecto.

3. Los poderes públicos fomentarán la educación sanitaria, la educación física y el deporte. Asimismo facilitarán la adecuada utilización del ocio.

Artículo 44

1. Los poderes públicos promoverán y tutelarán el acceso a la cultura, a la que todos tienen derecho.

2. Los poderes públicos promoverán la ciencia y la investigación científica y técnica en beneficio del interés general.

Artículo 45

1. Todos tienen el derecho a disfrutar de un medio ambiente adecuado para el desarrollo de la persona, así como el deber de conservarlo.

2. Los poderes públicos velarán por la utilización racional de todos los recursos naturales, con el fin de proteger y mejorar la calidad de la vida y defender y restaurar el medio ambiente, apoyándose en la indispensable solidaridad colectiva.

3. Para quienes violen lo dispuesto en el apartado anterior, en los términos que la ley fije se establecerán sanciones penales o, en su caso, administrativas, así como la obligación de reparar el daño causado.

Artículo 46

Los poderes públicos garantizarán la conservación y promoverán el enriquecimiento del patrimonio histórico, cultural y artístico de los pueblos de España y de los bienes que lo integran, cualquiera que sea su régimen jurídico y su titularidad. La ley penal sancionará los atentados contra este patrimonio.

Artículo 47

Todos los españoles tienen derecho a disfrutar de una vivienda digna y adecuada. Los poderes públicos promoverán las condiciones necesarias y establecerán las normas pertinentes para hacer efectivo este derecho, regulando la utilización del suelo de acuerdo con el interés general para impedir la especulación. La comunidad participará en las plusvalías que genere la acción urbanística de los entes públicos.

Artículo 48

Los poderes públicos promoverán las condiciones para la participación libre y eficaz de la juventud en el desarrollo político, social, económico y cultural.

Artículo 49

Los poderes públicos realizarán una política de previsión, tratamiento, rehabilitación e integración de los disminuidos físicos, sensoriales y psíquicos a los que prestarán la atención especializada que requieran y los ampararán especialmente para el disfrute de los derechos que este Título otorga a todos los ciudadanos.

Artículo 50

Los poderes públicos garantizarán, mediante pensiones adecuadas y periódicamente actualizadas, la suficiencia económica a los ciudadanos durante la tercera edad. Asimismo, y con independencia de las obligaciones familiares, promoverán su bienestar mediante un sistema de servicios sociales que atenderán sus problemas específicos de salud, vivienda, cultura y ocio.

Artículo 51

1. Los poderes públicos garantizarán la defensa de los consumidores y usuarios, protegiendo, mediante procedimientos eficaces, la seguridad, la salud y los legítimos intereses económicos de los mismos.

2. Los poderes públicos promoverán la información y la educación de los consumidores y usuarios, fomentarán sus organizaciones y oirán a éstas en las cuestiones que puedan afectar a aquéllos, en los términos que la ley establezca.

3. En el marco de lo dispuesto por los apartados anteriores, la ley regulará el comercio interior y el régimen de autorización de productos comerciales.

Artículo 52

La ley regulará las organizaciones profesionales que contribuyan a la defensa de los intereses económicos que les sean propios. Su estructura interna y funcionamiento deberán ser democráticos.

CAPÍTULO CUARTO
De las garantías de las libertades y derechos fundamentales

Artículo 53

1. Los derechos y libertades reconocidos en el Capítulo segundo del presente Título vinculan a todos los poderes públicos. Sólo por ley, que en todo caso deberá respetar su contenido esencial, podrá regularse el ejercicio de tales derechos y libertades, que se tutelarán de acuerdo con lo previsto en el artículo 161, 1, a).

2. Cualquier ciudadano podrá recabar la tutela de las libertades y derechos reconocidos en el artículo 14 y la Sección primera del Capítulo segundo ante los Tribunales ordinarios por un procedimiento basado en los principios de preferencia y sumariedad y, en su caso, a través del recurso de amparo ante el Tribunal Constitucional. Este último recurso será aplicable a la objeción de conciencia reconocida en el artículo 30.

3. El reconocimiento, el respeto y la protección de los principios reconocidos en el Capítulo tercero informarán la legislación positiva, la práctica judicial y la actuación

de los poderes públicos. Sólo podrán ser alegados ante la Jurisdicción ordinaria de acuerdo con lo que dispongan las leyes que los desarrollen.

Artículo 54

Una ley orgánica regulará la institución del Defensor del Pueblo, como alto comisionado de las Cortes Generales, designado por éstas para la defensa de los derechos comprendidos en este Título, a cuyo efecto podrá supervisar la actividad de la Administración, dando cuenta a las Cortes Generales.

CAPÍTULO QUINTO
De la suspensión de los derechos y libertades

Artículo 55

1. Los derechos reconocidos en los artículos 17, 18, apartados 2 y 3, artículos 19, 20, apartados 1, a) y d), y 5, artículos 21, 28, apartado 2, y artículo 37, apartado 2, podrán ser suspendidos cuando se acuerde la declaración del estado de excepción o de sitio en los términos previstos en la Constitución. Se exceptúa de lo establecido anteriormente el apartado 3 del artículo 17 para el supuesto de declaración de estado de excepción.

2. Una ley orgánica podrá determinar la forma y los casos en los que, de forma individual y con la necesaria intervención judicial y el adecuado control parlamentario, los derechos reconocidos en los artículos 17, apartado 2, y 18, apartados 2 y 3, pueden ser suspendidos para personas determinadas, en relación con las investigaciones correspondientes a la actuación de bandas armadas o elementos terroristas.

La utilización injustificada o abusiva de las facultades reconocidas en dicha ley orgánica producirá responsabilidad penal, como violación de los derechos y libertades reconocidos por las leyes.

TÍTULO II
De la Corona

Artículo 56

1. El Rey es el Jefe del Estado, símbolo de su unidad y permanencia, arbitra y modera el funcionamiento regular de las instituciones, asume la más alta representación del Estado español en las relaciones internacionales, especialmente con las naciones de su comunidad histórica, y ejerce las funciones que le atribuyen expresamente la Constitución y las leyes.

2. Su título es el de Rey de España y podrá utilizar los demás que correspondan a la Corona.

3. La persona del Rey es inviolable y no está sujeta a responsabilidad. Sus actos estarán siempre refrendados en la forma establecida en el artículo 64, careciendo de validez sin dicho refrendo, salvo lo dispuesto en el artículo 65, 2.

Artículo 57

1. La Corona de España es hereditaria en los sucesores de S. M. Don Juan Carlos I de Borbón, legítimo heredero de la dinastía histórica. La sucesión en el trono seguirá el orden regular de primogenitura y representación, siendo preferida siempre la línea anterior a las posteriores; en la misma línea, el grado más próximo al más remoto; en el mismo grado, el varón a la mujer, y en el mismo sexo, la persona de más edad a la de menos.

2. El Príncipe heredero, desde su nacimiento o desde que se produzca el hecho que origine el llamamiento, tendrá la dignidad de Príncipe de Asturias y los demás títulos vinculados tradicionalmente al sucesor de la Corona de España.

3. Extinguidas todas las líneas llamadas en Derecho, las Cortes Generales proveerán a la sucesión en la Corona en la forma que más convenga a los intereses de España.

4. Aquellas personas que teniendo derecho a la sucesión en el trono contrajeren matrimonio contra la expresa prohibición del Rey y de las Cortes Generales, quedarán excluidas en la sucesión a la Corona por sí y sus descendientes.

5. Las abdicaciones y renuncias y cualquier duda de hecho o de derecho que ocurra en el orden de sucesión a la Corona se resolverán por una ley orgánica.

Artículo 58

La Reina consorte o el consorte de la Reina no podrán asumir funciones constitucionales, salvo lo dispuesto para la Regencia.

Artículo 59

1. Cuando el Rey fuere menor de edad, el padre o la madre del Rey y, en su defecto, el pariente mayor de edad más próximo a suceder en la Corona, según el orden establecido en la Constitución, entrará a ejercer inmediatamente la Regencia y la ejercerá durante el tiempo de la minoría de edad del Rey.

2. Si el Rey se inhabilitare para el ejercicio de su autoridad y la imposibilidad fuere reconocida por las Cortes Generales, entrará a ejercer inmediatamente la Regencia el Príncipe heredero de la Corona, si fuere mayor de edad. Si no lo fuere, se procederá de la manera prevista en el apartado anterior, hasta que el Príncipe heredero alcance la mayoría de edad.

3. Si no hubiere ninguna persona a quien corresponda la Regencia, ésta será nombrada por las Cortes Generales, y se compondrá de una, tres o cinco personas.

4. Para ejercer la Regencia es preciso ser español y mayor de edad.

5. La Regencia se ejercerá por mandato constitucional y siempre en nombre del Rey.

Artículo 60

1. Será tutor del Rey menor la persona que en su testamento hubiese nombrado el Rey difunto, siempre que sea mayor de edad y español de nacimiento; si no lo hu-

biese nombrado, será tutor el padre o la madre mientras permanezcan viudos. En su defecto, lo nombrarán las Cortes Generales, pero no podrán acumularse los cargos de Regente y de tutor sino en el padre, madre o ascendientes directos del Rey.

2. El ejercicio de la tutela es también incompatible con el de todo cargo o representación política.

Artículo 61

1. El Rey, al ser proclamado ante las Cortes Generales, prestará juramento de desempeñar fielmente sus funciones, guardar y hacer guardar la Constitución y las leyes y respetar los derechos de los ciudadanos y de las Comunidades Autónomas.

2. El Príncipe heredero, al alcanzar la mayoría de edad, y el Regente o Regentes al hacerse cargo de sus funciones, prestarán el mismo juramento, así como el de fidelidad al Rey.

Artículo 62

Corresponde al Rey:

a) Sancionar y promulgar las leyes.

b) Convocar y disolver las Cortes Generales y convocar elecciones en los términos previstos en la Constitución.

c) Convocar a referéndum en los casos previstos en la Constitución.

d) Proponer el candidato a Presidente del Gobierno y, en su caso, nombrarlo, así como poner fin a sus funciones en los términos previstos en la Constitución.

e) Nombrar y separar a los miembros del Gobierno, a propuesta de su Presidente.

f) Expedir los decretos acordados en el Consejo de Ministros, conferir los empleos civiles y militares y conceder honores y distinciones con arreglo a las leyes.

g) Ser informado de los asuntos de Estado y presidir, a estos efectos, las sesiones del Consejo de Ministros, cuando lo estime oportuno, a petición del Presidente del Gobierno.

h) El mando supremo de las Fuerzas Armadas.

i) Ejercer el derecho de gracia con arreglo a la ley, que no podrá autorizar indultos generales.

j) El Alto Patronazgo de las Reales Academias.

Artículo 63

1. El Rey acredita a los embajadores y otros representantes diplomáticos. Los representantes extranjeros en España están acreditados ante él.

2. Al Rey corresponde manifestar el consentimiento del Estado para obligarse internacionalmente por medio de tratados, de conformidad con la Constitución y las leyes.

3. Al Rey corresponde, previa autorización de las Cortes Generales, declarar la guerra y hacer la paz.

Artículo 64

1. Los actos del Rey serán refrendados por el Presidente del Gobierno y, en su caso, por los Ministros competentes. La propuesta y el nombramiento del Presiden-

te del Gobierno, y la disolución prevista en el artículo 99, serán refrendados por el Presidente del Congreso.

2. De los actos del Rey serán responsables las personas que los refrenden.

Artículo 65

1. El Rey recibe de los Presupuestos del Estado una cantidad global para el sostenimiento de su Familia y Casa, y distribuye libremente la misma.

2. El Rey nombra y releva libremente a los miembros civiles y militares de su Casa.

TÍTULO III

De las Cortes Generales

CAPÍTULO PRIMERO

De las Cámaras

Artículo 66

1. Las Cortes Generales representan al pueblo español y están formadas por el Congreso de los Diputados y el Senado.

2. Las Cortes Generales ejercen la potestad legislativa del Estado, aprueban sus Presupuestos, controlan la acción del Gobierno y tienen las demás competencias que les atribuya la Constitución.

3. Las Cortes Generales son inviolables.

Artículo 67

1. Nadie podrá ser miembro de las dos Cámaras simultáneamente, ni acumular el acta de una Asamblea de Comunidad Autónoma con la de Diputado al Congreso.

2. Los miembros de las Cortes Generales no estarán ligados por mandato imperativo.

3. Las reuniones de Parlamentarios que se celebren sin convocatoria reglamentaria no vincularán a las Cámaras, y no podrán ejercer sus funciones ni ostentar sus privilegios.

Artículo 68

1. El Congreso se compone de un mínimo de 300 y un máximo de 400 Diputados, elegidos por sufragio universal, libre, igual, directo y secreto, en los términos que establezca la ley.

2. La circunscripción electoral es la provincia. Las poblaciones de Ceuta y Melilla estarán representadas cada una de ellas por un Diputado. La ley distribuirá el número total de Diputados, asignando una representación mínima inicial a cada circunscripción y distribuyendo los demás en proporción a la población.

3. La elección se verificará en cada circunscripción atendiendo a criterios de representación proporcional.

4. El Congreso es elegido por cuatro años. El mandato de los Diputados termina cuatro años después de su elección o el día de la disolución de la Cámara.

5. Son electores y elegibles todos los españoles que estén en pleno uso de sus derechos políticos.

La ley reconocerá y el Estado facilitará el ejercicio del derecho de sufragio a los españoles que se encuentren fuera del territorio de España.

6. Las elecciones tendrán lugar entre los treinta días y sesenta días desde la terminación del mandato. El Congreso electo deberá ser convocado dentro de los veinticinco días siguientes a la celebración de las elecciones.

Artículo 69

1. El Senado es la Cámara de representación territorial.

2. En cada provincia se elegirán cuatro Senadores por sufragio universal, libre, igual, directo y secreto por los votantes de cada una de ellas, en los términos que señale una ley orgánica.

3. En las provincias insulares, cada isla o agrupación de ellas, con Cabildo o Consejo Insular, constituirá una circunscripción a efectos de elección de Senadores, correspondiendo tres a cada una de las islas mayores –Gran Canaria, Mallorca y Tenerife– y uno a cada una de las siguientes islas o agrupaciones: Ibiza-Formentera, Menorca, Fuerteventura, Gomera, Hierro, Lanzarote y La Palma.

4. Las poblaciones de Ceuta y Melilla elegirán cada una de ellas dos Senadores.

5. Las Comunidades Autónomas designarán además un Senador y otro más por cada millón de habitantes de su respectivo territorio. La designación corresponderá a la Asamblea legislativa o, en su defecto, al órgano colegiado superior de la Comunidad Autónoma, de acuerdo con lo que establezcan los Estatutos, que asegurarán, en todo caso, la adecuada representación proporcional.

6. El Senado es elegido por cuatro años. El mandato de los Senadores termina cuatro años después de su elección o el día de la disolución de la Cámara.

Artículo 70

1. La ley electoral determinará las causas de inelegibilidad e incompatibilidad de los Diputados y Senadores, que comprenderán, en todo caso:

a) A los componentes del Tribunal Constitucional.

b) A los altos cargos de la Administración del Estado que determine la ley, con la excepción de los miembros del Gobierno.

c) Al Defensor del Pueblo.

d) A los Magistrados, Jueces y Fiscales en activo.

e) A los militares profesionales y miembros de las Fuerzas y Cuerpos de Seguridad y Policía en activo.

f) A los miembros de las Juntas Electorales.

2. La validez de las actas y credenciales de los miembros de ambas Cámaras estará sometida al control judicial, en los términos que establezca la ley electoral.

Artículo 71

1. Los Diputados y Senadores gozarán de inviolabilidad por las opiniones manifestadas en el ejercicio de sus funciones.

2. Durante el período de su mandato los Diputados y Senadores gozarán asimismo de inmunidad y sólo podrán ser detenidos en caso de flagrante delito. No podrán ser inculpados ni procesados sin la previa autorización de la Cámara respectiva.

3. En las causas contra Diputados y Senadores será competente la Sala de lo Penal del Tribunal Supremo.

4. Los Diputados y Senadores percibirán una asignación que será fijada por las respectivas Cámaras.

Artículo 72

1. Las Cámaras establecen sus propios Reglamentos, aprueban autónomamente sus presupuestos y, de común acuerdo, regulan el Estatuto del Personal de las Cortes Generales. Los Reglamentos y su reforma serán sometidos a una votación final sobre su totalidad, que requerirá la mayoría absoluta.

2. Las Cámaras eligen sus respectivos Presidentes y los demás miembros de sus Mesas. Las sesiones conjuntas serán presididas por el Presidente del Congreso y se regirán por un Reglamento de las Cortes Generales aprobado por mayoría absoluta de cada Cámara.

3. Los Presidentes de las Cámaras ejercen en nombre de las mismas todos los poderes administrativos y facultades de policía en el interior de sus respectivas sedes.

Artículo 73

1. Las Cámaras se reunirán anualmente en dos períodos ordinarios de sesiones: el primero, de septiembre a diciembre, y el segundo, de febrero a junio.

2. Las Cámaras podrán reunirse en sesiones extraordinarias a petición del Gobierno, de la Diputación Permanente o de la mayoría absoluta de los miembros de cualquiera de las Cámaras. Las sesiones extraordinarias deberán convocarse sobre un orden del día determinado y serán clausuradas una vez que éste haya sido agotado.

Artículo 74

1. Las Cámaras se reunirán en sesión conjunta para ejercer las competencias no legislativas que el Título II atribuye expresamente a las Cortes Generales.

2. Las decisiones de las Cortes Generales previstas en los artículos 94, 1, 145, 2 y 158, 2, se adoptarán por mayoría de cada una de las Cámaras. En el primer caso, el procedimiento se iniciará por el Congreso, y en los otros dos, por el Senado. En ambos casos, si no hubiera acuerdo entre Senado y Congreso, se intentará obtener por una Comisión Mixta compuesta de igual número de Diputados y Senadores. La Comisión presentará un texto que será votado por ambas Cámaras. Si no se aprueba en la forma establecida, decidirá el Congreso por mayoría absoluta.

Artículo 75

1. Las Cámaras funcionarán en Pleno y por Comisiones.

2. Las Cámaras podrán delegar en las Comisiones Legislativas Permanentes la aprobación de proyectos o proposiciones de ley. El Pleno podrá, no obstante, recabar en cualquier momento el debate y votación de cualquier proyecto o proposición de ley que haya sido objeto de esta delegación.

3. Quedan exceptuados de lo dispuesto en el apartado anterior la reforma constitucional, las cuestiones internacionales, las leyes orgánicas y de bases y los Presupuestos Generales del Estado.

Artículo 76

1. El Congreso y el Senado, y, en su caso, ambas Cámaras conjuntamente, podrán nombrar Comisiones de investigación sobre cualquier asunto de interés público. Sus conclusiones no serán vinculantes para los Tribunales, ni afectarán a las resoluciones judiciales, sin perjuicio de que el resultado de la investigación sea comunicado al Ministerio Fiscal para el ejercicio, cuando proceda, de las acciones oportunas.

2. Será obligatorio comparecer a requerimiento de las Cámaras. La ley regulará las sanciones que puedan imponerse por incumplimiento de esta obligación.

Artículo 77

1. Las Cámaras pueden recibir peticiones individuales y colectivas, siempre por escrito, quedando prohibida la presentación directa por manifestaciones ciudadanas.

2. Las Cámaras pueden remitir al Gobierno las peticiones que reciban. El Gobierno está obligado a explicarse sobre su contenido, siempre que las Cámaras lo exijan.

Artículo 78

1. En cada Cámara habrá una Diputación Permanente compuesta por un mínimo de veintiún miembros, que representarán a los grupos parlamentarios, en proporción a su importancia numérica.

2. Las Diputaciones Permanentes estarán presididas por el Presidente de la Cámara respectiva y tendrán como funciones la prevista en el artículo 73, la de asumir las facultades que correspondan a las Cámaras, de acuerdo con los artículos 86 y 116, en caso de que éstas hubieren sido disueltas o hubiere expirado su mandato y la de velar por los poderes de las Cámaras cuando éstas no estén reunidas.

3. Expirado el mandato o en caso de disolución, las Diputaciones Permanentes seguirán ejerciendo sus funciones hasta la constitución de las nuevas Cortes Generales.

4. Reunida la Cámara correspondiente, la Diputación Permanente dará cuenta de los asuntos tratados y de sus decisiones.

Artículo 79

1. Para adoptar acuerdos, las Cámaras deben estar reunidas reglamentariamente y con asistencia de la mayoría de sus miembros.

2. Dichos acuerdos, para ser válidos, deberán ser aprobados por la mayoría de los miembros presentes, sin perjuicio de las mayorías especiales que establezcan la Constitución o las leyes orgánicas y las que para elección de personas establezcan los Reglamentos de las Cámaras.

3. El voto de Senadores y Diputados es personal e indelegable.

Artículo 80

Las sesiones plenarias de las Cámaras serán públicas, salvo acuerdo en contrario de cada Cámara, adoptado por mayoría absoluta o con arreglo al Reglamento.

CAPÍTULO SEGUNDO
De la elaboración de las leyes

Artículo 81

1. Son leyes orgánicas las relativas al desarrollo de los derechos fundamentales y de las libertades públicas, las que aprueben los Estatutos de Autonomía y el régimen electoral general y las demás previstas en la Constitución.

2. La aprobación, modificación o derogación de las leyes orgánicas exigirá mayoría absoluta del Congreso, en una votación final sobre el conjunto del proyecto.

Artículo 82

1. Las Cortes Generales podrán delegar en el Gobierno la potestad de dictar normas con rango de ley sobre materias determinadas no incluidas en el artículo anterior.

2. La delegación legislativa deberá otorgarse mediante una ley de bases cuando su objeto sea la formación de textos articulados o por una ley ordinaria cuando se trate de refundir varios textos legales en uno solo.

3. La delegación legislativa habrá de otorgarse al Gobierno de forma expresa para materia concreta y con fijación del plazo para su ejercicio. La delegación se agota por el uso que de ella haga el Gobierno mediante la publicación de la norma correspondiente. No podrá entenderse concedida de modo implícito o por tiempo indeterminado. Tampoco podrá permitir la subdelegación a autoridades distintas del propio Gobierno.

4. Las leyes de bases delimitarán con precisión el objeto y alcance de la delegación legislativa y los principios y criterios que han de seguirse en su ejercicio.

5. La autorización para refundir textos legales determinará el ámbito normativo a que se refiere el contenido de la delegación, especificando si se circunscribe a la mera formulación de un texto único o si se incluye la de regularizar, aclarar y armonizar los textos legales que han de ser refundidos.

6. Sin perjuicio de la competencia propia de los Tribunales, las leyes de delegación podrán establecer en cada caso fórmulas adicionales de control.

Artículo 83

Las leyes de bases no podrán en ningún caso:

a) Autorizar la modificación de la propia ley de bases.

b) Facultar para dictar normas con carácter retroactivo.

Artículo 84

Cuando una proposición de ley o una enmienda fuere contraria a una delegación legislativa en vigor, el Gobierno está facultado para oponerse a su tramitación. En tal supuesto, podrá presentarse una proposición de ley para la derogación total o parcial de la ley de delegación.

Artículo 85

Las disposiciones del Gobierno que contengan legislación delegada recibirán el título de Decretos Legislativos.

Artículo 86

1. En caso de extraordinaria y urgente necesidad, el Gobierno podrá dictar disposiciones legislativas provisionales que tomarán la forma de Decretos-leyes y que no podrán afectar al ordenamiento de las instituciones básicas del Estado, a los derechos, deberes y libertades de los ciudadanos regulados en el Título I, al régimen de las Comunidades Autónomas ni al Derecho electoral general.

2. Los Decretos-leyes deberán ser inmediatamente sometidos a debate y votación de totalidad al Congreso de los Diputados, convocado al efecto si no estuviere reunido, en el plazo de los treinta días siguientes a su promulgación. El Congreso habrá de pronunciarse expresamente dentro de dicho plazo sobre su convalidación o derogación, para lo cual el Reglamento establecerá un procedimiento especial y sumario.

3. Durante el plazo establecido en el apartado anterior, las Cortes podrán tramitarlos como proyectos de ley por el procedimiento de urgencia.

Artículo 87

1. La iniciativa legislativa corresponde al Gobierno, al Congreso y al Senado, de acuerdo con la Constitución y los Reglamentos de las Cámaras.

2. Las Asambleas de las Comunidades Autónomas podrán solicitar del Gobierno la adopción de un proyecto de ley o remitir a la Mesa del Congreso una proposición de ley, delegando ante dicha Cámara un máximo de tres miembros de la Asamblea encargados de su defensa.

3. Una ley orgánica regulará las formas de ejercicio y requisitos de la iniciativa popular para la presentación de proposiciones de ley. En todo caso se exigirán no menos de 500.000 firmas acreditadas. No procederá dicha iniciativa en materias propias de ley orgánica, tributarias o de carácter internacional, ni en lo relativo a la prerrogativa de gracia.

Artículo 88

Los proyectos de ley serán aprobados en Consejo de Ministros, que los someterá al Congreso, acompañados de una exposición de motivos y de los antecedentes necesarios para pronunciarse sobre ellos.

Artículo 89

1. La tramitación de las proposiciones de ley se regulará por los Reglamentos de las Cámaras, sin que la prioridad debida a los proyectos de ley impida el ejercicio de la iniciativa legislativa en los términos regulados por el artículo 87.

2. Las proposiciones de ley que, de acuerdo con el artículo 87, tome en consideración el Senado, se remitirán al Congreso para su trámite en éste como tal proposición.

Artículo 90

1. Aprobado un proyecto de ley ordinaria u orgánica por el Congreso de los Diputados, su Presidente dará inmediata cuenta del mismo al Presidente del Senado, el cual lo someterá a la deliberación de éste.

2. El Senado en el plazo de dos meses, a partir del día de la recepción del texto, puede, mediante mensaje motivado, oponer su veto o introducir enmiendas al mismo. El veto deberá ser aprobado por mayoría absoluta. El proyecto no podrá ser sometido al Rey para sanción sin que el Congreso ratifique por mayoría absoluta, en caso de veto, el texto inicial, o por mayoría simple, una vez transcurridos dos meses desde la interposición del mismo, o se pronuncie sobre las enmiendas, aceptándolas o no por mayoría simple.

3. El plazo de dos meses de que el Senado dispone para vetar o enmendar el proyecto se reducirá al de veinte días naturales en los proyectos declarados urgentes por el Gobierno o por el Congreso de los Diputados.

Artículo 91

El Rey sancionará en el plazo de quince días las leyes aprobadas por las Cortes Generales, y las promulgará y ordenará su inmediata publicación.

Artículo 92

1. Las decisiones políticas de especial trascendencia podrán ser sometidas a referéndum consultivo de todos los ciudadanos.

2. El referéndum será convocado por el Rey, mediante propuesta del Presidente del Gobierno, previamente autorizada por el Congreso de los Diputados.

3. Una ley orgánica regulará las condiciones y el procedimiento de las distintas modalidades de referéndum previstas en esta Constitución.

CAPÍTULO TERCERO
De los Tratados Internacionales

Artículo 93

Mediante ley orgánica se podrá autorizar la celebración de tratados por los que se atribuya a una organización o institución internacional el ejercicio de competencias derivadas de la Constitución. Corresponde a las Cortes Generales o al Gobierno, según los casos, la garantía del cumplimiento de estos tratados y de las resoluciones emanadas de los organismos internacionales o supranacionales titulares de la cesión.

Artículo 94

1. La prestación del consentimiento del Estado para obligarse por medio de tratados o convenios requerirá la previa autorización de las Cortes Generales, en los siguientes casos:

a) Tratados de carácter político.

b) Tratados o convenios de carácter militar.

c) Tratados o convenios que afecten a la integridad territorial del Estado o a los derechos y deberes fundamentales establecidos en el Título I.

d) Tratados o convenios que impliquen obligaciones financieras para la Hacienda Pública.

e) Tratados o convenios que supongan modificación o derogación de alguna ley o exijan medidas legislativas para su ejecución.

2. El Congreso y el Senado serán inmediatamente informados de la conclusión de los restantes tratados o convenios.

Artículo 95

1. La celebración de un tratado internacional que contenga estipulaciones contrarias a la Constitución exigirá la previa revisión constitucional.

2. El Gobierno o cualquiera de las Cámaras puede requerir al Tribunal Constitucional para que declare si existe o no esa contradicción.

Artículo 96

1. Los tratados internacionales válidamente celebrados, una vez publicados oficialmente en España, formarán parte del ordenamiento interno. Sus disposiciones sólo podrán ser derogadas, modificadas o suspendidas en la forma prevista en los propios tratados o de acuerdo con las normas generales del Derecho internacional.

2. Para la denuncia de los tratados y convenios internacionales se utilizará el mismo procedimiento previsto para su aprobación en el artículo 94.

TÍTULO IV

Del Gobierno y de la Administración

Artículo 97

El Gobierno dirige la política interior y exterior, la Administración civil y militar y la defensa del Estado. Ejerce la función ejecutiva y la potestad reglamentaria de acuerdo con la Constitución y las leyes.

Artículo 98

1. El Gobierno se compone del Presidente, de los Vicepresidentes, en su caso, de los Ministros y de los demás miembros que establezca la ley.

2. El Presidente dirige la acción del Gobierno y coordina las funciones de los demás miembros del mismo, sin perjuicio de la competencia y responsabilidad directa de éstos en su gestión.

3. Los miembros del Gobierno no podrán ejercer otras funciones representativas que las propias del mandato parlamentario, ni cualquier otra función pública que no derive de su cargo, ni actividad profesional o mercantil alguna.

4. La ley regulará el estatuto e incompatibilidades de los miembros del Gobierno.

Artículo 99

1. Después de cada renovación del Congreso de los Diputados, y en los demás supuestos constitucionales en que así proceda, el Rey, previa consulta con los representantes designados por los Grupos políticos con representación parlamentaria, y a través del Presidente del Congreso, propondrá un candidato a la Presidencia del Gobierno.

2. El candidato propuesto conforme a lo previsto en el apartado anterior expondrá ante el Congreso de los Diputados el programa político del Gobierno que pretenda formar y solicitará la confianza de la Cámara.

3. Si el Congreso de los Diputados, por el voto de la mayoría absoluta de sus miembros, otorgare su confianza a dicho candidato, el Rey le nombrará Presidente. De no alcanzarse dicha mayoría, se someterá la misma propuesta a nueva votación cuarenta y ocho horas después de la anterior, y la confianza se entenderá otorgada si obtuviere la mayoría simple.

4. Si efectuadas las citadas votaciones no se otorgase la confianza para la investidura, se tramitarán sucesivas propuestas en la forma prevista en los apartados anteriores.

5. Si transcurrido el plazo de dos meses, a partir de la primera votación de investidura, ningún candidato hubiere obtenido la confianza del Congreso, el Rey disolverá ambas Cámaras y convocará nuevas elecciones con el refrendo del Presidente del Congreso.

Artículo 100

Los demás miembros del Gobierno serán nombrados y separados por el Rey, a propuesta de su Presidente.

Artículo 101

1. El Gobierno cesa tras la celebración de elecciones generales, en los casos de pérdida de la confianza parlamentaria previstos en la Constitución, o por dimisión o fallecimiento de su Presidente.

2. El Gobierno cesante continuará en funciones hasta la toma de posesión del nuevo Gobierno.

Artículo 102

1. La responsabilidad criminal del Presidente y los demás miembros del Gobierno será exigible, en su caso, ante la Sala de lo Penal del Tribunal Supremo.

2. Si la acusación fuere por traición o por cualquier delito contra la seguridad del Estado en el ejercicio de sus funciones, sólo podrá ser planteada por iniciativa de la cuarta parte de los miembros del Congreso, y con la aprobación de la mayoría absoluta del mismo.

3. La prerrogativa real de gracia no será aplicable a ninguno de los supuestos del presente artículo.

Artículo 103

1. La Administración Pública sirve con objetividad los intereses generales y actúa de acuerdo con los principios de eficacia, jerarquía, descentralización, desconcentración y coordinación, con sometimiento pleno a la ley y al Derecho.

2. Los órganos de la Administración del Estado son creados, regidos y coordinados de acuerdo con la ley.

3. La ley regulará el estatuto de los funcionarios públicos, el acceso a la función pública de acuerdo con los principios de mérito y capacidad, las peculiaridades del ejercicio de su derecho a sindicación, el sistema de incompatibilidades y las garantías para la imparcialidad en el ejercicio de sus funciones.

Artículo 104

1. Las Fuerzas y Cuerpos de seguridad, bajo la dependencia del Gobierno, tendrán como misión proteger el libre ejercicio de los derechos y libertades y garantizar la seguridad ciudadana.

2. Una ley orgánica determinará las funciones, principios básicos de actuación y estatutos de las Fuerzas y Cuerpos de seguridad.

Artículo 105

La ley regulará:

a) La audiencia de los ciudadanos, directamente o a través de las organizaciones y asociaciones reconocidas por la ley, en el procedimiento de elaboración de las disposiciones administrativas que les afecten.

b) El acceso de los ciudadanos a los archivos y registros administrativos, salvo en lo que afecte a la seguridad y defensa del Estado, la averiguación de los delitos y la intimidad de las personas.

c) El procedimiento a través del cual deben producirse los actos administrativos, garantizando, cuando proceda, la audiencia del interesado.

Artículo 106

1. Los Tribunales controlan la potestad reglamentaria y la legalidad de la actuación administrativa, así como el sometimiento de ésta a los fines que la justifican.

2. Los particulares, en los términos establecidos por la ley, tendrán derecho a ser indemnizados por toda lesión que sufran en cualquiera de sus bienes y derechos,

salvo en los casos de fuerza mayor, siempre que la lesión sea consecuencia del funcionamiento de los servicios públicos.

Artículo 107

El Consejo de Estado es el supremo órgano consultivo del Gobierno. Una ley orgánica regulará su composición y competencia.

TÍTULO V

De las relaciones entre el Gobierno y las Cortes Generales

Artículo 108

El Gobierno responde solidariamente en su gestión política ante el Congreso de los Diputados.

Artículo 109

Las Cámaras y sus Comisiones podrán recabar, a través de los Presidentes de aquéllas, la información y ayuda que precisen del Gobierno y de sus Departamentos y de cualesquiera autoridades del Estado y de las Comunidades Autónomas.

Artículo 110

1. Las Cámaras y sus Comisiones pueden reclamar la presencia de los miembros del Gobierno.

2. Los miembros del Gobierno tienen acceso a las sesiones de las Cámaras y a sus Comisiones y la facultad de hacerse oír en ellas, y podrán solicitar que informen ante las mismas funcionarios de sus Departamentos.

Artículo 111

1. El Gobierno y cada uno de sus miembros están sometidos a las interpelaciones y preguntas que se le formulen en las Cámaras. Para esta clase de debate los Reglamentos establecerán un tiempo mínimo semanal.

2. Toda interpelación podrá dar lugar a una moción en la que la Cámara manifieste su posición.

Artículo 112

El Presidente del Gobierno, previa deliberación del Consejo de Ministros, puede plantear ante el Congreso de los Diputados la cuestión de confianza sobre su programa o sobre una declaración de política general. La confianza se entenderá otorgada cuando vote a favor de la misma la mayoría simple de los Diputados.

Artículo 113

1. El Congreso de los Diputados puede exigir la responsabilidad política del Gobierno mediante la adopción por mayoría absoluta de la moción de censura.

2. La moción de censura deberá ser propuesta al menos por la décima parte de los Diputados, y habrá de incluir un candidato a la Presidencia del Gobierno.

3. La moción de censura no podrá ser votada hasta que transcurran cinco días desde su presentación. En los dos primeros días de dicho plazo podrán presentarse mociones alternativas.

4. Si la moción de censura no fuere aprobada por el Congreso, sus signatarios no podrán presentar otra durante el mismo período de sesiones.

Artículo 114

1. Si el Congreso niega su confianza al Gobierno, éste presentará su dimisión al Rey, procediéndose a continuación a la designación de Presidente del Gobierno, según lo dispuesto en el artículo 99.

2. Si el Congreso adopta una moción de censura, el Gobierno presentará su dimisión al Rey y el candidato incluido en aquélla se entenderá investido de la confianza de la Cámara a los efectos previstos en el artículo 99. El Rey le nombrará Presidente del Gobierno.

Artículo 115

1. El Presidente del Gobierno, previa deliberación del Consejo de Ministros, y bajo su exclusiva responsabilidad, podrá proponer la disolución del Congreso, del Senado o de las Cortes Generales, que será decretada por el Rey. El decreto de disolución fijará la fecha de las elecciones.

2. La propuesta de disolución no podrá presentarse cuando esté en trámite una moción de censura.

3. No procederá nueva disolución antes de que transcurra un año desde la anterior, salvo lo dispuesto en el artículo 99, apartado 5.

Artículo 116

1. Una ley orgánica regulará los estados de alarma, de excepción y de sitio, y las competencias y limitaciones correspondientes.

2. El estado de alarma será declarado por el Gobierno mediante decreto acordado en Consejo de Ministros por un plazo máximo de quince días, dando cuenta al Congreso de los Diputados, reunido inmediatamente al efecto y sin cuya autorización no podrá ser prorrogado dicho plazo. El decreto determinará el ámbito territorial a que se extienden los efectos de la declaración.

3. El estado de excepción será declarado por el Gobierno mediante decreto acordado en Consejo de Ministros, previa autorización del Congreso de los Diputados. La autorización y proclamación del estado de excepción deberá determinar expresamente los efectos del mismo, el ámbito territorial a que se extiende y su duración, que no podrá exceder de treinta días, prorrogables por otro plazo igual, con los mismos requisitos.

4. El estado de sitio será declarado por la mayoría absoluta del Congreso de los Diputados, a propuesta exclusiva del Gobierno. El Congreso determinará su ámbito territorial, duración y condiciones.

5. No podrá procederse a la disolución del Congreso mientras estén declarados algunos de los estados comprendidos en el presente artículo, quedando automática-

mente convocadas las Cámaras si no estuvieren en período de sesiones. Su funcionamiento, así como el de los demás poderes constitucionales del Estado, no podrán interrumpirse durante la vigencia de estos estados.

Disuelto el Congreso o expirado su mandato, si se produjere alguna de las situaciones que dan lugar a cualquiera de dichos estados, las competencias del Congreso serán asumidas por su Diputación Permanente.

6. La declaración de los estados de alarma, de excepción y de sitio no modificarán el principio de responsabilidad del Gobierno y de sus agentes reconocidos en la Constitución y en las leyes.

TÍTULO VI

Del Poder Judicial

Artículo 117

1. La justicia emana del pueblo y se administra en nombre del Rey por Jueces y Magistrados integrantes del poder judicial, independientes, inamovibles, responsables y sometidos únicamente al imperio de la ley.

2. Los Jueces y Magistrados no podrán ser separados, suspendidos, trasladados ni jubilados, sino por alguna de las causas y con las garantías previstas en la ley.

3. El ejercicio de la potestad jurisdiccional en todo tipo de procesos, juzgando y haciendo ejecutar lo juzgado, corresponde exclusivamente a los Juzgados y Tribunales determinados por las leyes, según las normas de competencia y procedimiento que las mismas establezcan.

4. Los Juzgados y Tribunales no ejercerán más funciones que las señaladas en el apartado anterior y las que expresamente les sean atribuidas por ley en garantía de cualquier derecho.

5. El principio de unidad jurisdiccional es la base de la organización y funcionamiento de los Tribunales. La ley regulará el ejercicio de la jurisdicción militar en el ámbito estrictamente castrense y en los supuestos de estado de sitio, de acuerdo con los principios de la Constitución.

6. Se prohíben los Tribunales de excepción.

Artículo 118

Es obligado cumplir las sentencias y demás resoluciones firmes de los Jueces y Tribunales, así como prestar la colaboración requerida por éstos en el curso del proceso y en la ejecución de lo resuelto.

Artículo 119

La justicia será gratuita cuando así lo disponga la ley y, en todo caso, respecto de quienes acrediten insuficiencia de recursos para litigar.

Artículo 120

1. Las actuaciones judiciales serán públicas, con las excepciones que prevean las leyes de procedimiento.

2. El procedimiento será predominantemente oral, sobre todo en materia criminal.

3. Las sentencias serán siempre motivadas y se pronunciarán en audiencia pública.

Artículo 121

Los daños causados por error judicial, así como los que sean consecuencia del funcionamiento anormal de la Administración de Justicia, darán derecho a una indemnización a cargo del Estado, conforme a la ley.

Artículo 122

1. La ley orgánica del poder judicial determinará la constitución, funcionamiento y gobierno de los Juzgados y Tribunales, así como el estatuto jurídico de los Jueces y Magistrados de carrera, que formarán un Cuerpo único, y del personal al servicio de la Administración de Justicia.

2. El Consejo General del Poder Judicial es el órgano de gobierno del mismo. La ley orgánica establecerá su estatuto y el régimen de incompatibilidades de sus miembros y sus funciones, en particular en materia de nombramientos, ascensos, inspección y régimen disciplinario.

3. El Consejo General del Poder Judicial estará integrado por el Presidente del Tribunal Supremo, que lo presidirá, y por veinte miembros nombrados por el Rey por un período de cinco años. De éstos, doce entre Jueces y Magistrados de todas las categorías judiciales, en los términos que establezca la ley orgánica; cuatro a propuesta del Congreso de los Diputados, y cuatro a propuesta del Senado, elegidos en ambos casos por mayoría de tres quintos de sus miembros, entre abogados y otros juristas, todos ellos de reconocida competencia y con más de quince años de ejercicio en su profesión.

Artículo 123

1. El Tribunal Supremo, con jurisdicción en toda España, es el órgano jurisdiccional superior en todos los órdenes, salvo lo dispuesto en materia de garantías constitucionales.

2. El Presidente del Tribunal Supremo será nombrado por el Rey, a propuesta del Consejo General del Poder Judicial, en la forma que determine la ley.

Artículo 124

1. El Ministerio Fiscal, sin perjuicio de las funciones encomendadas a otros órganos, tiene por misión promover la acción de la justicia en defensa de la legalidad, de los derechos de los ciudadanos y del interés público tutelado por la ley, de oficio o a petición de los interesados, así como velar por la independencia de los Tribunales y procurar ante éstos la satisfacción del interés social.

2. El Ministerio Fiscal ejerce sus funciones por medio de órganos propios conforme a los principios de unidad de actuación y dependencia jerárquica y con sujeción, en todo caso, a los de legalidad e imparcialidad.

3. La ley regulará el estatuto orgánico del Ministerio Fiscal.

4. El Fiscal General del Estado será nombrado por el Rey, a propuesta del Gobierno, oído el Consejo General del Poder Judicial.

Artículo 125

Los ciudadanos podrán ejercer la acción popular y participar en la Administración de Justicia mediante la institución del Jurado, en la forma y con respecto a aquellos procesos penales que la ley determine, así como en los Tribunales consuetudinarios y tradicionales.

Artículo 126

La policía judicial depende de los Jueces, de los Tribunales y del Ministerio Fiscal en sus funciones de averiguación del delito y descubrimiento y aseguramiento del delincuente, en los términos que la ley establezca.

Artículo 127

1. Los Jueces y Magistrados así como los Fiscales, mientras se hallen en activo, no podrán desempeñar otros cargos públicos, ni pertenecer a partidos políticos o sindicatos. La ley establecerá el sistema y modalidades de asociación profesional de los Jueces, Magistrados y Fiscales.

2. La ley establecerá el régimen de incompatibilidades de los miembros del poder judicial, que deberá asegurar la total independencia de los mismos.

TÍTULO VII

Economía y Hacienda

Artículo 128

1. Toda la riqueza del país en sus distintas formas y sea cual fuere su titularidad está subordinada al interés general.

2. Se reconoce la iniciativa pública en la actividad económica. Mediante ley se podrá reservar al sector público recursos o servicios esenciales, especialmente en caso de monopolio y asimismo acordar la intervención de empresas cuando así lo exigiere el interés general.

Artículo 129

1. La ley establecerá las formas de participación de los interesados en la Seguridad Social y en la actividad de los organismos públicos cuya función afecte directamente a la calidad de la vida o al bienestar general.

2. Los poderes públicos promoverán eficazmente las diversas formas de participación en la empresa y fomentarán, mediante una legislación adecuada, las sociedades cooperativas. También establecerán los medios que faciliten el acceso de los trabajadores a la propiedad de los medios de producción.

Artículo 130

1. Los poderes públicos atenderán a la modernización y desarrollo de todos los sectores económicos y, en particular, de la agricultura, de la ganadería, de la pesca y de la artesanía, a fin de equiparar el nivel de vida de todos los españoles.

2. Con el mismo fin, se dispensará un tratamiento especial a las zonas de montaña.

Artículo 131

1. El Estado, mediante ley, podrá planificar la actividad económica general para atender a las necesidades colectivas, equilibrar y armonizar el desarrollo regional y sectorial y estimular el crecimiento de la renta y de la riqueza y su más justa distribución.

2. El Gobierno elaborará los proyectos de planificación, de acuerdo con las previsiones que le sean suministradas por las Comunidades Autónomas y el asesoramiento y colaboración de los sindicatos y otras organizaciones profesionales, empresariales y económicas. A tal fin se constituirá un Consejo, cuya composición y funciones se desarrollarán por ley.

Artículo 132

1. La ley regulará el régimen jurídico de los bienes de dominio público y de los comunales, inspirándose en los principios de inalienabilidad, imprescriptibilidad e inembargabilidad, así como su desafectación.

2. Son bienes de dominio público estatal los que determine la ley y, en todo caso, la zona marítimo-terrestre, las playas, el mar territorial y los recursos naturales de la zona económica y la plataforma continental.

3. Por ley se regularán el Patrimonio del Estado y el Patrimonio Nacional, su administración, defensa y conservación.

Artículo 133

1. La potestad originaria para establecer los tributos corresponde exclusivamente al Estado, mediante ley.

2. Las Comunidades Autónomas y las Corporaciones locales podrán establecer y exigir tributos, de acuerdo con la Constitución y las leyes.

3. Todo beneficio fiscal que afecte a los tributos del Estado deberá establecerse en virtud de ley.

4. Las administraciones públicas sólo podrán contraer obligaciones financieras y realizar gastos de acuerdo con las leyes.

Artículo 134

1. Corresponde al Gobierno la elaboración de los Presupuestos Generales del Estado y a las Cortes Generales, su examen, enmienda y aprobación.

2. Los Presupuestos Generales del Estado tendrán carácter anual, incluirán la totalidad de los gastos e ingresos del sector público estatal y en ellos se consignará el importe de los beneficios fiscales que afecten a los tributos del Estado.

3. El Gobierno deberá presentar ante el Congreso de los Diputados los Presupuestos Generales del Estado al menos tres meses antes de la expiración de los del año anterior.

4. Si la Ley de Presupuestos no se aprobara antes del primer día del ejercicio económico correspondiente, se considerarán automáticamente prorrogados los Presupuestos del ejercicio anterior hasta la aprobación de los nuevos.

5. Aprobados los Presupuestos Generales del Estado, el Gobierno podrá presentar proyectos de ley que impliquen aumento del gasto público o disminución de los ingresos correspondientes al mismo ejercicio presupuestario.

6. Toda proposición o enmienda que suponga aumento de los créditos o disminución de los ingresos presupuestarios requerirá la conformidad del Gobierno para su tramitación.

7. La Ley de Presupuestos no puede crear tributos. Podrá modificarlos cuando una ley tributaria sustantiva así lo prevea.

Artículo 135

1. Todas las Administraciones Públicas adecuarán sus actuaciones al principio de estabilidad presupuestaria.

2. El Estado y las Comunidades Autónomas no podrán incurrir en un déficit estructural que supere los márgenes establecidos, en su caso, por la Unión Europea para sus Estados Miembros.

Una ley orgánica fijará el déficit estructural máximo permitido al Estado y a las Comunidades Autónomas, en relación con su producto interior bruto. Las Entidades Locales deberán presentar equilibrio presupuestario.*

3. El Estado y las Comunidades Autónomas habrán de estar autorizados por ley para emitir deuda pública o contraer crédito.

Los créditos para satisfacer los intereses y el capital de la deuda pública de las Administraciones se entenderán siempre incluidos en el estado de gastos de sus presupuestos y su pago gozará de prioridad absoluta. Estos créditos no podrán ser objeto de enmienda o modificación, mientras se ajusten a las condiciones de la ley de emisión.

El volumen de deuda pública del conjunto de las Administraciones Públicas en relación con el producto interior bruto del Estado no podrá superar el valor de referencia establecido en el Tratado de Funcionamiento de la Unión Europea.

4. Los límites de déficit estructural y de volumen de deuda pública sólo podrán superarse en caso de catástrofes naturales, recesión económica o situaciones de emergencia extraordinaria que escapen al control del Estado y perjudiquen considerablemente la situación financiera o la sostenibilidad económica o social del Estado, apreciadas por la mayoría absoluta de los miembros del Congreso de los Diputados.

---

*Téngase en cuenta que los límites de déficit estructural establecidos en el apartado 2 entran en vigor a partir de 2020, según establece la disposición adicional única 3 de la Reforma de 27 de septiembre de 2011. Ref. BOE-A-2011-15210.

5. Una ley orgánica desarrollará los principios a que se refiere este artículo, así como la participación, en los procedimientos respectivos, de los órganos de coordinación institucional entre las Administraciones Públicas en materia de política fiscal y financiera. En todo caso, regulará:

a) La distribución de los límites de déficit y de deuda entre las distintas Administraciones Públicas, los supuestos excepcionales de superación de los mismos y la forma y plazo de corrección de las desviaciones que sobre uno y otro pudieran producirse.

b) La metodología y el procedimiento para el cálculo del déficit estructural.

c) La responsabilidad de cada Administración Pública en caso de incumplimiento de los objetivos de estabilidad presupuestaria.

6. Las Comunidades Autónomas, de acuerdo con sus respectivos Estatutos y dentro de los límites a que se refiere este artículo, adoptarán las disposiciones que procedan para la aplicación efectiva del principio de estabilidad en sus normas y decisiones presupuestarias.

Artículo 136

1. El Tribunal de Cuentas es el supremo órgano fiscalizador de las cuentas y de la gestión económica de Estado, así como del sector público.

Dependerá directamente de las Cortes Generales y ejercerá sus funciones por delegación de ellas en el examen y comprobación de la Cuenta General del Estado.

2. Las cuentas del Estado y del sector público estatal se rendirán al Tribunal de Cuentas y serán censuradas por éste.

El Tribunal de Cuentas, sin perjuicio de su propia jurisdicción, remitirá a las Cortes Generales un informe anual en el que, cuando proceda, comunicará las infracciones o responsabilidades en que, a su juicio, se hubiere incurrido.

3. Los miembros del Tribunal de Cuentas gozarán de la misma independencia e inamovilidad y estarán sometidos a las mismas incompatibilidades que los Jueces.

4. Una ley orgánica regulará la composición, organización y funciones del Tribunal de Cuentas.

TÍTULO VIII

De la Organización Territorial del Estado

CAPÍTULO PRIMERO

Principios generales

Artículo 137

El Estado se organiza territorialmente en municipios, en provincias y en las Comunidades Autónomas que se constituyan. Todas estas entidades gozan de autonomía para la gestión de sus respectivos intereses.

Artículo 138

1. El Estado garantiza la realización efectiva del principio de solidaridad consagrado en el artículo 2 de la Constitución, velando por el establecimiento de un equilibrio económico, adecuado y justo entre las diversas partes del territorio español, y atendiendo en particular a las circunstancias del hecho insular.

2. Las diferencias entre los Estatutos de las distintas Comunidades Autónomas no podrán implicar, en ningún caso, privilegios económicos o sociales.

Artículo 139

1. Todos los españoles tienen los mismos derechos y obligaciones en cualquier parte del territorio del Estado.

2. Ninguna autoridad podrá adoptar medidas que directa o indirectamente obstaculicen la libertad de circulación y establecimiento de las personas y la libre circulación de bienes en todo el territorio español.

CAPÍTULO SEGUNDO
De la Administración Local

Artículo 140

La Constitución garantiza la autonomía de los municipios. Estos gozarán de personalidad jurídica plena. Su gobierno y administración corresponde a sus respectivos Ayuntamientos, integrados por los Alcaldes y los Concejales. Los Concejales serán elegidos por los vecinos del municipio mediante sufragio universal, igual, libre, directo y secreto, en la forma establecida por la ley. Los Alcaldes serán elegidos por los Concejales o por los vecinos. La ley regulará las condiciones en las que proceda el régimen del concejo abierto.

Artículo 141

1. La provincia es una entidad local con personalidad jurídica propia, determinada por la agrupación de municipios y división territorial para el cumplimiento de las actividades del Estado. Cualquier alteración de los límites provinciales habrá de ser aprobada por las Cortes Generales mediante ley orgánica.

2. El Gobierno y la administración autónoma de las provincias estarán encomendados a Diputaciones u otras Corporaciones de carácter representativo.

3. Se podrán crear agrupaciones de municipios diferentes de la provincia.

4. En los archipiélagos, las islas tendrán además su administración propia en forma de Cabildos o Consejos.

Artículo 142

Las Haciendas locales deberán disponer de los medios suficientes para el desempeño de las funciones que la ley atribuye a las Corporaciones respectivas y se nutrirán fundamentalmente de tributos propios y de participación en los del Estado y de las Comunidades Autónomas.

CAPÍTULO TERCERO
De las Comunidades Autónomas

Artículo 143

1. En el ejercicio del derecho a la autonomía reconocido en el artículo 2 de la Constitución, las provincias limítrofes con características históricas, culturales y económicas comunes, los territorios insulares y las provincias con entidad regional histórica podrán acceder a su autogobierno y constituirse en Comunidades Autónomas con arreglo a lo previsto en este Título y en los respectivos Estatutos.

2. La iniciativa del proceso autonómico corresponde a todas las Diputaciones interesadas o al órgano interinsular correspondiente y a las dos terceras partes de los municipios cuya población represente, al menos, la mayoría del censo electoral de cada provincia o isla. Estos requisitos deberán ser cumplidos en el plazo de seis meses desde el primer acuerdo adoptado al respecto por alguna de las Corporaciones locales interesadas.

3. La iniciativa, en caso de no prosperar, solamente podrá reiterarse pasados cinco años.

Artículo 144

Las Cortes Generales, mediante ley orgánica, podrán, por motivos de interés nacional:

a) Autorizar la constitución de una comunidad autónoma cuando su ámbito territorial no supere el de una provincia y no reúna las condiciones del apartado 1 del artículo 143.

b) Autorizar o acordar, en su caso, un Estatuto de autonomía para territorios que no estén integrados en la organización provincial.

c) Sustituir la iniciativa de las Corporaciones locales a que se refiere el apartado 2 del artículo 143.

Artículo 145

1. En ningún caso se admitirá la federación de Comunidades Autónomas.

2. Los Estatutos podrán prever los supuestos, requisitos y términos en que las Comunidades Autónomas podrán celebrar convenios entre sí para la gestión y prestación de servicios propios de las mismas, así como el carácter y efectos de la correspondiente comunicación a las Cortes Generales. En los demás supuestos, los acuerdos de cooperación entre las Comunidades Autónomas necesitarán la autorización de las Cortes Generales.

Artículo 146

El proyecto de Estatuto será elaborado por una asamblea compuesta por los miembros de la Diputación u órgano interinsular de las provincias afectadas y por los Diputados y Senadores elegidos en ellas y será elevado a las Cortes Generales para su tramitación como ley.

Artículo 147

1. Dentro de los términos de la presente Constitución, los Estatutos serán la norma institucional básica de cada Comunidad Autónoma y el Estado los reconocerá y amparará como parte integrante de su ordenamiento jurídico.

2. Los Estatutos de autonomía deberán contener:

a) La denominación de la Comunidad que mejor corresponda a su identidad histórica.

b) La delimitación de su territorio.

c) La denominación, organización y sede de las instituciones autónomas propias.

d) Las competencias asumidas dentro del marco establecido en la Constitución y las bases para el traspaso de los servicios correspondientes a las mismas.

3. La reforma de los Estatutos se ajustará al procedimiento establecido en los mismos y requerirá, en todo caso, la aprobación por las Cortes Generales, mediante ley orgánica.

Artículo 148

1. Las Comunidades Autónomas podrán asumir competencias en las siguientes materias:

1.ª Organización de sus instituciones de autogobierno.

2.ª Las alteraciones de los términos municipales comprendidos en su territorio y, en general, las funciones que correspondan a la Administración del Estado sobre las Corporaciones locales y cuya transferencia autorice la legislación sobre Régimen Local.

3.ª Ordenación del territorio, urbanismo y vivienda.

4.ª Las obras públicas de interés de la Comunidad Autónoma en su propio territorio.

5.ª Los ferrocarriles y carreteras cuyo itinerario se desarrolle íntegramente en el territorio de la Comunidad Autónoma y, en los mismos términos, el transporte desarrollado por estos medios o por cable.

6.ª Los puertos de refugio, los puertos y aeropuertos deportivos y, en general, los que no desarrollen actividades comerciales.

7.ª La agricultura y ganadería, de acuerdo con la ordenación general de la economía.

8.ª Los montes y aprovechamientos forestales.

9.ª La gestión en materia de protección del medio ambiente.

10.ª Los proyectos, construcción y explotación de los aprovechamientos hidráulicos, canales y regadíos de interés de la Comunidad Autónoma; las aguas minerales y termales.

11.ª La pesca en aguas interiores, el marisqueo y la acuicultura, la caza y la pesca fluvial.

12.ª Ferias interiores.

13.ª El fomento del desarrollo económico de la Comunidad Autónoma dentro de los objetivos marcados por la política económica nacional.

14.ª La artesanía.

15.ª Museos, bibliotecas y conservatorios de música de interés para la Comunidad Autónoma.

16.ª Patrimonio monumental de interés de la Comunidad Autónoma.

17.ª El fomento de la cultura, de la investigación y, en su caso, de la enseñanza de la lengua de la Comunidad Autónoma.

18.ª Promoción y ordenación del turismo en su ámbito territorial.

19.ª Promoción del deporte y de la adecuada utilización del ocio.

20.ª Asistencia social.

21.ª Sanidad e higiene.

22.ª La vigilancia y protección de sus edificios e instalaciones. La coordinación y demás facultades en relación con las policías locales en los términos que establezca una ley orgánica.

2. Transcurridos cinco años, y mediante la reforma de sus Estatutos, las Comunidades Autónomas podrán ampliar sucesivamente sus competencias dentro del marco establecido en el artículo 149.

Artículo 149

1. El Estado tiene competencia exclusiva sobre las siguientes materias:

1.ª La regulación de las condiciones básicas que garanticen la igualdad de todos los españoles en el ejercicio de los derechos y en el cumplimiento de los deberes constitucionales.

2.ª Nacionalidad, inmigración, emigración, extranjería y derecho de asilo.

3.ª Relaciones internacionales.

4.ª Defensa y Fuerzas Armadas.

5.ª Administración de Justicia.

6.ª Legislación mercantil, penal y penitenciaria; legislación procesal, sin perjuicio de las necesarias especialidades que en este orden se deriven de las particularidades del derecho sustantivo de las Comunidades Autónomas.

7.ª Legislación laboral; sin perjuicio de su ejecución por los órganos de las Comunidades Autónomas.

8.ª Legislación civil, sin perjuicio de la conservación, modificación y desarrollo por las Comunidades Autónomas de los derechos civiles, forales o especiales, allí donde existan. En todo caso, las reglas relativas a la aplicación y eficacia de las normas jurídicas, relaciones jurídico-civiles relativas a las formas de matrimonio, ordenación de los registros e instrumentos públicos, bases de las obligaciones contractuales, normas para resolver los conflictos de leyes y determinación de las fuentes del Derecho, con respeto, en este último caso, a las normas de derecho foral o especial.

9.ª Legislación sobre propiedad intelectual e industrial.

10.ª Régimen aduanero y arancelario; comercio exterior.

11.ª Sistema monetario: divisas, cambio y convertibilidad; bases de la ordenación de crédito, banca y seguros.

12.ª Legislación sobre pesas y medidas, determinación de la hora oficial.

13.ª Bases y coordinación de la planificación general de la actividad económica.

14.ª Hacienda general y Deuda del Estado.

15.ª Fomento y coordinación general de la investigación científica y técnica.

16.ª Sanidad exterior. Bases y coordinación general de la sanidad. Legislación sobre productos farmacéuticos.

17.ª Legislación básica y régimen económico de la Seguridad Social, sin perjuicio de la ejecución de sus servicios por las Comunidades Autónomas.

18.ª Las bases del régimen jurídico de las Administraciones públicas y del régimen estatutario de sus funcionarios que, en todo caso, garantizarán a los administrados un tratamiento común ante ellas; el procedimiento administrativo común, sin perjuicio de las especialidades derivadas de la organización propia de las Comunidades Autónomas; legislación sobre expropiación forzosa; legislación básica sobre contratos y concesiones administrativas y el sistema de responsabilidad de todas las Administraciones públicas.

19.ª Pesca marítima, sin perjuicio de las competencias que en la ordenación del sector se atribuyan a las Comunidades Autónomas.

20.ª Marina mercante y abanderamiento de buques; iluminación de costas y señales marítimas; puertos de interés general; aeropuertos de interés general; control del espacio aéreo, tránsito y transporte aéreo, servicio meteorológico y matriculación de aeronaves.

21.ª Ferrocarriles y transportes terrestres que transcurran por el territorio de más de una Comunidad Autónoma; régimen general de comunicaciones; tráfico y circulación de vehículos a motor; correos y telecomunicaciones; cables aéreos, submarinos y radiocomunicación.

22.ª La legislación, ordenación y concesión de recursos y aprovechamientos hidráulicos cuando las aguas discurran por más de una Comunidad Autónoma, y la autorización de las instalaciones eléctricas cuando su aprovechamiento afecte a otra Comunidad o el transporte de energía salga de su ámbito territorial.

23.ª Legislación básica sobre protección del medio ambiente, sin perjuicio de las facultades de las Comunidades Autónomas de establecer normas adicionales de protección. La legislación básica sobre montes, aprovechamientos forestales y vías pecuarias.

24.ª Obras públicas de interés general o cuya realización afecte a más de una Comunidad Autónoma.

25.ª Bases de régimen minero y energético.

26.ª Régimen de producción, comercio, tenencia y uso de armas y explosivos.

27.ª Normas básicas del régimen de prensa, radio y televisión y, en general, de todos los medios de comunicación social, sin perjuicio de las facultades que en su desarrollo y ejecución correspondan a las Comunidades Autónomas.

28.ª Defensa del patrimonio cultural, artístico y monumental español contra la exportación y la expoliación; museos, bibliotecas y archivos de titularidad estatal, sin perjuicio de su gestión por parte de las Comunidades Autónomas.

29.ª Seguridad pública, sin perjuicio de la posibilidad de creación de policías por las Comunidades Autónomas en la forma que se establezca en los respectivos Estatutos en el marco de lo que disponga una ley orgánica.

30.ª Regulación de las condiciones de obtención, expedición y homologación de títulos académicos y profesionales y normas básicas para el desarrollo del artículo 27 de la Constitución, a fin de garantizar el cumplimiento de las obligaciones de los poderes públicos en esta materia.

31.ª Estadística para fines estatales.

32.ª Autorización para la convocatoria de consultas populares por vía de referéndum.

2. Sin perjuicio de las competencias que podrán asumir las Comunidades Autónomas, el Estado considerará el servicio de la cultura como deber y atribución esencial y facilitará la comunicación cultural entre las Comunidades Autónomas, de acuerdo con ellas.

3. Las materias no atribuidas expresamente al Estado por esta Constitución podrán corresponder a las Comunidades Autónomas, en virtud de sus respectivos Estatutos. La competencia sobre las materias que no se hayan asumido por los Estatutos de Autonomía corresponderá al Estado, cuyas normas prevalecerán, en caso de conflicto, sobre las de las Comunidades Autónomas en todo lo que no esté atribuido a la exclusiva competencia de éstas. El derecho estatal será, en todo caso, supletorio del derecho de las Comunidades Autónomas.

Artículo 150

1. Las Cortes Generales, en materias de competencia estatal, podrán atribuir a todas o a alguna de las Comunidades Autónomas la facultad de dictar, para sí mismas, normas legislativas en el marco de los principios, bases y directrices fijados por una ley estatal. Sin perjuicio de la competencia de los Tribunales, en cada ley marco se establecerá la modalidad del control de las Cortes Generales sobre estas normas legislativas de las Comunidades Autónomas.

2. El Estado podrá transferir o delegar en las Comunidades Autónomas, mediante ley orgánica, facultades correspondientes a materia de titularidad estatal que por su propia naturaleza sean susceptibles de transferencia o delegación. La ley preverá en cada caso la correspondiente transferencia de medios financieros, así como las formas de control que se reserve el Estado.

3. El Estado podrá dictar leyes que establezcan los principios necesarios para armonizar las disposiciones normativas de las Comunidades Autónomas, aun en el caso de materias atribuidas a la competencia de éstas, cuando así lo exija el interés general. Corresponde a las Cortes Generales, por mayoría absoluta de cada Cámara, la apreciación de esta necesidad.

Artículo 151

1. No será preciso dejar transcurrir el plazo de cinco años, a que se refiere el apartado 2 del artículo 148, cuando la iniciativa del proceso autonómico sea acordada dentro del plazo del artículo 143.2, además de por las Diputaciones o los órganos interinsulares correspondientes, por las tres cuartas partes de los municipios de cada una de las provincias afectadas que representen, al menos, la mayoría del censo electoral de cada una de ellas y dicha iniciativa sea ratificada mediante referéndum por el voto afirmativo de la mayoría absoluta de los electores de cada provincia en los términos que establezca una ley orgánica.

2. En el supuesto previsto en el apartado anterior, el procedimiento para la elaboración del Estatuto será el siguiente:

1.º El Gobierno convocará a todos los Diputados y Senadores elegidos en las circunscripciones comprendidas en el ámbito territorial que pretenda acceder al autogobierno, para que se constituyan en Asamblea, a los solos efectos de elaborar el correspondiente proyecto de Estatuto de autonomía, mediante el acuerdo de la mayoría absoluta de sus miembros.

2.º Aprobado el proyecto de Estatuto por la Asamblea de Parlamentarios, se remitirá a la Comisión Constitucional del Congreso, la cual, dentro del plazo de dos meses, lo examinará con el concurso y asistencia de una delegación de la Asamblea proponente para determinar de común acuerdo su formulación definitiva.

3.º Si se alcanzare dicho acuerdo, el texto resultante será sometido a referéndum del cuerpo electoral de las provincias comprendidas en el ámbito territorial del proyectado Estatuto.

4.º Si el proyecto de Estatuto es aprobado en cada provincia por la mayoría de los votos válidamente emitidos, será elevado a las Cortes Generales. Los plenos de ambas Cámaras decidirán sobre el texto mediante un voto de ratificación. Aprobado el Estatuto, el Rey lo sancionará y lo promulgará como ley.

5.º De no alcanzarse el acuerdo a que se refiere el apartado 2 de este número, el proyecto de Estatuto será tramitado como proyecto de ley ante las Cortes Generales. El texto aprobado por éstas será sometido a referéndum del cuerpo electoral de las provincias comprendidas en el ámbito territorial del proyectado Estatuto. En caso de ser aprobado por la mayoría de los votos válidamente emitidos en cada provincia, procederá su promulgación en los términos del párrafo anterior.

3. En los casos de los párrafos 4.º y 5.º del apartado anterior, la no aprobación del proyecto de Estatuto por una o varias provincias no impedirá la constitución entre

las restantes de la Comunidad Autónoma proyectada, en la forma que establezca la ley orgánica prevista en el apartado 1 de este artículo.

Artículo 152

1. En los Estatutos aprobados por el procedimiento a que se refiere el artículo anterior, la organización institucional autonómica se basará en una Asamblea Legislativa, elegida por sufragio universal, con arreglo a un sistema de representación proporcional que asegure, además, la representación de las diversas zonas del territorio; un Consejo de Gobierno con funciones ejecutivas y administrativas y un Presidente, elegido por la Asamblea, de entre sus miembros, y nombrado por el Rey, al que corresponde la dirección del Consejo de Gobierno, la suprema representación de la respectiva Comunidad y la ordinaria del Estado en aquélla. El Presidente y los miembros del Consejo de Gobierno serán políticamente responsables ante la Asamblea.

Un Tribunal Superior de Justicia, sin perjuicio de la jurisdicción que corresponde al Tribunal Supremo, culminará la organización judicial en el ámbito territorial de la Comunidad Autónoma. En los Estatutos de las Comunidades Autónomas podrán establecerse los supuestos y las formas de participación de aquéllas en la organización de las demarcaciones judiciales del territorio. Todo ello de conformidad con lo previsto en la ley orgánica del poder judicial y dentro de la unidad e independencia de éste.

Sin perjuicio de lo dispuesto en el artículo 123, las sucesivas instancias procesales, en su caso, se agotarán ante órganos judiciales radicados en el mismo territorio de la Comunidad Autónoma en que esté el órgano competente en primera instancia.

2. Una vez sancionados y promulgados los respectivos Estatutos, solamente podrán ser modificados mediante los procedimientos en ellos establecidos y con referéndum entre los electores inscritos en los censos correspondientes.

3. Mediante la agrupación de municipios limítrofes, los Estatutos podrán establecer circunscripciones territoriales propias, que gozarán de plena personalidad jurídica.

Artículo 153

El control de la actividad de los órganos de las Comunidades Autónomas se ejercerá:

a) Por el Tribunal Constitucional, el relativo a la constitucionalidad de sus disposiciones normativas con fuerza de ley.

b) Por el Gobierno, previo dictamen del Consejo de Estado, el del ejercicio de funciones delegadas a que se refiere el apartado 2 del artículo 150.

c) Por la jurisdicción contencioso-administrativa, el de la administración autónoma y sus normas reglamentarias.

d) Por el Tribunal de Cuentas, el económico y presupuestario.

Artículo 154

Un Delegado nombrado por el Gobierno dirigirá la Administración del Estado en el territorio de la Comunidad Autónoma y la coordinará, cuando proceda, con la administración propia de la Comunidad.

Artículo 155

1. Si una Comunidad Autónoma no cumpliere las obligaciones que la Constitución u otras leyes le impongan, o actuare de forma que atente gravemente al interés general de España, el Gobierno, previo requerimiento al Presidente de la Comunidad Autónoma y, en el caso de no ser atendido, con la aprobación por mayoría absoluta del Senado, podrá adoptar las medidas necesarias para obligar a aquélla al cumplimiento forzoso de dichas obligaciones o para la protección del mencionado interés general.

2. Para la ejecución de las medidas previstas en el apartado anterior, el Gobierno podrá dar instrucciones a todas las autoridades de las Comunidades Autónomas.

Artículo 156

1. Las Comunidades Autónomas gozarán de autonomía financiera para el desarrollo y ejecución de sus competencias con arreglo a los principios de coordinación con la Hacienda estatal y de solidaridad entre todos los españoles.

2. Las Comunidades Autónomas podrán actuar como delegados o colaboradores del Estado para la recaudación, la gestión y la liquidación de los recursos tributarios de aquél, de acuerdo con las leyes y los Estatutos.

Artículo 157

1. Los recursos de las Comunidades Autónomas estarán constituidos por:

a) Impuestos cedidos total o parcialmente por el Estado; recargos sobre impuestos estatales y otras participaciones en los ingresos del Estado.

b) Sus propios impuestos, tasas y contribuciones especiales.

c) Transferencias de un Fondo de Compensación interterritorial y otras asignaciones con cargo a los Presupuestos Generales del Estado.

d) Rendimientos procedentes de su patrimonio e ingresos de derecho privado.

e) El producto de las operaciones de crédito.

2. Las Comunidades Autónomas no podrán en ningún caso adoptar medidas tributarias sobre bienes situados fuera de su territorio o que supongan obstáculo para la libre circulación de mercancías o servicios.

3. Mediante ley orgánica podrá regularse el ejercicio de las competencias financieras enumeradas en el precedente apartado 1, las normas para resolver los conflictos que pudieran surgir y las posibles formas de colaboración financiera entre las Comunidades Autónomas y el Estado.

Artículo 158

1. En los Presupuestos Generales del Estado podrá establecerse una asignación a las Comunidades Autónomas en función del volumen de los servicios y actividades estatales que hayan asumido y de la garantía de un nivel mínimo en la prestación de los servicios públicos fundamentales en todo el territorio español.

2. Con el fin de corregir desequilibrios económicos interterritoriales y hacer efectivo el principio de solidaridad, se constituirá un Fondo de Compensación con destino a gastos de inversión, cuyos recursos serán distribuidos por las Cortes Generales entre las Comunidades Autónomas y provincias, en su caso.

TÍTULO IX

Del Tribunal Constitucional

Artículo 159

1. El Tribunal Constitucional se compone de 12 miembros nombrados por el Rey; de ellos, cuatro a propuesta del Congreso por mayoría de tres quintos de sus miembros; cuatro a propuesta del Senado, con idéntica mayoría; dos a propuesta del Gobierno, y dos a propuesta del Consejo General del Poder Judicial.

2. Los miembros del Tribunal Constitucional deberán ser nombrados entre Magistrados y Fiscales, Profesores de Universidad, funcionarios públicos y Abogados, todos ellos juristas de reconocida competencia con más de quince años de ejercicio profesional.

3. Los miembros del Tribunal Constitucional serán designados por un período de nueve años y se renovarán por terceras partes cada tres.

4. La condición de miembro del Tribunal Constitucional es incompatible: con todo mandato representativo; con los cargos políticos o administrativos; con el desempeño de funciones directivas en un partido político o en un sindicato y con el empleo al servicio de los mismos; con el ejercicio de las carreras judicial y fiscal, y con cualquier actividad profesional o mercantil.

En lo demás los miembros del Tribunal Constitucional tendrán las incompatibilidades propias de los miembros del poder judicial.

5. Los miembros del Tribunal Constitucional serán independientes e inamovibles en el ejercicio de su mandato.

Artículo 160

El Presidente del Tribunal Constitucional será nombrado entre sus miembros por el Rey, a propuesta del mismo Tribunal en pleno y por un período de tres años.

Artículo 161

1. El Tribunal Constitucional tiene jurisdicción en todo el territorio español y es competente para conocer:

a) Del recurso de inconstitucionalidad contra leyes y disposiciones normativas con fuerza de ley. La declaración de inconstitucionalidad de una norma jurídica con rango de ley, interpretada por la jurisprudencia, afectará a ésta, si bien la sentencia o sentencias recaídas no perderán el valor de cosa juzgada.

b) Del recurso de amparo por violación de los derechos y libertades referidos en el artículo 53, 2, de esta Constitución, en los casos y formas que la ley establezca.

c) De los conflictos de competencia entre el Estado y las Comunidades Autónomas o de los de éstas entre sí.

d) De las demás materias que le atribuyan la Constitución o las leyes orgánicas.

2. El Gobierno podrá impugnar ante el Tribunal Constitucional las disposiciones y resoluciones adoptadas por los órganos de las Comunidades Autónomas. La impug-

nación producirá la suspensión de la disposición o resolución recurrida, pero el Tribunal, en su caso, deberá ratificarla o levantarla en un plazo no superior a cinco meses.

Artículo 162

1. Están legitimados:

a) Para interponer el recurso de inconstitucionalidad, el Presidente del Gobierno, el Defensor del Pueblo, 50 Diputados, 50 Senadores, los órganos colegiados ejecutivos de las Comunidades Autónomas y, en su caso, las Asambleas de las mismas.

b) Para interponer el recurso de amparo, toda persona natural o jurídica que invoque un interés legítimo, así como el Defensor del Pueblo y el Ministerio Fiscal.

2. En los demás casos, la ley orgánica determinará las personas y órganos legitimados.

Artículo 163

Cuando un órgano judicial considere, en algún proceso, que una norma con rango de ley, aplicable al caso, de cuya validez dependa el fallo, pueda ser contraria a la Constitución, planteará la cuestión ante el Tribunal Constitucional en los supuestos, en la forma y con los efectos que establezca la ley, que en ningún caso serán suspensivos.

Artículo 164

1. Las sentencias del Tribunal Constitucional se publicarán en el boletín oficial del Estado con los votos particulares, si los hubiere. Tienen el valor de cosa juzgada a partir del día siguiente de su publicación y no cabe recurso alguno contra ellas. Las que declaren la inconstitucionalidad de una ley o de una norma con fuerza de ley y todas las que no se limiten a la estimación subjetiva de un derecho, tienen plenos efectos frente a todos.

2. Salvo que en el fallo se disponga otra cosa, subsistirá la vigencia de la ley en la parte no afectada por la inconstitucionalidad.

Artículo 165

Una ley orgánica regulará el funcionamiento del Tribunal Constitucional, el estatuto de sus miembros, el procedimiento ante el mismo y las condiciones para el ejercicio de las acciones.

TÍTULO X

De la reforma constitucional

Artículo 166

La iniciativa de reforma constitucional se ejercerá en los términos previstos en los apartados 1 y 2 del artículo 87.

Artículo 167

1. Los proyectos de reforma constitucional deberán ser aprobados por una mayoría de tres quintos de cada una de las Cámaras. Si no hubiera acuerdo entre am-

bas, se intentará obtenerlo mediante la creación de una Comisión de composición paritaria de Diputados y Senadores, que presentará un texto que será votado por el Congreso y el Senado.

2. De no lograrse la aprobación mediante el procedimiento del apartado anterior, y siempre que el texto hubiere obtenido el voto favorable de la mayoría absoluta del Senado, el Congreso, por mayoría de dos tercios, podrá aprobar la reforma.

3. Aprobada la reforma por las Cortes Generales, será sometida a referéndum para su ratificación cuando así lo soliciten, dentro de los quince días siguientes a su aprobación, una décima parte de los miembros de cualquiera de las Cámaras.

Artículo 168

1. Cuando se propusiere la revisión total de la Constitución o una parcial que afecte al Título preliminar, al Capítulo segundo, Sección primera del Título I, o al Título II, se procederá a la aprobación del principio por mayoría de dos tercios de cada Cámara, y a la disolución inmediata de las Cortes.

2. Las Cámaras elegidas deberán ratificar la decisión y proceder al estudio del nuevo texto constitucional, que deberá ser aprobado por mayoría de dos tercios de ambas Cámaras.

3. Aprobada la reforma por las Cortes Generales, será sometida a referéndum para su ratificación.

Artículo 169

No podrá iniciarse la reforma constitucional en tiempo de guerra o de vigencia de alguno de los estados previstos en el artículo 116.

DISPOSICIONES ADICIONALES

Primera

La Constitución ampara y respeta los derechos históricos de los territorios forales.

La actualización general de dicho régimen foral se llevará a cabo, en su caso, en el marco de la Constitución y de los Estatutos de Autonomía.

Segunda

La declaración de mayoría de edad contenida en el artículo 12 de esta Constitución no perjudica las situaciones amparadas por los derechos forales en el ámbito del Derecho privado.

Tercera

La modificación del régimen económico y fiscal del archipiélago canario requerirá informe previo de la Comunidad Autónoma o, en su caso, del órgano provisional autonómico.

Cuarta

En las Comunidades Autónomas donde tengan su sede más de una Audiencia Territorial, los Estatutos de Autonomía respectivos podrán mantener las existentes, distribuyendo las competencias entre ellas, siempre de conformidad con lo previsto en la ley orgánica del poder judicial y dentro de la unidad e independencia de éste.

DISPOSICIONES TRANSITORIAS

Primera

En los territorios dotados de un régimen provisional de autonomía, sus órganos colegiados superiores, mediante acuerdo adoptado por la mayoría absoluta de sus miembros, podrán sustituir la iniciativa que en el apartado 2 del artículo 143 atribuye a las Diputaciones Provinciales o a los órganos interinsulares correspondientes.

Segunda

Los territorios que en el pasado hubiesen plebiscitado afirmativamente proyectos de Estatuto de autonomía y cuenten, al tiempo de promulgarse esta Constitución, con regímenes provisionales de autonomía podrán proceder inmediatamente en la forma que se prevé en el apartado 2 del artículo 148, cuando así lo acordaren, por mayoría absoluta, sus órganos preautonómicos colegiados superiores, comunicándolo al Gobierno. El proyecto de Estatuto será elaborado de acuerdo con lo establecido en el artículo 151, número 2, a convocatoria del órgano colegiado preautonómico.

Tercera

La iniciativa del proceso autonómico por parte de las Corporaciones locales o de sus miembros, prevista en el apartado 2 del artículo 143, se entiende diferida, con todos sus efectos, hasta la celebración de las primeras elecciones locales una vez vigente la Constitución.

Cuarta

1. En el caso de Navarra, y a efectos de su incorporación al Consejo General Vasco o al régimen autonómico vasco que le sustituya, en lugar de lo que establece el artículo 143 de la Constitución, la iniciativa corresponde al Órgano Foral competente, el cual adoptará su decisión por mayoría de los miembros que lo componen. Para la validez de dicha iniciativa será preciso, además, que la decisión del Órgano Foral competente sea ratificada por referéndum expresamente convocado al efecto, y aprobado por mayoría de los votos válidos emitidos.

2. Si la iniciativa no prosperase, solamente se podrá reproducir la misma en distinto período del mandato del Órgano Foral competente, y en todo caso, cuando haya transcurrido el plazo mínimo que establece el artículo 143.

Quinta

Las ciudades de Ceuta y Melilla podrán constituirse en Comunidades Autónomas si así lo deciden sus respectivos Ayuntamientos, mediante acuerdo adoptado por la mayoría absoluta de sus miembros y así lo autorizan las Cortes Generales, mediante una ley orgánica, en los términos previstos en el artículo 144.

Sexta

Cuando se remitieran a la Comisión Constitucional del Congreso varios proyectos de Estatuto, se dictaminarán por el orden de entrada en aquélla, y el plazo de dos meses a que se refiere el artículo 151 empezará a contar desde que la Comisión termine el estudio del proyecto o proyectos de que sucesivamente haya conocido.

Séptima

Los organismos provisionales autonómicos se considerarán disueltos en los siguientes casos:

a) Una vez constituidos los órganos que establezcan los Estatutos de Autonomía aprobados conforme a esta Constitución.

b) En el supuesto de que la iniciativa del proceso autonómico no llegara a prosperar por no cumplir los requisitos previstos en el artículo 143.

c) Si el organismo no hubiera ejercido el derecho que le reconoce la disposición transitoria primera en el plazo de tres años.

Octava

1. Las Cámaras que han aprobado la presente Constitución asumirán, tras la entrada en vigor de la misma, las funciones y competencias que en ella se señalan, respectivamente, para el Congreso y el Senado, sin que en ningún caso su mandato se extienda más allá del 15 de junio de 1981.

2. A los efectos de lo establecido en el artículo 99, la promulgación de la Constitución se considerará como supuesto constitucional en el que procede su aplicación. A tal efecto, a partir de la citada promulgación se abrirá un período de treinta días para la aplicación de lo dispuesto en dicho artículo.

Durante este período, el actual Presidente del Gobierno, que asumirá las funciones y competencias que para dicho cargo establece la Constitución, podrá optar por utilizar la facultad que le reconoce el artículo 115 o dar paso, mediante la dimisión, a la aplicación de lo establecido en el artículo 99, quedando en este último caso en la situación prevista en el apartado 2 del artículo 101.

3. En caso de disolución, de acuerdo con lo previsto en el artículo 115, y si no se hubiera desarrollado legalmente lo previsto en los artículos 68 y 69, serán de aplicación en las elecciones las normas vigentes con anterioridad, con las solas excepciones de que en lo referente a inelegibilidades e incompatibilidades se aplicará directamente lo previsto en el inciso segundo de la letra b) del apartado 1 del artículo 70 de la Constitución, así como lo dispuesto en la misma respecto a la edad para el voto y lo establecido en el artículo 69,3.

Novena

A los tres años de la elección por vez primera de los miembros del Tribunal Constitucional se procederá por sorteo para la designación de un grupo de cuatro miembros de la misma procedencia electiva que haya de cesar y renovarse. A estos solos efectos se entenderán agrupados como miembros de la misma procedencia a los dos designados a propuesta del Gobierno y a los dos que proceden de la formulada por el Consejo General del Poder Judicial. Del mismo modo se procederá transcurridos otros tres años entre los dos grupos no afectados por el sorteo anterior. A partir de entonces se estará a lo establecido en el número 3 del artículo 159.

DISPOSICION DEROGATORIA

1. Queda derogada la Ley 1/1977, de 4 de enero, para la Reforma Política, así como, en tanto en cuanto no estuvieran ya derogadas por la anteriormente mencionada Ley, la de Principios del Movimiento Nacional, de 17 de mayo de 1958; el Fuero de los Españoles, de 17 de julio de 1945; el del Trabajo, de 9 de marzo de 1938; la Ley Constitutiva de las Cortes, de 17 de julio de 1942; la Ley de Sucesión en la Jefatura del Estado, de 26 de julio de 1947, todas ellas modificadas por la Ley Orgánica del Estado, de 10 de enero de 1967, y en los mismos términos esta última y la de Referéndum Nacional de 22 de octubre de 1945.

2. En tanto en cuanto pudiera conservar alguna vigencia, se considera definitivamente derogada la Ley de 25 de octubre de 1839 en lo que pudiera afectar a las provincias de Álava, Guipúzcoa y Vizcaya.

En los mismos términos se considera definitivamente derogada la Ley de 21 de julio de 1876.

3. Asimismo quedan derogadas cuantas disposiciones se opongan a lo establecido en esta Constitución.

DISPOSICION FINAL

Esta Constitución entrará en vigor el mismo día de la publicación de su texto oficial en el boletín oficial del Estado. Se publicará también en las demás lenguas de España.

POR TANTO,

MANDO A TODOS LOS ESPAÑOLES, PARTICULARES Y AUTORIDADES, QUE GUARDEN Y HAGAN GUARDAR ESTA CONSTITUCIÓN COMO NORMA FUNDAMENTAL DEL ESTADO.

PALACIO DE LAS CORTES, A VEINTISIETE DE DICIEMBRE DE MIL NOVECIENTOS SETENTA Y OCHO.

JUAN CARLOS

EL PRESIDENTE DE LAS CORTES
Antonio Hernández Gil
EL PRESIDENTE DEL CONGRESO DE LOS DIPUTADOS
Fernando Álvarez de Miranda y Torres
EL PRESIDENTE DEL SENADO
Antonio Fontán Pérez

Bibliografía constitucional básica

ALCARAZ RAMOS, M. coord. (2007): *Constituciones españolas, 1812-1978*. Universidad de Alicante.

ÁLVAREZ RODRÍGUEZ, I. (2020): *Elementos de Derecho Constitucional* (I). Universidad Complutense de Madrid.

ÁLVAREZ RODRÍGUEZ, I. (2021): *Elementos de Derecho Constitucional* (II). Universidad Complutense de Madrid.

APARICIO PÉREZ, M.A. (1988): *Introducción al sistema político y constitucional español*. Ariel, Barcelona.

BLANCO VALDÉS, R.L. (2003): *La Constitución de 1978*. Alianza, Madrid.

GARCÍA CUADRADO, A.M. (2013): *Principios de Derecho Constitucional*. Eolas, León.

MONTABES PEREIRA, J. y MARTÍNEZ RODRÍGUEZ, A. (2019): *Gobierno y política en España*. Tirant lo Blanch, Valencia.

PECES-BARBA, G. y PRIETO SANCHÍS, L. (1984): *La Constitución española de 1978. Un estudio de Derecho y Política* (2ª edición). Fernando Torres Editor, Valencia.

PÉREZ ROYO, F.J. y CARRASCO DURÁN, M. (2016): *Curso de Derecho Constitucional*. Marcial Pons, Madrid.

RAMÍREZ JIMÉNEZ, M. (1978): *España 1939-1975. Régimen político e ideología*. Labor, Madrid.

SÁNCHEZ AGESTA, L. (1987): *Sistema político de la Constitución española de 1978*. Revista de Derecho Privado, Madrid.

SOLÉ TURA, J. y AJA, E. (1988): *Constitución y periodos constituyentes en España (1808-1936)*. Siglo XXI, Madrid.

TAMAMES, L. y TAMAMES, R. (2003): *Introducción a la Constitución española*. Alianza, Madrid.

TOMÁS VILLARROYA, J. (1989): *Breve historia del constitucionalismo español.* Centro de Estudios Constitucionales, Madrid.

TORRES DEL MORAL, A. (2015): *Constitucionalismo histórico español.* UNED, Madrid.